Roland Schappert

Martin Kippenberger. Die Organisationen des Scheiterns

Kunstwissenschaftliche

Bibliothek

Herausgegeben von Christian Posthofen

Band 7

Verlag der Buchhandlung

Walther König, Köln

Roland Schappert

Martin Kippenberger

Die Organisationen
des Scheiterns

Dank an Professor Dr. Beat Wyss, der mir 1992 die Gelegenheit gab, meine zweiteilige Dissertation in ersten Ansätzen zu konzipieren und der die Realisierung meines Vorhabens mit großem Engagement und Vertrauen begleitete.
Dank an die Vergabekommission der Ruhr-Universität Bochum, die durch die großzügige Gewährung eines Stipendiums nach dem Gesetz zur Förderung wissenschaftlichen und künstlerischen Nachwuchses des Landes Nordrhein-Westfalen den Fortgang meiner Arbeit unterstützte.
Dank an Gisela Capitain und Johannes Wohnseifer (Büro Kippenberger) sowie allen anderen Personen und Freunden, die mir mit Informationen und Ratschlägen beigestanden haben.

Die Deutsche Bibliothek – CIP-Einheitsaufnahme

Schappert, Roland:
Martin Kippenberger : die Organisationen des Scheiterns/
Roland Schappert. – Köln : König, 1998
(Kunstwissenschaftliche Bibliothek ; Bd. 7)
Zugl.: Bochum, Univ., veränd. Diss., 1996

Überarbeitete Fassung eines der zwei Teile der Dissertation
an der Ruhr-Universität Bochum 1996

Umschlaggestaltung: Walter Nikkels, Dordrecht
Innenlayout und Satz: Silke Fahnert + Uwe Koch, Köln
Lithographie: Medial, Köln
Herstellung: Druckerei Paling, Köln

ISBN 3-88375-281-9

Printed in Germany

Inhalt

Vorbemerkung

Martin Kippenberger wurde 1953 in Dortmund geboren. Ein 1972 in Hamburg an der Hochschule für bildende Kunst begonnenes Kunststudium brach er nach wenigen Semestern ab. Er begann 1976 seine professionelle Tätigkeit mit der Malerei. Seit Anfang der 80er Jahre gilt er als einer der umstrittensten Künstler der deutschen Kunstszene. Viele Kritiker verurteilen seine unüberschaubare Kunstproduktion, die Tafelbilder, Bilderserien, Zeichnungen, Photographien, Skulpturen, Installationen, Buchobjekte und weitere Medien vereinigt. 1986 widmete ihm das Hessische Landesmuseum in Darmstadt eine erste umfassende Museumsausstellung.

Die vorliegende Arbeit, die ein Jahr vor seinem überraschendem Tod 1997 abgeschlossen wurde, analysiert und interpretiert nur eine kleine Auswahl der Bilder, Skulpturen und Installationen sowie seine Produktionsverfahren unter ausgewählten Aspekten. Für die Untersuchung wurden künstlerische Arbeiten bis 1994 berücksichtigt. Die Einbeziehung eines repräsentativen Querschnitts der feuilletonistischen und kunstkritischen Rezeptionsgeschichte stellt einen gesonderten Aspekt dar.

Bis zum heutigen Zeitpunkt liegt noch keine einzige kunsthistorische Untersuchung der künstlerischen Arbeiten Kippenbergers vor. Dies sollte nicht allein damit begründet werden, daß der historische Abstand noch zu gering sei. Es lassen sich weitere prinzipielle Schwierigkeiten aufzeigen, die eine Einordnung der künstlerischen Arbeiten Kippenbergers im Sinne einer Klassifizierung unter formalen sowie thematischen Schwerpunkten fast unmöglich erscheinen lassen. Die Interpretation, als das sich selbst reflektierende begründete Auslegen der „Werke", stößt durch die offene Konzeption der künstlerischen Arbeiten an eine Grenze. Teile des Kunstpublikums der 80er Jahre genossen diese Offenheit mit Witz und guter Laune.

Die vorliegende Untersuchung bedarf einer klaren Unterscheidung zwischen dem Dargestellten und der Art der Darstellung, wobei diese Unterscheidung durch die Komponente des inszenierten Anspruchs der künstlerischen Arbeiten ergänzt wird. Die Überfülle und Disparatheit der einzelnen Bildmotive führen auf die Suche nach sinnvollen Organisationsprinzipien der künstlerischen Produktion, um zu interpretierbaren Aussagen zu gelangen. Ein eindeutiger Aussageanspruch wird von den meisten Arbeiten Kippenbergers jedoch negiert. Deshalb ist die Untersuchung der konzeptuellen Produktionsstrategie und der einzelnen künstlerischen Verfahrensweisen von entscheidender Bedeutung. Vom Künstler selbst veröffentlichte Äußerungen und Gespräche werden in diesem Zusammenhang berücksichtigt, sofern ihnen eine erkennbare strategische oder konzeptuelle Bedeutung zukommt. Das Untersuchungsziel umfaßt somit neben der Interpretation einzelner künstlerischer Arbeiten und Werkgruppen die Offenlegung der Produktionsprinzipien, die Rekonstruktion eines seit den frühen 80er Jahren signifikanten künstlerischen Denkens sowie Rückbezüge zu einzelnen Positionen und Kunstrichtungen innerhalb der Kunstgeschichte der vorangegangenen Jahrzehnte.

I. Keine Identität: Kippen - Kippenberge - Kippenberger

Anstelle einer auf den Künstler verweisenden Signatur fügte Kippenberger 1990 in eine einundfünfzig Bildtafeln umfassende Bilderserie teilweise vereinzelte und teilweise zu kleinen „Bergen" gruppierte Kippen in flüssiges Kunstharz, siehe Abb. 1. Nach dem Aushärten des Kunstharzes wurden die eingegossenen Kippen sowie Kippenberge auf die zuvor bemalte Leinwand geklebt.

Die Kippenberge könnten nun vorschnell als witzige Bildwerdung eines vervielfachten Signatur-Ersatzes verstanden werden, siehe Abb. 2.[1] Die Bilder sind jedoch von einem Assistenten des Künstlers gemalt worden, der Kippenbergers Angaben und Vorlagen ausführte, siehe Abb. 3.[2] Kippen und Kippenberge stehen weder metaphorisch für den „Maler" der Bilder noch sind sie „wirklich" von Kippenberger auf „seine" Bilder geklebt worden. Auffällig ist der Sprachwitz der unvollständigen Homonymie. Es handelt sich dabei um einen Sprachwitz, der aus der zufälligen Ähnlichkeit der Ausdrücke Kippenberger und Kippenberge resultiert.[3]

Die künstlerische Strategie zeigt sich letztendlich nur dann, wenn auf der wortsprachlichen Ebene eine unvollständige Homonymie zugrunde gelegt wird, durch die der Eigenname (Kippenberger) und die Gegenstände (Kippenberge) bildlich in das Abhängigkeitsverhältnis eines Index-Zeichens gebracht werden. Das gilt unter der Voraussetzung, daß man den Anspruch – hiermit einen Signatur-Ersatz bilden zu können – ernst nimmt.[4]

---

1 Johannes Wohnseifer, ein Assistent Kippenbergers, wies 1994 in einem Gespräch mit dem Autor darauf hin, daß die aufgeklebten Kippen/-berge nach der Intention des Künstlers die Funktion einer Signatur übernehmen sollen.

2 Für die Ausstellung *Heavy Burschi* im Kölnischen Kunstverein, 1991, ließ Kippenberger die in den Jahren 1989/90 nach seinen Angaben von dem Assistenten Merlin Carpenter gemalten, einundfünfzig Gemälde mit den aufgeklebten Kippenbergen photographieren. Die Ausstellung in Köln zeigte Farbabzüge der abgelichteten Assemblagen. Die Größe der Farbphotographien entspricht denen der Gemälde. Die Maße reichen von 60 x 50 cm bis zu 240 x 200 cm. Die beklebten Bilder wurden nach ihrer Aufnahme zerstört. Die Motive der Photo-Bilder umfassen zusammengenommen einen großen „REEEEEEEMIX", wie auf einer der unbetitelten Arbeiten zu lesen steht. Der Assistent vereinigte hierbei unterschiedliche Photomotive aus Kippenbergers Privatleben mit „Motiv-Ausschnitten" aus zuvor von Kippenberger selbst gemalten Bildern der 80er Jahre. Zudem ergänzen Abbildungen bekannter Persönlichkeiten aus der Presse sowie abgemalte Schriftzüge bekannter Markenprodukte aus der Werbung die Motivvielfalt.

3 Ein zudem ironischer Aspekt besteht darin, daß durch die wahllose Vereinzelung (Kippe) und ppdurch die Vermengung und Vermischung der Kippen (Bilden von Kippenbergen) das Aufkommen einer sinnvollen Einheit und der Nachvollzug einer möglichen Intention verhindert werden. Die Kippen sind anscheinend willkürlich auf den Bildoberflächen verteilt.

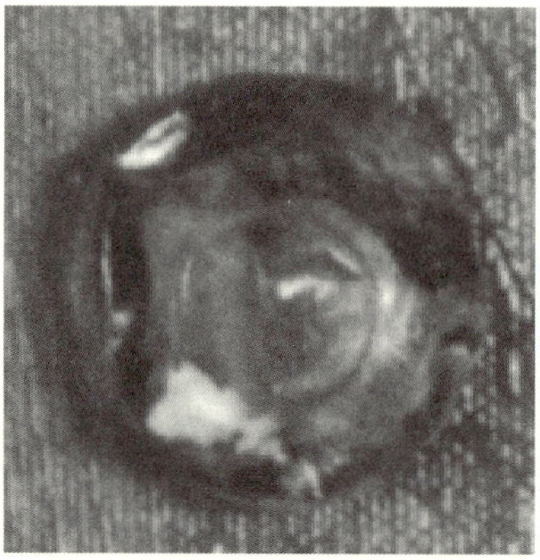

Abb. 1 Bilddetail aus einem der unbetitelten Photobilder der Ausstellung „Heavy Burschi“, Kölnischer Kunstverein, Köln 1991

Abb. 2 Die ganze Katalogseite, der Abb. 1 als Bilddetail entnommen wurde, aus: „Heavy Burschi“ (Ausstellungskat.), Kölnischer Kunstverein, Köln 1991, ohne Seitenzahlen

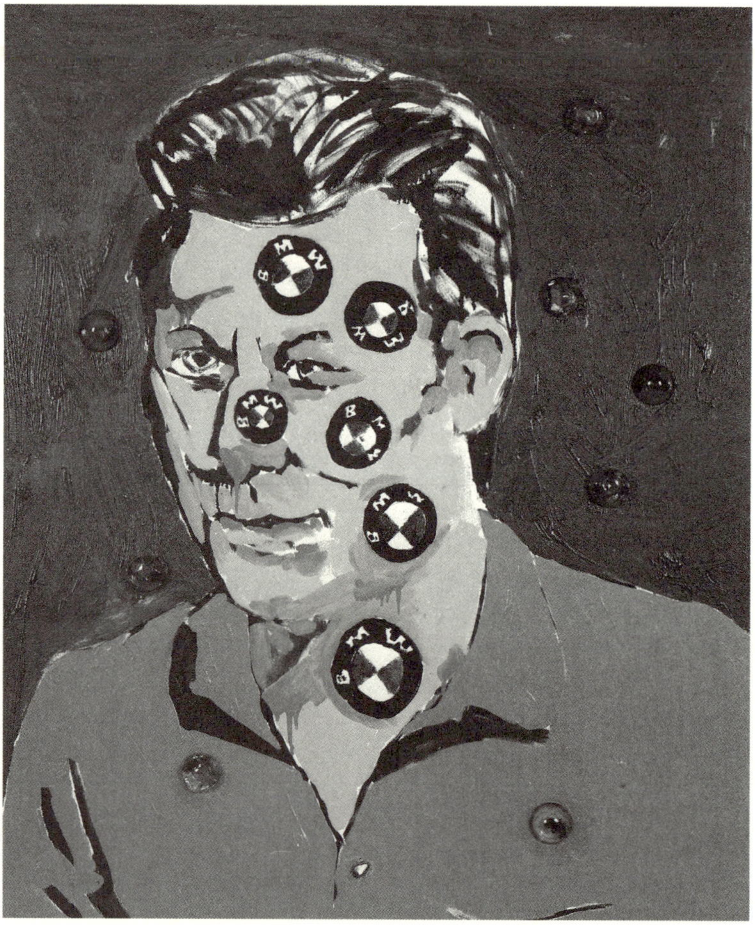

Verbindet der Betrachter die bildlich wahrgenommenen Kippen-Kippenberge tatsächlich mit dem Referenten Kippenberger, dann hat er eine semantische Verschiebung vorgenommen. Das bedeutet, daß der Betrachter die wortsprachliche Wahrnehmung der Homonymie auf ein Index-Zeichen bezieht, falls er aus den Kippen/Kippenbergen eine Signatur für Kippenberger liest. So, wie beispielsweise nach Eco „das Indexzeichen Rauch aus der Ferne auf ein Feuer verweisen kann,“[5] so besteht die Funktion der Bildzeichen Kippen/Kippenberge dann darin, auf ihren abwesenden Referenten Kippenberger hinzuweisen. Dies bedeutet aber auch, daß der Spekulation Tor und Tür geöffnet wird.[6] Man könnte aus der Anhäufung der Kippen die ironische Darstellung eines „multiplen Ichs“[7] (Kippenberger) herauslesen. Diese Spekulation soll hier aber nicht weiter verfolgt werden.

So können wir auf Kippen-berge-r zurückkommen und als erstes Ergebnis festhalten, daß „alle Gegenstände, auf die wir uns durch Zeichen beziehen, ih-

---

4 Mit dem Begriff Index ist eine Klasse von Zeichen gemeint, bei der die Beziehung zwischen Zeichen und Bezeichnetem nicht auf Konvention (Symbol) oder Ähnlichkeit (Ikon) beruht, sondern aufgrund einer kausalen Beziehung entsteht. Vgl. zum Begriff Index Umberto Eco (in: *Zeichen. Einführung in einen Begriff und seine Geschichte* [1973], Suhrkamp Verlag, Frankfurt am Main 1977, S. 61), der sich auf Ch. S. Peirce bezieht.
Zunächst denkt man bei der wortsprachlichen Zusammenführung von „Kippen/Kippenberge“ und dem Eigennamen „Kippenberger“ eher an eine (hier unvollständige) Homonymie, bei der eine gleiche Ausdrucksform hinsichtlich Orthographie und Aussprache unterschiedliche Bedeutungen und verschiedene etymologische Herkünfte aufweist. Für die Bedeutung eines Eigennamens reicht jedoch das bloße Nennen oder Bezeichnen des Namens niemals aus. Nach Umberto Eco (S. 54) entspricht die „höchste Eindeutigkeit“ der Eigennamen scheinbar paradox ihrer „höchsten Offenheit“. Eigennamen sind selbst schon „ein Extrembeispiel von Homonymie“, da sie nur durch zusätzliche Hinweisfunktionen spezieller Kontexte eindeutige Verweisfunktionen übernehmen können. Deshalb müssen Eigennamen durch zusätzliche Zeichenbeziehungen ihre Identität erst aufbauen.

5 Vgl. ebd., S. 61

6 Trotzdem ist das Gedankenexperiment interessant: Verhindert die Vereinzelung der Kippen das Zustandekommen eines Bildes von der Identität des Kippenbergers, der für alle Kippenberge stünde? Die Kippe wäre eine Synekdoche für die zahlreichen Kippenberge. Könnte dann der Referent Kippenberger als eine selbstgewählte Parodie auf die Einheit des Abfalls angesehen werden? Das bewußte und unwiederbringliche Trennen der Kippen (Einbetten in Kunstharz) verhindert aber jedes Aufkommen von Zugehörigkeit (der Kippenberge). In ihrer Funktion als Signatur-Ersatz wären die Kippen dadurch Anzeichen einer Organisation des Scheiterns: Anzeichen des Verlustes der Identität (Kippenberger). Kippenberger organisiert jedenfalls die Kippenberge gleichwertig neben anderen Zeichenträgern innerhalb seiner Bilder und schöpft dabei real und metaphorisch aus dem Reservoir des Abfalls, siehe Abb. 4.

7 Eine Person kann im Anschluß an die Analysen von Wolfgang Welsch als „multiples Ich“ bezeichnet werden, insofern sie die Pluralisierungstendenzen der zeitgenössischen Gesellschaft in ihr Inneres übertragen hat. Ein Künstler verliert somit seine Identität und erfährt sich nur in der inszenierten Zerstreuung und im Übergang zwischen verschiedenen Wahrnehmungen. Vgl. Wolfgang Welsch: *Identität im Übergang*, in: ders.: *Ästhetisches Denken*, Reclam Verlag, Stuttgart 1990, S. 168–200

Abb. 3 „Ohne Titel", 1989/90, sechs Farbphotographien aus der einundfünfzig Photobilder umfassenden Serie, die 1991 unter dem Ausstellungstitel „Heavy Burschi" im Kölnischen Kunstverein gezeigt wurde. Aufgezogen und hinter Glas gerahmt, unterschiedliche Formate: 60 x 50 cm, 90 x 75 cm, 120 x 100 cm, 180 x 150 cm, 240 x 200 cm

Abb. 4 „Sigmar Polke“ (Foto: Thomas Walter), Unikatbüchlein Nr. 60 der Edition Kippenbergers für Parkett, 1989, in Offset gedruckt, 15,2 x 9,5 cm; aus: Parkett, Nr. 19, Zürich 1989, S. 111; Die sichtbare Rasterung ist durch die Vergrößerung der vorliegenden Abbildung bedingt.

rerseits wieder zu Zeichen werden, wobei es also zu einer *Semiotisierung des Referenten* kommt“[8].

Betrachten wir nämlich die ganze Katalogseite (siehe Abb. 2, der Abb. 1 als Detail entnommen wurde), die wiederum nur einen Ausschnitt eines der einundfünfzig Photo-Bilder abbildet, so sehen wir ein Portrait mit angeschnittenem Oberkörper vor einem grünen Hintergrund mit acht in Kunstharz gegossenen Kippen und sechs verschieden groß gemalten BMW-Firmenzeichen. Eindeutige Bildbeziehungen lassen sich nicht erstellen.

Plausible Interpretationsversuche werden durch eine Unzahl von Fragen blockiert: Stehen die Embleme des bekannten Automobilherstellers stellvertretend für die einzelnen Automobiltypen oder Automobilbesitzer? Es finden sich innerhalb der Bildgestaltung keine weiteren Hinweise, die eine These aufstellen und begründen ließen. Es bleibt so eine auffällige Konkurrenz oder Parallelisierung der Firmenembleme zu den hervorgehobenen, in Kunstharz gegossenen Kippen bestehen. Wird dabei womöglich ein bewußt zynischer

8 Umberto Eco: *Zeichen. Einführung*..., a.a.O., S. 63

oder lächerlicher Versuch gestartet, die Kippe ebenfalls als Emblem aufzuwerten, zu lesen als Marken-Zeichen für Kippenberger? Peter Weibel, der sich in den 80er Jahren ebenfalls künstlerisch mit dem Verhältnis zwischen Produkt/Ding und Marken-Zeichen auseinandergesetzt hat, behauptet im Kontext der hier voranstehenden Frage: „Heute geht es nicht mehr darum, die Dinge beim Namen zu nennen, sondern darum, die Waren beim Logo. Die Firmenzeichen und die Warenzeichen haben die Symbole und Namen ersetzt. Sie sind die neuen Zeichen des Realen [...].“[9] Oder stehen die Kippen als reale Gegenstände damit doch im Gegensatz zu den gemalten Firmenzeichen? Dann wären die Kippen letztendlich der Unmöglichkeit ausgesetzt, sich als Bild-Zeichen behaupten zu können. Weibel würde dies verneinen. Für ihn ist ein „Kunstwerk heute nur dann ein Kunstwerk, wenn es ein Markenzeichen hat“[10]. Will man dieser Denkrichtung folgen, so kann man weitergehend vermuten, daß auch Kippenberger innerhalb seines Bildmotives im spielerischen Umgang mit Firmenemblemen und Kippen das darstellt, was das Bild als Bild innerhalb des Kunstbetriebes erreichen soll, nämlich eine Aufwertung zum Markenzeichen innerhalb der Kunstbewertung.[11]

Die gestellten Fragen und Vermutungen lassen sich aber insgesamt nicht eindeutig plausibel begründen. Das führt die zuvor gestellten Fragen auch an die Grenze zur Indifferenz und läßt die Vermutung absichtsloser Beliebigkeit aufkommen. Welche Bildfunktion erfüllt beispielsweise das Portrait im Bild? Grundlegend für eine Bildinterpretation scheint lediglich zu sein, daß die eingegossenen Kippen – als recycelter Abfall oder Marken-Zeichen für Kippenberger – in einer auffälligen Nachbarschaft zu allgemein „anerkannten“ Firmenemblemen stehen. Führt dies dann doch den Wunsch vor Augen, die Welt der anerkannten und begehrten Images selbst zu imitieren, bzw. sich ihren Reizen auszuliefern?[12] Steigert sich das Selbstbewußtsein des Künstlers und seines Publikums in Folge der Auseinandersetzung mit den Images der Mar-

---

9 Peter Weibel: *Inszenierte Kunst Geschichte*, Österreichisches Museum für angewandte Kunst, Wien 1988, S. 84

10 Ebd., S. 85

11 Vgl. ebd., S. 86: „Wenn ein Künstler und sein Werk durch die gemeinsamen Anstrengungen von Galerien, Magazinen und Museen endlich zu einem Markenartikel geworden sind, so sitzt er nicht nur an der obersten Stelle einer ganzen Klasse von Künstlern ähnlicher Richtung, [...] sondern er ist unersetzbar, einzigartig. [...] Das Image des Kunstwerks ist das Kunstwerk.“

12 Jiri Georg Dokoupil thematisierte 1985 genau diese Fragestellung. In einer Serie von Bildern und Skulpturen verwandelte er Firmen- und Warennamen in skurile Schriftzüge, indem er die Typographie der bekannten Namen ironisch verfremdete. Wolfgang Max Faust schrieb über diese Arbeiten (in: Gerd de Vries [Hrsg.]: *Paul Maenz. Köln 1970–1980–1990*, DuMont Buchverlag, Köln 1991, S. 167), daß sich die „Kunstwerke parasitär an die Welt der Waren anschmiegen würden“. Zudem behauptete Faust, daß „sich die Aufmerksamkeit kaum noch auf das ‚was', sondern

kenprodukte, die sich auch auf den anderen Photo-Bildern immer wieder aufzeigen lassen? Oder relativieren die Abfälle der „Kippen" dieses hedonistische Spiel? Mit diesen offenen Fragen verweisen die Bilder vielleicht tatsächlich auf die Vorstellung von einer Gesellschaft, in der „Ausgebeutetsein mehr und mehr zum Privileg gegenüber dem Nicht-einmal-ausgebeutet-Werden wird"[13]. Auf diese Aussage hat an anderer Stelle Diedrich Diederichsen den gesellschaftlichen Hintergrund der Arbeiten Kippenbergers gebracht.

---

nur noch auf das ‚wie' der Präsentation" richte. Das läßt sich auch auf die Arbeiten Kippenbergers übertragen, einschließlich der abschließenden Bemerkung, daß dadurch „der Künstler in die Nähe zum Kunst-Designer" rücke.

13 Diedrich Diederichsen: *Das kaufe ich Ihnen ab*, in: Parkett, Nr. 19, Zürich 1989, S. 72

Abb. 5 „Sie sucht Farben, er sucht Formen, sie finden beides", 1984, Öl und Silikon auf Leinwand, 150 x 180 cm

II. Kippenberger im Kreuzfeuer der Kunstkritik

Kunst – Leben und Zynismus?

Kippenbergers Kunst sei von seinem Leben nicht zu trennen. Dieser Auffassung waren die meisten Kritiker seit den frühen 80er Jahren. Das Interesse an Kippenbergers Kunst richtet sich dann auch – dies ist die Gefahr – nach der jeweiligen Bewertung seiner öffentlichen Lebensweise. Diese Einschätzung ist nicht auf die deutsche Rezeption Kippenbergers beschränkt geblieben.[14] Kippenberger unterstützte die Vermischung der Interessen in bezug auf seine Kunst und an seiner eigenen Person, indem er beispielsweise ihm selbst besonders polemisch oder aussagekräftig erscheinende Ausstellungskritiken und Auszüge seines persönlichen Briefverkehrs in jeweils neueren Katalogen mit abdrucken ließ.[15]

In diesem Kapitel soll aufgezeigt werden, welche Faktoren, Einschätzungen, Vorurteile etc. in bezug auf die Rezeption der 80er und frühen 90er Jahre besonders signifikant erscheinen. Auffällig ist zunächst, daß die für eine historische Betrachtungsweise erforderliche Differenzierung der Untersuchungsperspektiven auf die Werke bzw. Produkte, auf die Künstlerinteressen und

14 Kristine McKenna schrieb beispielsweise am 20. Juni 1991 (in: Los Angeles Review; hier zitiert nach: Ausstellungskat. *Heavy Burschi*, a.a.O., ohne Seitenzahlen) anläßlich Kippenbergers Einzelausstellung in der Galerie Luhring Augustine Hetzler, Santa Monica: „His art is essentially a footnote in the story of his life – and to get the jokes and relevations in this story, you need to have followed it from the beginning." McKenna benennt zu Beginn ihrer Ausstellungskritik entscheidende Faktoren, die die inflationäre künstlerische Produktion und deren Absichten zu klären helfen: „German artist Martin Kippenberger is the art world's latest *enfant terrible*. A protean figure who dabbles in nearly every medium, Kippenberger draws, paints, makes skulptures, photographs, collages and books, and does installation and performance pieces." Diese Aufzählung läßt sich problemlos ergänzen. Es entstanden in den 80er Jahren ebenso Videos, Kurzfilme, Designerlampen etc. In den folgenden Kapiteln wird beispielsweise zu klären sein, inwieweit die angeblich dilettantische („dabbles") Produktionsweise mit der Intention, Bedeutung und dem Sinnangebot seiner Kunstwerke in Beziehung steht. Für McKenna liegt der ungebundenen Produktionsweise des Künstlers ein gemeinsames Prinzip zugrunde, welches sie als „conceptual goof" bezeichnet.

15 In Kippenbergers Ausstellungskat. *T.K. (D.T.)*, der anläßlich der Wiener Festwochen, Wien 1991, erschien, ließ er beispielsweise die Antwort auf eine von ihm zuvor geschriebene Mahnung an die Galeristin Ursula Schurr abdrucken. Im Ausstellungskat. *Nochmal Petra*, Winterthur 1988, veröffentlichte er die vernichtende Kritik des Kölner Kritikers Jürgen Kisters: „Das ist auf die Spitze getriebene Beliebigkeit, deren ironische oder witzige Grundlage längst abgenutzt ist." Kisters Kritik war zuvor am 30. Oktober 1987 anläßlich der Kölner Ausstellung *Petra*, Galerie Gisela Capitain, erschienen. Die oben besprochene Ausstellungskritik von Kristine McKenna ließ Kippenberger im Ausstellungskat. *Heavy Burschi*, Kölnischer Kunstverein, Köln 1991, abdrucken.

-persönlichkeit, Rezeptionsinteressen etc. – bis in die unmittelbare Gegenwart (1995) – fast überhaupt noch nicht stattgefunden hat. Die Auswahl des umfangreichen Materials (Ausstellungskritiken in Fachzeitschriften, Boulevardpresse, Interviews mit dem Künstler etc.) kann deshalb (noch) nicht mit vorbestimmten kunsthistorischen Kriterien bewertet werden. Die Absichten/Intentionen des Künstlers und die Rezeptionsinteressen sind noch nicht geklärt. Die 80er Jahre, die immer wieder mit Schlagwörtern wie Hedonismus, Höhepunkt der Postmoderne etc. belegt wurden, bieten zwar die soziokulturelle Bezugsebene für viele Arbeiten Kippenbergers, der zeitliche Abstand ist jedoch noch zu gering, um das als „abgeschlossene“ Zeitgeschichte betrachten zu können. Des weiteren veränderten sich seit Ende der 80er Jahre die gesellschaftliche Akzeptanz und die sozialen Interessen, was sich wiederum auf die Rezeption Kippenbergers ausgewirkt hat. Da zum jetzigen Zeitpunkt diese Veränderungen noch als Gegenwart aufgefaßt werden und sich künstlerische Entwicklungen und Paradigmenwechsel zudem auch unvorhersehbar und diskontinuierlich vollziehen können, verzichtet die vorliegende Arbeit auf jeden Anspruch einer verfrühten Historisierung. Es sollen zum jetzigen Zeitpunkt nur einzelne signifikant erscheinende Aspekte der künstlerischen Produktion Kippenbergers hervorgehoben und analysiert werden.

„Es ist verblüffend bis kurios, mit welcher Akkuratheit die Kunst der 80er Jahre konzeptuelle und theoretische Ansätze von Kulturkritik und Philosophie nachvollzogen hat. Vor allem die Arbeiten französischer ‚Poststrukturalisten‘ wie Lyotard oder Derrida mit ihren Behauptungen eines universellen Diskurses und einer darauf aufbauenden Definition von Postmoderne sind es, die [...] nachvollzogen wurden.“[16] Martin Prinzhorn unterstellt in seinem Text Kippenberger eine künstlerische Strategie mit „emanzipatorischem Charakter“, wodurch der angeblich „universelle Diskurs“ nicht einfach nach- oder mitvollzogen, sondern darstellend thematisiert werde: der Künstler als Metakünstler. Hiermit wird indirekt die Frage nach der kritischen Distanz des Künstlers (in bezug auf die Unterscheidung zwischen unmittelbarem Mitvollzug und kritischer Darstellung) gestellt. Vom künstlerischen Produkt aus betrachtet, müßte sich eine deutliche Unterscheidung zwischen Darstellung und Dargestelltem aufzeigen lassen, um weitergehend auf eine Differenz zwischen Dargestelltem und Darstellungsabsicht rückschließen zu können. Eine bedeutende Schwierigkeit besteht aber darin, daß nach Prinzhorn (auch die künstlerische) Spra-

---

16 Martin Prinzhorn: *Jenseits der Diskursanalyse: Der Kurator Martin Kippenberger*, in: Ausstellungskat. zu den Wiener Festwochen *T.K. (D.T.) Tiefes Kehlchen*, Wien 1991, S. 33; die folgenden Zitate ebd.

che die „Realität nicht reflektiert", sondern Realität überhaupt erst erkennbar „zu Konzepten formt".

„Das Objekt [der Betrachtung bzw. der Untersuchung] ist gänzlich diskursintern, da es nur dort konstituiert wird."[17] Die Idee vom autonomen Kunstwerk wird also negiert, zumal auch der Diskurs, der im nachhinein die Rezeptionsgeschichte ergibt, das Objekt der Betrachtung erst mitkonstituiert bzw. eingrenzt.

Ein Beispiel: Das Ölbild *Sie sucht nach Farben, er sucht nach Formen, sie finden beides*, 1984, siehe Abb. 5, verbindet mehrere Realitätsebenen miteinander, ohne daß die Frage nach dem Sinn des Ganzen restlos zu klären wäre. Der Titel nennt Kriterien der Kunstanalyse (die Farbfindung und Formfindung) und verbindet diese mit einem personifizierten Handlungsablauf (dem Suchen), was aber im Bildmotiv lediglich durch die Anwesenheit von zwei Personen aufgenommen wird. Deren Handlung bezieht sich innerhalb des Bildmotives auf die Landarbeit (das Schlagen und Bündeln des Korns?) und auf ein Picknick (Weinflasche im Picknickkorb). Die lapidare Verwendung des Begriffs „Suchen", der im Titel vorkommt, findet innerhalb des Bildmotives keine weiteren Anhaltspunkte. Die Bezugsebenen werden vom Künstler „absichtsvoll inszeniert" verschoben, die eigene Bildrealität kommt dadurch zum Vorschein. Titel und Bildmotiv handeln schließlich auf zwei unzusammenhängenden Bezugsebenen. Eine hermeneutische Interpretationsweise wird damit erschwert und letztendlich blockiert. Für die Feststellung einer traumatischen oder automatischen Bildgestaltung finden sich ebenfalls keine eindeutigen Anhaltspunkte.

Im folgenden soll ein Querschnitt der Rezeption erstellt werden, der sich überwiegend aus den Texten der Kunstzeitschriften, der Tagespresse und aus den Beiträgen der Ausstellungskataloge ergibt. Die verschiedenen Einschätzungen in bezug auf die Person und die Arbeiten Kippenbergers sollen damit in einem kleinen Umfang möglichst repräsentativ wiedergegeben werden.[18]

---

17 Ebd., S. 37

18 In den nächsten Kapiteln wird dann vor allem von den Produkten und der Produktion selbst ausgegangen und nicht von der Rezeptionsgeschichte. Es ist jedoch sinnvoll, zuvor zumindest ansatzweise die (derzeit) besonders auffälligen Polemiken und damit Teile der Rezeptionsgeschichte vorwegzunehmen. Das findet seinen Grund nicht zuletzt darin, daß Kippenberger mit seiner künstlerischen Arbeit selbst auf die Rezeptionsgeschichte reagiert. Alle für diesen Text zusammengestellten Äußerungen des Künstlers und der Kritiker sollten möglichst unmittelbar mit der Produktion und den Produkten in Zusammenhang gebracht werden können. Über den Stellenwert des Künstlers in der Kunstgeschichte entscheidet erst die Rezeptionsgeschichte der nächsten Jahrzehnte, die dann im Vergleich zu anderen Künstlern auf das künstlerische, dokumentarische, autobiographische, kunstkritische, kunsthistorische und sozialgeschichtliche Material zurückgreifen muß.

Wilfried Dickhoff schrieb 1989 im Katalog der Kölner Ausstellung *Bilderstreit* über Kippenberger und seine Künstlerkollegen: „Es gab um die Jahrzehntwende in der Tat eine Zerstreuung des Ichs und der Identitätslügen [...], es gab eine Lockerung der Bezüge [...] aller entleerten Stile [...], es gab die emphatische Produktion von Sinnbildern am Nullpunkt des Sinns, und es gab jene unwillkürliche Konzentration auf das, was übrigbleibt, wenn man ideologisch und semantisch auf den Arsch des Ausdrucksvermögens gefallen ist [...].“[19]

Wird die Kunst Kippenbergers dahingehend verstanden, daß sie Provokationen verursacht? Michael Royen nahm sich 1986 des „Phänomens Kippenberger“ an: „Natürlich ist es nicht die Provokation, die heute noch Interesse weckt. Man will wissen, aus welchem Grund provoziert wird, um welchen Inhalt es geht. [...] Die Maler entdecken nun wieder die Welt. Kippenberger hat sich für diese Welt entschieden. Er kümmert sich um sie und überläßt es den anderen, über Gott und die Welt und die Malerei zu werten.“[20] Damit wären noch keine Gründe einer möglichen Provokationsabsicht benannt. Amine Haase äußerte 1988 anläßlich der *Aperto* der *43. Kunst-Biennale von Venedig*: „Die Kings des Zynismus [...] sind wohl Martin Kippenberger und Rob Scholte.“[21] Die Bezeichnung „Zynismus“ durchzieht tatsächlich fast die gesamte Rezeptionsgeschichte der 80er Jahre. Während für die Beschreibung der disparaten Produktion des jungen Sigmar Polke der 60er Jahre oftmals der Begriff „Ironie“ Anwendung fand und weiter findet,[22] greifen die Kritiker zur Charakterisierung Kippenbergers und seiner Produktion allzuoft zu den Begriffen Sarkasmus und Zynismus. Hiermit verbindet sich dann für viele Kritiker auch ein „infantiler Trotz“ des Künstlers. „Unermüdlich kämpft Martin Kippenberger an der vordersten Kunstfront, er ist die personifizierte Avantgarde mit all ihren Zynismen und Eitelkeiten. [...] Er hat sich seinen infantilen Trotz bewahrt.“[23]

---

19 Wilfried Dickhoff: *Nach dem Nihilismus*, in: Ausstellungskat. *Bilderstreit*, DuMont Buchverlag, Köln 1989, S. 163; Kippenberger wird von Dickhoff namentlich erwähnt. Zur Ausstellung ist er jedoch vom Kurator Siegfried Gohr nicht eingeladen worden.

20 Michael Royen: *Arbeit bis alles geklärt ist*, in: Wolkenkratzer Art Journal, Nr. 4, Frankfurt am Main 1986, S. 66

21 Amine Haase: *Ist Ruhe erste Künstlerpflicht? Eine Atmosphäre zwischen Verkaufsmesse und Modenschau: Die 43. Kunst-Biennale von Venedig*, in: Kölner Stadt-Anzeiger, Nr. 146, 25./26. Juni 1988. Kippenberger zeigte auf der *Aperto* zwei Werke *Verbogene Laterne* (*Laterne für Betrunkene*) und *Hühnerdisko*, beide 1988.

22 Vgl. Martin Hentschels Dissertation: *Die Ordnung des Heterogenen. Sigmar Polkes Werk bis 1986*, Ruhr Universität Bochum 1991; Der Ironie kommt in Hentschels Untersuchung entscheidende Bedeutung zu.

Anhand der Kritiken des Auslandes läßt sich der Begriff Zynismus ebenfalls schnell aufzeigen. „Kippenbergers down-home cynicism“ und „quickly humour“ werden durch den Eindruck einer „carnival atmosphere, where anything goes and all expectations of normality are suspended“ ergänzt.[24]

Aus der Sicht der Kunstkritik: Die Bedeutung der Malerei

Seit dem Beginn der Bilderproduktion[25] ist der Begriff Zynismus aus der Rezeptionsgeschichte Kippenbergers nicht mehr wegzudenken. 1982 schrieben Wolfgang Max Faust und Gerd de Vries in dem Kapitel *Gegenpole* ihres Buches *Hunger nach Bildern. Deutsche Malerei der Gegenwart*: „Der aggressivste Affront gegen die Heftige Malerei läßt sich gegenwärtig in Berlin in den Arbeiten von Ina Barfuss, Thomas Wachweger und Martin Kippenberger [Mattin nannte er sich damals] erkennen. Malerei wird hier als effektives Mittel für eine zynisch-entlarvende Bildfindung eingesetzt.“[26] Interessant an dieser Äußerung ist, daß Kippenberger in einen kritischen Produktionszusammenhang gebracht wird. Er stellte sich demnach von Anfang an mit seinen Bildern der „naiven, narzistischen und selbstgefälligen“[27] *Wilden Malerei*[28] entgegen.

Die sogenannten *Wilden Maler* der späten 70er und frühen 80er Jahre sind den meisten Kritikern durch eine übertrieben subjektive Realitätsauffassung

---

23 Rainer Metzger: *Pubertät als Lebensziel*, Ausstellungskritik anläßlich der Ausstellung: *Gut ausgeleuchtete vorweihnachtliche Ausstellung an Leopoldstrasse*, Kunstraum Daxer, München 1991, in: Applaus, Nr. 1, München 1992

24 Vgl. Nancy Spector: *Martin Kippenberger. Metro Pictures*, in: Artscribe, No. 69, 1988, S. 75

25 1976/77 malte Kippenberger in Florenz seine ersten dreiundachtzig Gemälde, die alle ein einheitliches Format aufweisen (60 x 50 cm).

26 Wolfgang Max Faust, Gerd de Vries: *Hunger nach Bildern. Deutsche Malerei der Gegenwart*, DuMont Buchverlag, Köln 1982, S. 93; Das vieldiskutierte Buch beschäftigt sich vor allem mit der sogenannten *Wilden* oder *Heftigen Malerei*. Gemeint waren hiermit junge Maler, die Ende der 70er Jahre mit großen Bildformaten figurativen Inhalts debütierten. Einige Kritiker erhoben sofort den Vorwurf des Neoexpressionismus. Bis in die 90er Jahre bekannt geblieben sind beispielsweise die Berliner Rainer Fetting, Helmut Middendorf, Salomé und Bernd Zimmer. In Köln formierte sich gleichzeitig ein weiteres Zentrum expressiver und großformatiger Malerei. Gemeinsam fanden diese Maler ihre Motive in der sie unmittelbar umgebenden Alltäglichkeit. Das Kölner Zentrum entstand mit Hans Peter Adamski, Peter Bömmels, Walter Dahn, Georg Jiri Dokoupil, Gerard Kever und Gerhard Naschberger. Diese Kölner Maler wurden kurzzeitig als *Mülheimer Freiheit* bekannt.

27 Vgl. ebd.

28 Zur Bildproduktion der *Wilden Malerei* und zu Vorwürfen des Epigonentums, Neoexpressionismus etc. vgl. Heinrich Klotz: *Die neuen Wilden in Berlin*, Klett-Cotta Verlag, Stuttgart 1984

aufgefallen. Einige Kritiker und Sammler begrüßten dagegen euphorisch diese Bewegung, die von ihren Gegnern als eklektizistische Kunstmarkt-Kunst abgetan wurde. Jedenfalls wurde seit Ende der 70er Jahre – also nach der Dominanz der spröden Konzeptkunst, der Feldforschung, der Photographie als Kunst, der Bodyart und der Performance – wieder verstärkt von jungen Künstlern mit dem traditionellen Medium Tafelbild gearbeitet, so daß sich dieses Phänomen als eine neue Kunstrichtung etablieren ließ.[29] Die Produktion der Künstler ereignete sich nach den Äußerungen der Kritiker spontan und dilettantisch. Man beobachtete die Künstler bei ihren „Umsetzungsversuchen in Bilder als expressive Chiffren"[30]. Vor allem viele der jüngeren Maler Berlins standen damals der Punkbewegung, die Ende der 70er Jahre aus der Londoner Musikszene nach Deutschland kam, sehr nahe. In unzähligen Ausstellungskritiken wurde diesen jungen Malern ihre „Lust am Malen" und ihr angeblich selbstherrlicher und zum Teil destruktiver Subjektivismus vorgeworfen.[31] Kippenberger, der 1978 bis 1983 überwiegend in Berlin wohnte, kopierte aber nicht einfach den Motivfundus der Alltäglichkeit, den er bei den *Wilden Malern* Berlins vorfand. Er parodierte auch nicht bloß die Motive der ihm schnell bekannt gewordenen Kollegen mit eigenen, alles der Lächerlichkeit preisgebenden Witzen, sondern er thematisierte zudem auch noch die Wirkungsmöglichkeiten der Kunst und das Selbstverständnis der Künstler. Dieser Auffassung sind zumindest im nachhinein ihm nahestehende Freunde und Kritiker. Folgt man deren Ansichten, so war Kippenbergers Arbeit Anfang der 80er Jahre nicht einfach innerbildlich motivbezogen oder von formalen Innovationsgedanken getrieben – sie war dann viel eher auf die Fragestellung ausgerichtet: Wie ergeht es heute einem Künstler, der die Alltäglichkeit künstle-

---

29 Vgl. beispielsweise Thomas Kren: *Deutsche Malerei: Paradox und Paradigma in der Kunst des späten 20. Jahrhunderts*, in: *Neue Figuration in der deutschen Malerei 1960–1988*, Düsseldorf/Frankfurt am Main 1989, S. 10: „Die figürliche Malerei war der kontroverse Gegenstand der frühen achtziger Jahre. [...] Die Bühne war nun international von einer aggressiven, europäischen Kunst der Wirklichkeit beherrscht [...]." Kren rekonstruiert in seinem Text ansatzweise auch den amerikanischen Beitrag des Diskurses, der vor allem von dem Befürworter der neoexpressiven Malerei, Donald Kuspit, und dem vehement ablehnenden Kritiker, Benjamin Buchloh, ausgetragen wurde. Buchloh veröffentlichte 1981 mehrere Artikel in der Zeitschrift October, in denen er dieser Malerei aufgeblähte Trivialität und den Malern und ihren Förderern Kulturkonservativismus vorwarf.

30 Faust, de Vries: *Hunger nach...*, a.a.O., S. 92

31 Klotz versucht dagegen, den *Neuen Wilden* ein allgemeines Kunstbedürfnis zu unterstellen. Er legt seiner Untersuchung ein angeblich zu allen Zeiten geltendes Bedürfnis nach einer „conditio humana" zugrunde und verdeckt mit diesem Allgemeinplatz die konkreten Fragestellungen nach Aktualität, Legitimität und der historischen Wirkungsabsicht der Kunstproduktion (vgl. Klotz: *Die neuen...*, a.a.O., S. 12): „Zu den konstanten Bedürfnissen gehört offenbar der ‚bloße Selbstausdruck' des Individuums und die Thematisierung von Inhalten des vorgestellten wirklichen Lebens."

risch gestaltet, und wie geht man am besten vor, subjektiv spontan oder distanziert konzeptuell?

Man kann tatsächlich davon ausgehen, daß Kippenberger subjektiv spontane und konzeptuelle Elemente verbindet und sie zu einer Art „Strategischen Dilettantismus" vereint.

Das Interesse des Künstlers an seiner eigenen Arbeit gilt dabei weniger der Selbstreflexion der mehr oder weniger bewußt angenommenen Künstlerrolle. Sein Interesse richtet sich viel eher auf eine Öffnung des Diskurses in Richtung des erlebenden Rezipienten: Wie reagiert der Betrachter auf die Bildmotive, welche Bedeutung kommt den traditionellen Funktionen des Tafelbildes zu und wie stark sind diese Funktionen der Pragmatik des Kunstbetriebes ausgesetzt?[32]

Wilfried Dickhoff und Martin Prinzhorn schrieben 1991 über Albert Oehlen, einen der engsten Künstlerfreunde Kippenbergers:[33] „Aber schon zu diesem Zeitpunkt (1980/81) konnte man (wenn man können wollte) sehen, daß seine Arbeiten [und ebenso diejenigen Kippenbergers] nur sehr wenig mit der Wiederkehr des Expressiven, einer feucht-fröhlichen Gute-Laune-Malerei oder einer Ästhetik des Gleich-Gültigen zu tun haben. ‚Wirklichkeit erschlägt Kunst' heißt ein frühes Bild, womit schon 1981 klar war, daß es hier nicht um selbstverliebte Pinselerotik in Öl geht [...]."[34]

Der Versuch, der „Malerei hierbei (wieder) Inhalte zuzumuten, die sie gar nicht verkraften kann"[35], war in den 70er Jahren für einige Künstler fast schon zu einem Paradigma geworden. Zum erfolgreichen Ziel[36] führte solch ein Versuch beispielsweise bei Markus Lüpertz, dessen Arbeiten von den jüngeren

32 Der Widerstreit der Meinungen ist auch in den 90er Jahren noch keinesfalls beendet. Rückwirkungen der offensichtlichen Veränderungen des Kunstmarktes und der Rezeptionsgewohnheiten eines interessierten Kunstpublikums auf die Produktion der Kunst sind schwer zu fassen. Häufig sind pauschalisierende Feststellungen zu finden, vgl. beispielsweise Kren: *Deutsche Malerei: Paradox ...*, a.a.O., S. 18: „Es ist eine Tatsache, daß der phänomenale Erfolg dieser Malerei [der figürlichen Malerei der frühen 80er Jahre] durch ihre Resonanz auf dem Kunstmarkt begründet wurde und durch den allgemeinen Zuspruch seitens der Aussteller, Galeristen [...] und eines ständig zunehmenden, kunstkonsumierenden Publikums."

33 Kippenberger und A. Oehlen organisierten in den 80er Jahren gemeinsam Ausstellungen und äußerten bzw. formulierten ihr Künstlerselbstverständnis in zahlreichen Schriften.

34 Wilfried Dickhoff, Martin Prinzhorn: *A. Oehlen, Kunst Heute Nr.* 7, Kiepenheuer & Witsch Verlag, Köln 1991, S. 10

35 Ebd.

36 Ziel im Sinne einer geforderten Stärkung der Pragmatik des Bildes. Das bedeutet, daß die Intention des Bildes dann erreicht ist, wenn über es gesprochen wird. Die gegenständliche Motivgestaltung ist dabei nicht unbedingt von einem (subjektiven oder gar objektiven) Interesse. Gegenständlichkeit ist weder Bildanlaß noch eigentliches Bildthema, sondern Aufhänger und Reizauslöser, um in den Diskurs der Kunst zu gelangen.

Künstlern rezipiert wurden. Lüpertz hatte in diesem Sinne das „Ziel" in den 70er Jahren mit seinen „deutschen Motiven" erreicht.[37] Jörg Immendorff strapazierte zur selben Zeit den realistischen Gehalt seiner Malerei durch die Überlagerung und Verschränkung seiner Arbeiterstaat-Impressionen mit autonomen Kunstansprüchen, die er begrifflich in seine Bilder hineinmalte. Georg Baselitz und Anselm Kiefer belasten ebenfalls seit den 60er Jahren ihre Bilder mit konkret deutschen Motiven, und zwar in einer neoexpressiven und in gewisser Weise bewußt dilettantischen Malweise.

Diese Künstler haben verschiedene Strategien expressiver Darstellungsmöglichkeiten im Umgang mit Geschichte und Alltagsrealität erprobt und künstlerische Bewertungskriterien in Frage gestellt.

Nach Auffassung von Dickhoff und Prinzhorn konzentrierten sich Kippenberger, Albert Oehlen, Werner Büttner und einige andere Künstler in den 80er Jahren darauf, „alle (un)möglichen (Un)wichtigkeiten spätkapitalistischer Identitätsmythen und das Elend aller diskursiven Versicherungen und Sozialstaatszenen"[38] zu verbildlichen.

Tatsächlich werden die Rezipienten mit einer Unzahl von Themen und Anspielungen überfordert, so daß sie (im Extremfall) nicht mehr zu einem differenzierten Verständnis kommen können. Die absichtsvolle Vermischung von persönlichen und distanziert wahrgenommenen Sachverhalten ist für die Rezipienten nämlich nicht unbedingt nachvollziehbar. Das kann als „kalkulierte Unbestimmtheit" der Bildmotivgestaltung empfunden und den Künstlern vorgehalten werden oder als symptomatische Auffassung einer heterogenen und widersprüchlichen Gesellschaftsanalyse interpretiert werden. Die Qual der unbestimmten Motivwahl unterscheidet Kippenbergers Vorgehen von der „subjektivistischen Selbstverliebtheit" der *Wilden* oder *Heftigen Malerei*.[39] Was befreit aber den Bildzusammenhang von der Subjektivität des Künstlers?

Zum einen der bestenfalls absichtsvoll scheinende, im einzelnen Bild aber unbestimmte Motivbezug (Intentionen und plausible Bildanlässe sind zumindest nicht leicht auszumachen) sowie in anderen Bildern die übergroße Anzahl

---

37 Vgl. Armin Zweite (Hrsg.): *Markus Lüpertz. Belebte Formen und kalte Malerei*, Prestel-Verlag, München 1986, bes. S. 12–13; S. 31: „Stahlhelme beispielsweise hätte er demnach nur wiedergegeben, ‚um als Maler aufzufallen, um ins Gespräch zu kommen, Aufmerksamkeit zu erregen'." Zweite bezieht sich hierbei auf ein nicht näher bezeichnetes Interview mit Markus Lüpertz.

38 Wilfried Dickhoff, Martin Prinzhorn: *A. Oehlen*, a.a.O., S. 10

39 Vgl. auch Johann-Karl Schmidt: *Kippenberger – Kunst ist kein Motiv*, in: Ausstellungskat. der Einzelausstellung Kippenbergers: *Miete Strom Gas*, Hessisches Landesmuseum Darmstadt 1986, S. 15: „An diesem Punkt setzen die Schwierigkeiten Kippenbergers mit seinen Altersgenossen ein. An der ironischen Distanz zu deren unbekümmerter schöpferischer Leistungsfähigkeit brach sich seine eigene Produktivität."

der über- und nebeneinander gemalten Motive, die eine diskursive Sprengkraft verbildlichen. Es gibt beispielsweise keine Hierarchie der Bildebenen und keine verbindliche Bildlogik. Dadurch ist die Frage nach den Auswahlkriterien der Bildmotive und der Referenzbezüge prinzipiell nicht mehr zu beantworten.[40] So könnte eine individuelle Botschaft gar nicht transportiert werden. Das Ganze bleibt zurück: es wird transparent als Medium Kunst.

Die Kunst ist das Medium des verbildlichten bzw. eines von den Künstlern inszenierten Konfliktes. Es handelt sich um den Konflikt, „eine Malerei mit ihr äußerlichen (Elends-)Realitäten derart zu überfordern, daß Widersprüche als Substanz der Malerei zu Bilde schlagen und gleichzeitig die Kunst als Kunst sichtbar wird“[41]. Es geht demnach also keinesfalls um die Verbildlichung persönlichen Erlebens, des Leidens an der Unmöglichkeit der Informationsverarbeitung, um Vorteile und Nachteile angeblich grenzenloser Subjektivität, sondern um das, was aus dem Rest eines inszenierten Zusammenfalles der Semiotik übrig bleibt, um (scheinbar) referenzlose Kunst als Kunst!

„Diese Doppelstrategie (inhaltliche Überforderung der Kunst bei gleichzeitigem Ausmessen ihres Grenzbereichs) ist sichtbar als Spannung von Lüge und Wahrheit im Bild.“[42] So entsteht der Verdacht, daß in den Bildern ein Schein von Authentizität doch gewahrt bleiben soll, damit ein Schein (anschließend) überhaupt noch gebrochen werden kann. Die große Aufregung über die Brüche, Provokationen und Lügen führt am Ende dann erst recht zum Gewahrwerden der künstlerischen Gestaltung, und zwar als eigene Bildrealität und damit als Differenz zur abgebildeten „(Elends-)Realität“.

Die Bedeutung der Bildmotive ist dabei trotzdem vor allem in der scheinbaren Identifikationsabsicht mit der sozialen Realität zu vermuten. Die Funktion der Bildmotive – wie weiter oben beschrieben – liegt dagegen eher in ihrer diskursiven Sprengkraft begründet, mit der die lediglich absichtsvoll erscheinende Motivauswahl einen unbestimmten Motivbezug offenhält oder mit der die übergroße Anzahl über- und nebeneinander gemalter Motive die semiotischen Bezüge ins Uferlose treibt. Die Untersuchung von „Kippenbergers Bildjournalismus“[43] ist dabei zunächst ein möglicher Versuch der Annähe-

---

40 Man denke hierbei auch an das mögliche Scheitern eines hermeneutischen Interpretationsversuches, falls die Rezipienten keinen Zusammenhang aus dem Bildgefüge der einzelnen Motive bzw. aus den Motivschichten erstellen können.

41 Wilfried Dickhoff, Martin Prinzhorn: *A. Oehlen*, a.a.O., S. 11

42 Ebd.

43 Die Verbindung der Arbeit Kippenbergers mit der ästhetischen Macht des Bildjournalismus wurde vor allem von Bazon Brock hervorgehoben, in: *Bildjournalismus als ästhetische Macht*, in: Ausstellungskat. *Miete Strom...*, a.a.O., S. 61–77

rung, weil erst von der Bedeutung bzw. der unbestimmbaren Bedeutung der Bildmotive aus, genauer auf die Funktion der Bilder rückgeschlossen werden kann. Die Realisierung der möglichen Funktionsabsichten wird damit erst überprüfbar. Das Medium Malerei ist von Kippenberger, A. Oehlen u. a. konsequent gewählt, weil es als traditionelles und (inzwischen wieder) anerkanntes Transportmittel verschiedenster Bildmotive am wenigsten durch technische Effekte[44] in seiner Funktion beeinträchtigt wird. Künstler wie Kippenberger gehen davon aus, daß ein stark motivbelastetes Bild vorübergehend von sich selbst als Kunst-Mittel abzulenken in der Lage ist. Warum soll aber der Diskurs über das Bild zunächst von sich selbst als Kunst-Mittel ablenken? Die Gründe hierfür sind vielfältig. Um sie zu erfahren, bedarf es einer Legitimation ihrer Pragmatik und der Aufklärung der Interessen der Künstler. Für Dickhoff und Prinzhorn erweist sich im Rückblick auf die 80er Jahre „das zuendegebrachteste, dekorativste und scheinbar reaktionärste Medium als das radikalste: Öl auf Leinwand“[45].

Weitere Reaktionen der Kritik: „Großartiger Maler“ - Stillosigkeit – Konzeptkünstler – Wirkungsabsicht und Bedeutungslosigkeit – „falscher Schein“ – „moralische Anstalt“

Wie bewertet die Kritik die malerischen Fähigkeiten von Kippenberger? Barbara Catoir äußerte 1984 in der Frankfurter Allgemeinen Zeitung: „Seine Bilder verarbeiten Trivialität und Bildkonsum unserer Zeit in einer kraftvollen Malerei.“[46] Ein Jahr später stand in der Frankfurter Allgemeinen Zeitung zu lesen, „er ist ein Maler, der mit seinen Mitteln kunstreich vorgeht“[47]. Renate Puvogel hob Kippenbergers malerisches Talent 1992 hervor: „Das Vertrackte ist, daß Kippenberger verteufelt gut malen kann [...].“[48] Bazon Brock verkün-

---

44 Die Entwicklung kleinster Nuancen malerischer Neuerungen stand schließlich in den 80er Jahren in keinem positiven Verhältnis mehr zu den technischen Effekten der neuen Bildmedien. Dafür wurden die Effekte der neuen Bildmedien, zu einem kaum im voraus zu kalkulierenden Anteil, vom Publikum als Selbstzweck betrachtet.

45 Wilfried Dickhoff, Martin Prinzhorn: *A. Oehlen*, a.a.O., S. 10

46 Barbara Catoir: *Kölner Galerie-Premieren*, in: Frankfurter Allgemeine Zeitung, 14. Mai 1984, Besprechung der Einzelausstellung: *I. N. P.*, Galerie Max Hetzler, Stuttgart

47 Ohne Autorenangabe: *Die Galerie als moralische Anstalt*, in: Frankfurter Allgemeine Zeitung, 5. November 1985, anläßlich der Einzelausstellungen: *Acht Ertragsgebirge und drei Entwürfe für Müttergenesungswerke* in der Galerie Heinrich Ehrhardt und *Money Forever (Hunger)* in der Galerie Bärbel Grässlin, Frankfurt am Main

dete schon 1986: „Es besteht kein Zweifel, daß Kippenberger ein großartiger Maler ist. Aber warum muß denn jede gute Malerei der Kunst vorbehalten bleiben?"[49] Bazon Brock verstand Kippenberger als einen Bildjournalisten der sozialen Wirklichkeit. Brock grenzt dadurch den Aspekt der medialen Selbstthematisierung weitgehend aus. Die Malerei soll sich schließlich nicht bloß selbst in Frage stellen, sondern als eigene Realität auf eine andere (soziale) Realiät verweisen. Problematisch wird dieser Zusammenhang, wenn Kippenbergers Künstlerposition auf die eines Malers reduziert wird: „Dabei soll keineswegs geleugnet werden, daß er inzwischen gewisse Anfälligkeiten dafür zeigt, doch bloß ein Maler zu sein."[50]

Aufschlußreich sind auch die ersten Ausstellungsbesprechungen aus den frühen 80er Jahren: *„Ab heute Kippenberger beim Forum. Erster Eindruck: Wieviele Maler sind das eigentlich?* [...] ‚Freund' Kippenberger, wie er sich selbst nennt, feierte gestern seinen 28. Geburtstag. Hat er schon so viele ‚Mal-Epochen' hinter sich, daß der Eindruck entstehen kann, hier seien mehrere am Werk gewesen?"[51] Ebenfalls 1982 schrieb die Schwäbische Zeitung unter dem Titel *„Sein Stil richtet sich nach den Einfällen* [...] Ein bestimmter Stil ist nicht zu erkennen. Er malt gewissermaßen ‚stillos', richtet den jeweiligen ‚Stil' nach seinen Einfällen. So gibt es dann im ‚Studio f' Bilder – eine Auswahl aus der Arbeit von nur drei Monaten – die realistisch, ja photorealistisch gestaltet sind – man sieht Comic-haftes – manchmal sind konstruktivistische Anflüge zu bemerken, oder auch abstrakter Expressionismus."[52] Andreas Quappe behauptete 1994: „Kippenberger ist das, was man unter postmodern versteht; er springt zwischen den Stilen, aber oft gibt es keinen Grund dafür."[53] Die von den Kritikern wahrgenommene Stillosigkeit und Vielfalt der künstlerischen Produktion führt oftmals zu Äußerungen von Ratlosigkeit, zu reaktionären Polemiken oder verbindet sich mit subjektiven Erlebnisberichten.

In den letzten Jahren ist die Verbindung mit der Konzeptkunst auffällig: *„Schlüpferstürmer.* Großer Bahnhof für den Konzeptkünstler Martin Kippenberger."[54] „Das Konzeptuelle in Kippenbergers Arbeiten wird immer durch-

---

48 Renate Puvogel: *Martin Kippenberger. Die Destruktion des Kunstwerks*, in: Noema Art Journal, Nr. 38, Salzburg April/Mai/Juni 1992, S. 39

49 Bazon Brock: *Bildjournalismus als ästhetische Macht*, in: *Miete Strom ...*, a.a.O., S. 73

50 Ebd., S. 65

51 Ohne Autorenangabe: *Ab heute Kippenberger beim Forum. Erster Eindruck: Wieviele Maler sind das eigentlich?*, in: Schwarzwälder Bote, 27. Februar 1982, anläßlich der Einzelausstellung: *Das Sahara- und Antisahara-Programm. Das Leben ist hart und ungerecht*, Forum Kunst, Rottweil

52 Ohne Autorenangabe: *Sein Stil richtet sich nach den Einfällen. Kippenberger-Ausstellung im Studio f mit dem Titel „Fiffen, Faufen und Ferfaufen"*, in: Schwäbische Zeitung, 4. November 1982

53 Andreas Quappe: *Ans Kreuz genagelter Frosch*, in: Neue Zeit, Berlin 30. Juni 1994

sichtiger [...].“[55] Der Begriff wird auch von Kippenbergers Künstlerfreunden und literarisch ambitionierten Szenebeobachtern zunehmend in Anspruch genommen, beispielsweise von Heliod Spiekermann: „[...] in Werken sowie einer bemerkenswerten Selbstdarstellung eilt der radikalste einer ‚kritischen neuen Konzeptkunst‘ verletzend offen [...] durch die Scene.“[56]

Wolfgang Max Faust und Gerd de Vries beendeten den kurzen Abschnitt über „Mattin Kippenberger“ in ihrem Buch *Hunger nach Bildern* mit folgenden Worten: „Dem offen ausgetragenen Narzismus [...], der auch im Bemühen um die Akzeptierung als Szenenkultfigur zu erkennen ist, entspricht in diesen Bildserien die Entwertung der Malerei zum beliebig einzusetzenden Transportmittel für Bildeinfälle.“[57] Parallel hierzu äußerte Diedrich Diederichsen sieben Jahre später: „Die Ordnung, der die Motive in Kippenbergers Werk folgen, ist die enthierarchisierte Lesart der Welt, welche die nicht-durchkultivierten Massen den nunmehr durchkultivierten Massen voraus hatten.“[58] Möchte man Diederichsen folgen, so erobern Kippenbergers Arbeiten einen Raum, „wo kein Sinn (und die an ihm schmarotzend saugende Macht) die Rangordnung der Bedeutung bestimmt“[59]. Im Widerspruch dazu behaupten Faust und de Vries, daß „die effektvolle Stilisierung der Beziehung zwischen Werk und Person in Kippenbergers Arbeiten die Aura der lustvollen Realisierung eines regressiven Allmachtstrebens besitzt“[60]. Die Autoren sparen nicht mit Behauptungen bezüglich der Wirkungsabsichten von Kippenbergers Kunst: „Auch wenn das bevorzugte Opfer dieser Kunst ein alles beherrschender Kleinbürger und Spießer ist, so baut sie dennoch eine breite Front auf, die sich vor allem auch mit der gegenwärtigen Kunstvermittlung auseinandersetzt.“[61] Soll am Ende doch noch ein längst überwunden geglaubter, in Wirklichkeit alles beherrschender Kleinbürger provoziert werden? Gilt ihm die „Bedeutungslosigkeit als letzte Bedeutung“[62]? Sind alle Interpretationsversuche sinnlos, verstummen sie bedeutungslos vor dem „unverbindlich bürger-

---

54 Harald Fricke: *Schlüpferstürmer*, in: Konkret, Nr. 8, Hamburg August 1994, S. 43

55 Renate Puvogel: *Martin Kippenberger*, Noema, Nr. 38, a.a.O., S. 39

56 Heliod Spiekermann: *frech und ungewöhnlich am Beispiel Kippenberger*, Distribution: Buchhandlung Walther König, Köln 1994, ohne Seitenzahlen

57 Faust, de Vries: *Hunger nach* ..., a.a.O., S. 94

58 Diedrich Diederichsen: *Das kaufe* ..., a.a.O., S. 73

59 Ebd.

60 Faust, de Vries: *Hunger nach*..., a.a.O., S. 94–95

61 Ebd., S. 93

62 Ohne Autorenangabe: *Bedeutungslosigkeit als letzte Bedeutung?*, in: Bonner General-Anzeiger, 21. Dezember 1983, S. 14, anläßlich der Ausstellung: *Frauen im Leben meines Vaters* von Albert Oehlen und Martin Kippenberger, Galerie Erhard Klein, Bonn

lichen Kunstgenuß“[63]? „Wenn alles beliebig ist oder über kurz oder lang der Beliebigkeit anheimfällt, dann wäre vielleicht Beliebigkeit das einzige, um der Beliebigkeit zu entkommen.“[64]

Bedeutungslosigkeit ist ein Begriff, der immer wieder in den Kritiken über Kippenbergers Ausstellungen zu lesen ist: „Möglicherweise geht es ihm um die Bedeutungslosigkeit eines jeden Themas“[65], heißt es 1983 in einer Wiener Zeitung unter dem Titel *Milde lösen Wilde ab*. Der Hinweis auf das Banale und das Bedeutungslose blieb für die Kritiker nicht immer nur Selbstzweck: „Hier nun scheint nichts banal genug, als daß man sich nicht darüber ereifern könnte, und Kippenberger tut dies mit einer Intensität, die fast den Moralisten hinter seiner Aufgeregtheit vermuten läßt.“[66] Ein Einblick in Kippenbergers Buchprojekte und Ausstellungskataloge führt eine andere Kritikerin zu der Einsicht: „Nicht mit erhobenem Zeigefinger oder auf dürre Konzept-Art, sondern mit Lust am Wort- und Bilderspiel (die sich auf das Publikum überträgt), verfremdet er unsere Wirklichkeit bis zur Kenntlichkeit. Durchaus in dadaistischer Tradition, aber mit konstruktivem Engagement.“[67] Die Kritikerin betrachtet Kippenbergers Produktion als „stets ‚angewandte‘ Kunst, angewandt auf eine Wirklichkeit, deren falschen Schein zu entlarven Kippenberger angetreten ist“[68].

Die Frankfurter Allgemeine Zeitung ließ 1985 die Frankfurter Galerien von Bärbel Grässlin und Heinrich Ehrhardt „zur moralischen Anstalt werden“[69]. Kippenberger wurde als „multimedialer Entlarvungsartist“ bezeichnet, der zudem mit „der ihm eigenen dialektischen Ironie“ vorgegangen sei. Ganz sicher war man sich aber nicht in bezug auf das kritische Engagement Kippenbergers: „Hautnah erlebt der Besucher Kippenbergers kritisches Sozialpathos – und fragt sich gleichzeitig, ob solche Entlarvungszeremonien überhaupt noch als Bewußtseinsreflex mit den entsprechenden Schuldgefühlen wirken.“ Symptomatisch für viele vergleichbare Kritikeräußerungen ist eine hieran anschließende, aber unentschiedene Redewendung: „Möglicherweise aber

---

63 Ebd.

64 Ebd.

65 Jan Tabor: *Milde lösen Wilde ab*, in: Wiener unabhängige Zeitung, 27. März 1983, S. 14, anläßlich der Gruppenausstellung: *Schwerter zu Zapfhähnen* in der Galerie Peter Pakesch, Wien

66 Christiane Meixner: *Martin Kippenberger. Untiefen der Dinge sichtbar gemacht*, in: Bonner Rundschau, 21. Mai 1992, anläßlich der Ausstellung: *Martin Kippenberger. Bücher, Kataloge, Aquarelle*, Galerie Erhard Klein, Bonn

67 Ruth Diehl: *Mit Witz gegen Aberwitziges*, in: Bonner General-Anzeiger, 18. Mai 1992

68 Ebd.

69 Ohne Autorenangabe: *Die Galerie als moralische Anstalt*, in: Frankfurter Allgemeine Zeitung, 5. November 1985, a.a.O.; die folgenden Zitate ebd.

nutzt Kippenberger diese Thematik nur zur Selbstdarstellung." Thomas Trescher kritisierte eindeutiger: „Die außergewöhnliche Belanglosigkeit der Arbeiten Kippenbergers, ihre zahnlose Heftigkeit und kleinliche Exklusivität sind die ideale Synthese, wie sie dem neuen kleinbürgerlichen Subjektivismus der 80er Jahre vorschwebt. [...] Ewigkeitswerte für den Hausgebrauch [...] ihr Besitz ist das Ticket zur gehobenen Einkommensklasse kulturbeflissener Snobs."[70] Susanne Nowotnik stellte den Künstler in der Presseerklärung der Potsdamer Ausstellung 1994 folgendermaßen vor: „Martin Kippenberger wurde 1953 in Dortmund geboren, lebt heute vorwiegend in Köln und Frankfurt und ist einer der wichtigsten Zweifler Deutschlands."[71] Mehrere Tageszeitungen haben die Behauptung, Kippenberger sei „einer der wichtigsten Zweifler Deutschlands", sofort unkritisch übernommen.[72] Der Tagesspiegel aus Berlin bezeichnete Kippenberger dagegen als einen „Tausendsassa aus der ereignissüchtigen Mittelklasse der fetten achtziger Jahre. Kippenberger war der Kick, der den Yuppies die Langeweile verscheuchte. Gegenstück zur Toskana-Fraktion"[73].

Übereinstimmend läßt sich nur sagen, daß die Ausstellungskritiken zum Großteil nur wenig Bezug auf die ausgestellten Arbeiten nehmen. Sie thematisieren dafür die Person Kippenberger und ein fiktiv unterstelltes Publikum. Werkimmanente Analysen waren überhaupt nicht zu finden.

Die Bewertungen der Lebensweise des Künstlers und des fiktiven Publikums verhindern eine vorurteilsfreie und autonome Analyse der künstlerischen Produktion. Der Konzentration auf die Künstlerpersönlichkeit und auf die differierenden Vorstellungen von der sozialen Realität kommen viele Kritiker nach, weil sie den „Wahrheitsgehalt", die Absichten und das Interesse an der künstlerischen Produktion auf einen festen Bezugspunkt, auf den Künstler als wahrhaftigen Autor, zurückführen möchten. Und das, obwohl der Künstler sich doch nur als Künstler inszeniert: Aber wessen Wahrheit spricht dann eigentlich?

„Derjenige unter ihnen [unter den jungen Künstlern], dessen Arbeit am heftigsten von Bildern, Ideen und Slogans aus der Wirklichkeit der Wirklich-

---

70 Thomas Trescher: *Zweimal Kippenberger und zurück. Um Jahre verspätet fallen die neuen Wilden jetzt in Frankfurt ein*, in: Pflasterstrand, Nr. 222, Frankfurt am Main Oktober 1985, S. 50

71 Susanne Nowotnik: Presseerklärung zur Einzelausstellung: *Martin Kippenberger. Das 2. Sein*, Brandenburgischer Kunstverein Potsdam, 1994

72 Vgl. beispielsweise Märkische Allgemeine, 28. Mai 1994; Potsdamer Neueste Nachrichten, 6. Juni 1994; Berliner Zeitung, 24. Juni 1994

73 Peter Herbstreuth: *Der Unterschied beim Nageln. Unkorrekte Betriebsnudel: Martin Kippenberger*, in: Der Tagesspiegel, Berlin, 12. Juni 1994

keitsspiegelung in Witzen, Kneipengesprächen und unterhaltsamen Gesellschaftseinfällen durchzogen war, war immer Kippenberger."[74] Diedrich Diederichsen hat „diese Wirklichkeit" Kippenbergers aus nächster Nähe miterlebt. Aber wie wird ein Künstler zu einem „geistreichen Kommentator unmittelbarer Gegenwart"[75], wenn nicht einmal feststeht, in welcher Weise das Medium Kunst (beispielsweise die Malerei) mit der Wirklichkeit vermittelt ist? Schließlich ist der Kommentar nur auf Leinwand gebracht, als Installation oder als Buch erfahrbar. Am Ende bleibt zu fragen, ob die „unmittelbare Gegenwart" nicht doch nur die kunstvoll inszenierte und eigenprojizierte Wirklichkeitsvorstellung eines Künstlersubjektes und der Rezipienten ist. „Unmittelbare Gegenwart" wäre letztendlich undurchschaubar oder uneinholbar, weil das Subjekt (inszeniert) aufgespalten wäre – bzw. Rollenspielen nachkäme. Ein einfacher Weg der Interpretation bestünde dann noch darin, sich in eine Doppelbödigkeit der künstlerischen Produktion zu retten: „Ausgelassenes, witziges, humoriges Spiel und hartnäckiger, ernsthafter Kampf machen stets die Doppelbödigkeit seiner Arbeiten aus."[76]

Vorsicht ist geboten. Ausstellungskritiken und Rezeptionsgeschichte werden immer in der aktuellen Gegenwart geschrieben, auch wenn sie sich auf die unmittelbar vergangene Gegenwart beziehen. Legendenbildung ist eine Gefahr, wenn nachher nichts mehr zu rekonstruieren ist, weil neue Gegenwart die Vergangenheit schreibt: „Zu Zeiten der Parteikunst war Kippenberger im DDR-Underground wie im Westen ein Idol, das sich zwischen Punk, Poststrukturalismus und der Ästhetik des Genialen Dilettanten einfügte."[77]

---

74 Diedrich Diederichsen: *Das kaufe ...*, a.a.O., S. 72

75 Renate Puvogel: *Martin Kippenberger. Museum Boymans-van Beuningen, Rotterdam*, in: Kunstforum International, Bd. 127, Köln Juli/Sept. 1994, S. 385

76 Ebd.

77 Harald Fricke: *Schlüpferstürmer*, a.a.O., S. 44

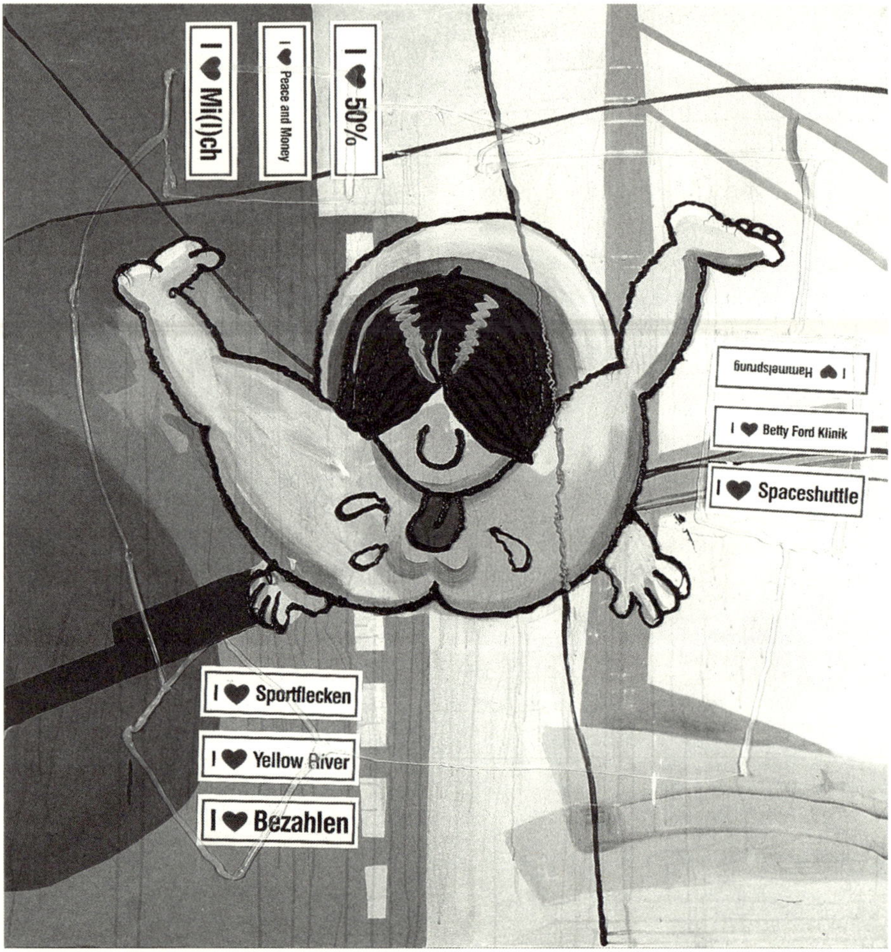

Abb. 6 „Die Bourgeoisie kommt nicht weiter, und der Fußball bewegt sich im Mittelfeld“, 1985, Dispersion, Gummi, Aufkleber auf Leinwand, 130 x 120

III. Kippenbergers Produktion: Zwischen Bild und Wort. Inszenierte Zusammenbrüche der Semiotik[78]

Die Rettung des schnellen Witzes

„Man muß Kippenberger erfahren, nicht verstehen."[79]

„Eine der unangenehmsten, bedrückendsten Alltagssituationen ist es, in eine Runde von Witzeerzählern zu geraten und nicht lachen zu können. Wer nicht lacht, der sieht die Lacher. [...] Das Lachen kommt einem dann unerträglich vor, als der scheinhafte Freiheitstaumel einer Gesellschaft von Spießern."[80]

„Ein schlecht gemaltes Bild bedarf nicht unserer Zustimmung, daß es nun wirklich schlecht gemalt, häßlich und zudem auch noch peinlich ist."[81]

Die Bourgeoisie kommt nicht weiter, und der Fußball bewegt sich im Mittelfeld, 1985, siehe Abb. 6, ist scheinbar absichtsvoll schlecht bzw. dilettantisch gemalt. Das Motiv des Bildes ist peinlich (undifferenzierte Aktdarstellung, Onanie, triviale Aufkleber, willkürlich erscheinende Hintergrundgestaltung etc.). Der Titel läßt einen verallgemeinernden Gesellschaftsbezug assoziieren, vielleicht spießbürgerliche Mittelmäßigkeit aufkommen. Die Wirkung des Bildes ist der Reaktion auf einen schlechten Witz vergleichbar, über den niemand lachen kann oder will.

Die Begriffe, mit denen die im Bild integrierten Aufkleber bedruckt sind, stehen in keinem gemeinsamen Zusammenhang. Dies alles zeugt von den spontanen Interessen eines „selbstverliebten Subjekts". Das Zentrum des Bildes stellt die Onanie dar.

Ist das Bild dabei beliebig, oder stellt es in besonderer Weise Beliebigkeit dar? Gibt es künstlerische Mittel, Produktionsweisen und Motivverbindun-

---

78 Semiotik kann hier im Sinne der allgemeinen Zeichentheorie von Charles Morris (*Foundations of the theory of signs*, Chicago 1938; dt. München 1972) verstanden werden. Auf seiner Theorie beruhen die im folgenden angewandten Unterscheidungen: Semantik (als Relation zwischen Zeichen und Bedeutung), Syntax (innerhalb der Bilder als Relation zwischen Zeichen und außerhalb als Referenzbezug) und vor allem der Pragmatik (als Relation zwischen Zeichen und Zeichenbenutzern).

79 Heliod Spiekermann: *frech und...*, a.a.O., ohne Seitenzahlen

80 Dieter Wellershoff: *Infantilismus als Revolte oder das ausgeschlachtete Erbe – Zur Theorie des Blödelns*, in: Wolfgang Preisendanz, Rainer Warning (Hrsg.): *Das Komische*, Poetik und Hermeneutik Band VII, Wilhelm Fink Verlag, München 1976, S. 335–336

81 Burkhard Riemschneider: *Was schon immer mal gesagt werden sollte*, in: Angelika Muthesius (Hrsg.): *Kippenberger*, Benedikt Taschen Verlag, Köln 1991, S. 7–8

gen, die in besonderer Weise geeignet sind, um ein Thema wie „Beliebigkeit“ künstlerisch zu verdichten und prägnant zu gestalten? Ein Bild, das Beliebigkeit thematisiert, darf zunächst kein anderes Thema sinngebend veranschaulichen, sonst wäre es thematisch unspezifisch! Es können sich aber trotzdem Beziehungen zwischen den Bilddetails und dem gesamten Bildzusammenhang ergeben, die – wie in einem „organischen Kunstwerk“ – dem Bilddetail schon eine Vorahnung vom Ganzen abverlangen. Der im Bild integrierte Aufkleber „I love Mi(l)ch“ stellt beispielsweise der ichzentrierten Aussage „I love Mich“ (umständlich zusammengesetzt aus zwei Sprachen) die dazu referenzlose Alternative „I love Milch“ entgegen. Hier herrscht maximale Verdichtung der Beliebigkeit, es entstehen referenzlose Alternativen der Bedeutung. Alles scheint vergleichbar mit einem harmlosen Spiel: ein Buchstabe ändert alles. Spontan ist das (künstlerische?) Vorgehen nicht, denn der Schriftzug wurde vor der Integration in das Bild professionell angefertigt. Er erscheint in der Form eines unoriginellen, trivialen Informationsträgers: als Aufkleber. Der Informationsgehalt ist hier ad absurdum geführt.

„Einmal habe ich erlebt, wie ein etwa sechzehnjähriger Junge, ein etwas mürrischer Außenseiter, von seinen Witze erzählenden Altersgenossen genötigt wurde, auch einen Witz zur Unterhaltung beizutragen. Er hatte sichtlich keine Lust dazu. Sie waren ihm sowieso schon die ganze Zeit auf die Nerven gegangen. Schließlich sagte er mit einer wegwerfenden Kürze: ‚Kommt ein Mann in eine Wirtschaft, bestellt ‚n Bier und bekommt ‚n Schaschlik.“[82] Die Geschichte, die Dieter Wellershoff hier beschreibt, geht weiter: „Das war offensichtlich alles. [...] Es war ein soziales Vakuum, ein völliger Mangel an Anhaltspunkten. Plötzlich begann er zu lachen und die anderen mußten auch lachen. Sie lachten mehr, als über die üblichen Witze.“[83]

Wellershoff geht davon aus, daß der in der Geschichte beschriebene Junge mit einer bewußten Entgleisung etwas zerschlagen habe, was bis dahin zu den Voraussetzungen der Kommunikation der witzeerzählenden Jungen gehörte. Gemeint ist der „selbstverständliche Anspruch auf Sinnhaftigkeit und Geformtheit“[84], ohne den nicht einmal pointierte Widersprüche vorstellbar sind. Die Leistung des Jungen bestand darin, gerade nichts evident gemacht zu haben. Die anderen erfuhren zunächst nur etwas Zufälliges und Banales. Sie bekamen nicht das Erwartete, eine aus der Rationalität der Geschichte hervorgehende Pointe, sondern pure Faktizität. Das ließ jedoch einen Blick auf ihre

82 Dieter Wellershoff: *Infantilismus als...*, a.a.O., S. 337

83 Ebd.

84 Ebd.

Abb. 7 „Kein Capri bei Nacht", aus der Serie „Lieber Maler, male mir...", 1981, Acryl auf Leinwand, 202 x 299 cm

eigenen Erwartungen zu. Die Leistung des Jungen bestand also letztlich in der Aufkündigung der gewohnten Rationalität. Dies geschah durch das Unterlaufen konventioneller Spitzfindigkeiten, mit denen sonst Witze erzählt werden.

Die anderen Jungen, die in der Geschichte erwähnt werden, lachten auch „mehr, als über die üblichen Witze". Das gilt zumindest für den Zeitpunkt, in dem sie das Geschehen durchschauten. Aber führt das alles zu einer bleibenden, einer allgemeineren Erkenntnis? Änderte sich etwas an dem Verhalten der Jungen? Diese Fragen werden nicht beantwortet. Die Jugendlichen erfuhren zumindest eine „wunderbare Entspannung"[85].

Das Acrylbild *Kein Capri bei Nacht*, 1981, siehe Abb. 7, stammt aus der zwölfteiligen Serie *Lieber Maler, male mir...*, die Kippenberger von dem Plakatmaler Hans Siebert im einheitlichen Format von 202 x 299 cm anfertigen ließ.

Das Bild, welches nach einer Photovorlage des Künstlers entstand, vermittelt mit seinem gelblichen Farbstich und der leicht verschwommenen Malweise das vorgeschaltete Medium Photographie.[86] Scheinbar ist ein Stück un-

85 Ebd., S. 338

86 Das Verfahren erinnert an Gerhard Richter, der seit den 60er Jahren banale Photovorlagen

mittelbare Realität abgebildet. Die Größe der Leinwand – in Verbindung mit der kunsthandwerklichen Darstellungsweise eines gemalten Kinoplakates – verfremdet die Erscheinung. Die glatte und dabei stumpfe Oberfläche der Leinwand, die Undifferenziertheit der kaum sichtbaren Pinselführung und die Monochromie des Farbauftrages lassen kein besonderes künstlerisches Interesse und keine bestimmte Ausdrucksabsicht erkennen. Es verbleibt das Motiv zur ikonographischen Untersuchung. Nicht zu vergessen ist hierbei der innerhalb des Bildgeschehens (in den Schnee) hineingemalte Schriftzug „KEIN CAPRI". Zu erkennen ist ein größtenteils mit Schnee bedecktes Auto, das neben einer Straßenlaterne abgestellt steht. Das gelbliche Licht kommt wahrscheinlich von der Straßenlaterne, die Szene wird nur von dieser Lichtquelle beleuchtet. Die Betrachterperspektive ist erhöht, das zugrundeliegende Photo könnte vom zweiten Stockwerk eines gegenüberliegenden Hauses aus gemacht worden sein. Für die unscharf verdunkelte Fläche am unteren Rand des Bildes könnte die Aufnahmesituation des Photographen verantwortlich sein. Eventuell handelt es sich hierbei um eine unscharfe Verschattung, die beim Photographieren aus einem Fenster entstanden sein könnte.

Der Sinn des Bildes ist hiermit nicht erschöpft, die Bedeutung des Motivs und der Bild-Begriffe „KEIN CAPRI" nicht geklärt. Anhand des Bildes läßt sich belegen, wie entscheidend eine genaue ikonographische Untersuchung sein kann. Voraussetzung ist das „allgemein zeitgeschichtliche" Wissen, daß Capri eine Typenbezeichnung des Automobilherstellers Ford ist. Nach einer vergleichenden Analyse des Dargestellten – man muß sich hierbei insbesondere auf die Heckpartie des Wagens beziehen – läßt sich einwandfrei feststellen: Bei dem Dargestellten handelt es sich um einen Ford Taunus, KEINen Ford CAPRI!

Das Bild dient zwar einerseits der Illustration und hebt die Wichtigkeit der ikonographischen Untersuchungsmethode hervor. Andererseits scheint am Ende doch nur ein schlechter Witz im Vordergrund zu stehen, der jedem weitergehenden Interesse an dem Bild seine Bedeutung nehmen kann.[87]

„Unterhalb der Konvention des Witzeerzählens, die als deren erlaubte kurzfristige Aufhebung und Durchlüftung an die herrschende Rationalität gebunden bleibt [...], hat sich eine anarchische Subkultur des Humors entfaltet:

(beispielsweise von unbekannten Hobbyphotographen) auf die Leinwand projizierte und schwarzweiß mit Ölfarben nachmalte. Zur Übereinstimmung und Differenz zu Kippenbergers Vorgehen siehe das Kapitel: *Die 60er Jahre: Gerhard Richter*

87 Kippenberger hat jedoch im Laufe der 80er Jahre eine größere Anzahl Zeichnungen und Bilder zum „CAPRI-Thema" erstellt, wodurch so etwas wie eine eigene „CAPRI-Typologie" entstand, zum Teil in Wechselwirkung mit Bildern von A. Oehlen.

Abb. 8 „J.A.F.", 1985, Öl und Schilder auf Leinwand, 180 x 150 cm

das Blödeln."[88] Für Wellershoff ist das „Blödeln ein freiwilliger Form- und Niveauverlust, dessen Modell, wie schon das Wort sagt, der leicht Schwachsinnige ist, also ein mangelhaft sozialisierter, infantil gebliebener Mensch"[89]. Dieser vom Künstler imitierte Menschen-Typus wird zum Vorbild einer sozialen Verweigerung, dessen Hauptcharakteristikum ein Kommunikationsspiel mit regressiver Tendenz ist, welches auf fortschreitende Chaotisierung der Realität drängt.

Das Ölbild mit Aufklebern *J.A.F.*, 1985, siehe Abb. 8, ist ein Bild, dessen Titel wie eine gewöhnliche Abkürzungsformel dem Betrachter entgegenscheint. Aber schon ein erster Blick auf das Bild offenbart den Sachverhalt. Auf drei in Leserichtung (allerdings schräg untereinander) in das Bild integrierten Aufklebern steht zu lesen: Jeans/against/Fashism. „So haben Blödelnde häufig die Neigung, sich einen privaten Code zu schaffen, der für Außenstehende unverständlich bleibt, der sie selbst aber um so mehr entzückt, je mehr es ihnen gelingt, andere damit zu verwirren. [...] Das bleibt deshalb so ungreifbar, weil

88 Dieter Wellershoff: *Infantilismus als ...*, a.a.O., S. 338
89 Ebd.

es stets Eingebungen des Augenblicks sind, die aber sofort wie etablierte Begriffe benutzt werden. Man exponiert sie so bedeutungsvoll, als seien sie Knotenpunkte eines ganzen Netzes von Verweisen.“[90]

Das Bild exponiert anscheinend völlige Gleichgültigkeit gegenüber den Ansprüchen und Interessen der Betrachter und Leser. Kritikverzicht, Unreglementiertheit und die Chaotisierung der Realität in einer angstfreien Atmosphäre sind für Wellershoff bedeutende Merkmale der Strategie des Blödelns. Wendet man eine Analyse des Blödelns auf den Alltag an, so bedeutet das natürlich etwas ganz anderes als in bezug auf die Kunst. Es schließt sich immer wieder die gleiche Frage an: Ist Kippenberger selbst ein Mitspieler seiner Strategie des Blödelns oder stellt er lediglich mit Hilfe seiner Kunstprodukte diese Strategie dar?[91]

Diedrich Diederichsen, der von Anfang an Kippenbergers Kunstproduktion mit sozialen und theoretischen Analysen zu rechtfertigen versuchte, folgerte 1992 in einem Rückblick auf Kippenbergers Bildsprache der 80er Jahre: „Hier ersetzt Litanei die Argumentation. Einerseits erweitert sie den Charakter der poetischen Absurdität, die einen Fachausdruck bildet, indem sie eine Fachsprache möglich macht; zum anderen steht sie für die Gegnerschaft zum Kommunikationsoptimismus der bürgerlich-parlamentarischen Demokratie: [...] Die Ersetzung des seinerzeit noch relativ unangetasteten Fetischs Argumentation durch den Feind der Kommunikation, die ‚hohltönende Phrase', die ihrerseits durch ‚heillose‘ Mischung der Referenzen nur umschmeichelt, aber nicht übernommen wird [...].“[92] Plausibel an Diederichsens Analyse ist, daß die Texte und verbalen Äußerungen der Künstler mit ihren vermeintlichen Referenzen sowie die Behauptungen und Phrasen der Bildtitel „wegen ihrer Auflösbarkeit und Anschließbarkeit an das Kommunikationsuniversum“[93] in Betracht kommen, nicht aber wegen intentional festgelegter Bedeutungs-

90 Ebd., S. 345

91 Weit entfernt ist man hier von einem ontologischen Werkverständnis. Für Georg Wilhelm Friedrich Hegel (vgl.: *Ästhetik I/II* , Reclam Verlag, Stuttgart 1989, S. 668) und für alle Kritiker, die sich auf die 1835 aus seinem Nachlaß editierten *ästhetischen Vorlesungen* rückbeziehen, wäre die Abwendung des Interesses von einem „objektiv sich entfaltenden Inhalt“ und die damit einhergehende „Auflösung eines fertigen und auf sich selbst beruhenden Werkes“ untragbar. Hegel erkannte bei seinen Zeitgenossen die aus seiner Perspektive fatale Abwertung des Werkes zugunsten der Produktion, „in welcher das hervorbringende *Subjekt* nur sich selber zu sehen gibt“. Das von Hegel beklagte Gefangensein in den Fesseln der eigenen Subjektivität führt die Künstler zur Darlegung ihrer Persönlichkeit, aber nur als Darstellung ihrer Launen, der Ironie und des Humors.

92 Diedrich Diederichsen: *Virtueller Maoismus: Das Wissen von 1984*, in: Ausstellungskat. der Künstler Werner Büttner, Martin Kippenberger und Albert Oehlen: *Malen ist Wahlen*, Kunstverein München 1992, S. 33

93 Ebd., S. 34

schichten, die im Vorfeld der Produktion eindeutig auszumachen wären. Das Bild als Testfall möglicher Verbindungen? Diederichsen bringt den Begriff „Kommunikationsuniversum“ in Verbindung mit einer Nivellierung der Bedeutungsschichten durch überfordernden Pluralismus und einer damit einhergehenden „semiotischen Vergiftung“[94]. Die Überforderung der Semantik und der Syntax bis zu dem Punkt, wo das System der bedeutenden Verweise und damit die Grundlage jeder sinnvollen Argumentation und Kommunikation restlos zusammenbricht, hatte „seine Entsprechung in den Sitten und Gebräuchen im richtigen Leben“[95]. Gemeint ist mit dem „richtigen Leben“ das inszenierte Künstlerleben von Kippenberger, Albert Oehlen und den gemeinsamen Künstlerfreunden: „Ganze Abende wurden damals [Anfang bis Mitte der 80er Jahre] mit dem gegenseitigen Zurufen von Namen verbracht: Dr. John verhält sich zu Leon Reckbone wie Johannes Gross zu Rudi Fuchs, Charles Manson bildet die Schnittmenge aus Man Fisher und Savonarola. Oder später einfach: Wer ist besser, Elfriede Jelinek oder Marlon Brando [...]?“[96] Diese verbale Strategie, die für den Außenstehenden reines Blödeln ist, findet sich eben teilweise in den Bildtiteln und innerhalb der Bildmotive als hineingemalte Begriffe oder Ver-Satzstücke wieder. Die auf der Bildoberfläche befestigten Aufkleber stellen ebenso eine zusammenhanglose Pseudo-Kommunikation dar, die diskursiv nicht mehr einzuholen ist. Bilder wie *J.A.F.* kann man demnach ambivalent als Anklage pseudopolitischer Diskursstrategien interpretieren oder als deren Lächerlichmachung auffassen. Das bedeutet auf der einen Seite den aufklärerisch gemeinten, mimetischen Nachvollzug schlechter, wirkungsloser oder lächerlicher gesellschaftlicher Praktiken und auf der anderen Seite die Suche nach Bildanlässen für die „private“ Blödelei.

Zwei Aspekte sind hierbei grundsätzlich zu beachten.

Erstens: Aus der Fülle der Behauptungen und Namensgebungen, der fragwürdigen Referenzen, der Zitate und Sprachwitze, die unterschiedslos aus den politischen, ökonomischen und kulturellen Teilsystemen der Gesellschaft entnommen wurden, entstand am Ende doch noch so etwas wie der lächerliche, zum Scheitern verurteilte Versuch, ein „Wissen von 1984“[97] konstituieren zu

---

94 Ebd.; Diederichsen gibt im Zusammenhang mit diesem Begriff einen kurzen Verweis auf Felix Guattari: *Wunsch und Revolution*, Heidelberg 1978

95 Diederichsen, ebd.

96 Ebd.

97 Ebd.; Diederichsen bezieht sich auf das Wissen von 1984, weil er mit den in diesem Jahr von den Künstlern Werner Büttner, Albert Oehlen und Martin Kippenberger selbst konzipierten Texten für den Ausstellungskatalog *Wahrheit ist Arbeit* den Höhepunkt der die Referenzen und Behauptungen überstrapazierenden Strategie sah; Vgl. den Ausstellungskat. der gleichnamigen Ausstellung, Museum Folkwang, Essen 1984.

wollen. Unter dem Eindruck der inflationären Produktion der Künstler, der Überfülle an Bildern, Zeichnungen, Bildtiteln[98], Texten etc., sollte man anscheinend ein enzyklopädisches Spiegelbild erstellen können. Ein Spiegelbild, das alles wiedergeben soll, was zu dieser Zeit unter den Künstlern diskutiert wurde oder bloß die Aufmerksamkeit der Medien erlangt hatte! Die jede Vorstellungskraft übersteigenden Datenmengen, die prinzipiell jedoch erforderlich wären, um alle persönlichen Geschichten abspeichern zu können, und die nicht nachvollziehbaren Auswahlkriterien, mit denen die Medien ihre Wichtigkeiten der Realität entziehen und diese ausschlachten, lassen das Verfahren von vornherein scheitern. Dies läßt sich wiederum analog zu der unzusammenhängenden Pseudo-Kommunikation der einzelnen Bilder betrachten.

Zweitens: Die ungehemmte Erprobung der totalen Anschlußfähigkeit jeglicher Begriffe, Behauptungen und Referenzen an das anscheinend unerschöpfliche „Kommunikationsuniversum" führt kaum zu einer Selbsterkenntnis des Kommunikationssystems. Es bleibt nur das dialektisch unterstellte Ziel der Strategie des inszenierten Zusammenbruches der Semiotik, herausfinden zu wollen, wie das Wissen des einzelnen und das der ganzen Gesellschaft konstituiert, strukturiert und vermittelt sei. Die hiermit gestellten Fragen – geschweige denn die Antworten – gehen jedoch nicht konkret aus den Bildern hervor. Man darf sich dann darauf beschränken, ohne eine plausible Antwort zu erwarten, zumindest die allgemeine „Frage zu stellen, was das denn heißen soll: wer wußte und wußten alle die wußten alles, also hatten alle an einem ganzen Stück Wissen, das dann bei den Individuen nur noch ein bißchen individuell ausfranste, im gleichen Maße Anteil? Und bis zu welchem Bereich reichte dieses Wissen?"[99]

Fragen nach dem Wissen werden von dem subjektiven Interesse am Blödeln der Künstler überdeckt, aber nicht grundsätzlich aufgehoben. Diese Strategie kann sich auf die Betrachter übertragen, wenn dies den Rezeptionsinteressen entspricht. Werner Büttners Ölbilder *Rundholz trifft Kantholz und badenden Russen*, 1982, siehe Abb. 9, oder *Rundholz trifft Kantholz im Atlantik*, 1981, und *Die Probleme des Minigolf in der europäischen Malerei Nr. 4*, 1982/83, können den Betrachter allein schon durch den Sprachwitz ihrer Titelgebung in Erstaunen versetzen. Auf diese Weise ist Büttners Bildtitelgebung mit der von A. Oehlen und Kippenberger direkt vergleichbar. Auch sie weisen zudem typi-

98 Bezeichnend ist beispielsweise eine Publikation Kippenbergers, die nur aus potentiellen Bildtiteln besteht. Es handelt sich anscheinend um einen vorsorglich angefertigten Vorrat, aus dem später anzufertigende Bilder mit Bildtiteln versehen werden könn(t)en: Martin Kippenberger: *241 Bildtitel zum Ausleihen für Künstler*, Verlag der Buchhandlung Walther König, Köln 1986
99 Ebd.

Abb. 9 Werner Büttner: „Rundholz trifft Kantholz und badenden Russen", 1982, Öl auf Leinwand, 170 x 270 cm

sche Elemente einer „neoexpressiven" oder „wilden" Malweise auf: Grobe und schnelle Pinselführung, regelfreie Farbgebung, beliebig erscheinende Akzentuierungen der Konturverläufe, Mißachtung kompositioneller Gleichgewichte, flüchtige Skizzierung der Motive etc.

Was einer eingehenderen Betrachtung der Bilder jedoch nicht verborgen bleibt, ist der scheinbare Sinnverlust der Malerei. Oftmals geben die Motive der Bilder nichts her, was der Titel nicht schon ausgesagt hätte. Dann stellen sich die Fragen nach der Bildintention und nach dem Ausdrucksgehalt besonders deutlich, ohne eine Antwort finden zu können. Das gilt auch für Kippenbergers Bildertableaus aus den frühen 80er Jahren, die „malerisch" einem Durchspielen der unterschiedlichsten Stilelemente auf engstem Bildraum nachkommen, siehe Abb. 10. Die Motive der Bilder aus dem einundzwanzigteiligen Tableau *Bekannt durch Film, Funk, Fernsehen und Polizeirufsäulen*, 1981, vereinigen Bekanntheiten des damaligen Medieninteresses. Alles was in der Boulevardpresse Rang und Namen hatte, konnte plötzlich auf den Bildtafeln auftauchen: Der Entertainer Harald Juhnke *Die Kunst ein Mensch zu sein* konnte mit Marlon Brando dem *Indianerfreund* kombiniert werden, *Mein Freund aus Rußland* Leonid Breschnew, *Heinz Konsalik*, *Arafat hat das Rasieren satt*, *Pierre Littbarski* und der damalige Bundeskanzler *Helmut Schmidt* bilden

ein buntes Motivpotpourri. Die Frau des Altbundeskanzlers gab angeblich den Auslöser für die ganze Bilderserie: „*Loki steht am Fenster, draußen ist es kalt, drinnen hat sie Teller, wunderschön bemalt.*“[100]

Das ist auf die Spitze getriebene Blödelei, die in Peinlichkeit umschlägt. In bezug auf die möglichen Intentionen des Künstlers wurde reichlich spekuliert. „Die Erfahrung des Peinlichen ist ein Schmerz, dem jede Erhabenheit und

100 Vgl. Stefan Schmidt-Wulffen: *Alles in allem – Panorama ‚wilder' Malerei*, in: Verein der Freunde und Förderer des Hessischen Landesmuseums in Darmstadt (Hrsg.): *Tiefe Blicke. Kunst der achtziger Jahre*, DuMont Buchverlag, Köln 1985, S. 70: „Das kleine Gedicht wurde erweitert zur Serie *Bekannt durch* [...]. Bekannte Malstile werden karikierend aufgenommen. Expressionistische Landschaften tauchen neben einem kubistischen Sherlock Holmes auf. Der *Dortmunder Schornstein* ist eine Lüpertz-Figur, Comic-Figuren stehen direkt neben konstruktivistischen Malereien, bei denen Anfangsbuchstaben auf einen komisch komplizierten Titel verweisen. Der *Ricky*, hier der große Drahthaarterrier, spielt auf eine wichtige Figur Fettings an und übersetzt diese wieder ins Alltägliche.“

Abb. 10 (S. 42 u. 43)
„Bekannt durch Film, Funk, Fernsehen und Polizeirufsäulen“, 1981, Mischtechnik auf Leinwand, je 60 x 50 cm

edle Größe fehlt (und der deshalb auch in Heiterkeit überführt werden kann). Das Leuchten der entgrenzten Peinlichkeit wahrzunehmen gleicht der Erfahrung eines zeitgemäßen Welt-Schmerzes, dem die Würde des romantischen Gefühls abhanden gekommen ist.“[101] Was tritt aber an die Stelle jeder Erhabenheit und der edlen Größe, der Rückfall in die Pubertät?

„Schwebezustände vorübergehenden Realitätsverlustes, Grenzübertritte in das Reich der Verrücktheit, spielerische, aber auch pathologische Regressionen scheinen für immer mehr Menschen einen starken Reiz zu haben. [...] Eines der Probierfelder ist die zeitgenössische Kunst und Literatur [...] als Antikunst, als Aufstand gegen Moral [...] als [...] Trick, Spiel.“[102] Ziel aller dieser

---

101 Patrick Frey: *Wovon man nicht sprechen kann, darüber soll man nicht schweigen*, in: Parkett, Nr. 19, Zürich 1989, S. 84–85

102 Dieter Wellershoff: *Infantilismus als...*, a.a.O., S. 352

Bewegungen ist nach Wellershoff die Flucht aus den Zwängen der Erwachsenenwelt, die anscheinend nichts zu bieten hat als Leistungszwang, Triebunterdrückung und das Festhalten an Hierarchien. Die Referenzüberdehnung der künstlerischen Produktion, die Zusammenbrüche der Semiotik, die Darstellung von Beliebigkeit könnte somit mit einem Identitätsproblem der Gesellschaft kurzgeschlossen werden: „Weder die Religion, noch der Staat können glaubhaft Normen repräsentieren, auf die sich eine kollektive Identität begründen könnte, mit der die Ich-Identitäten verschränkt wären. Inhaltlich läßt sich also kollektive Identität immer weniger festlegen."[103] Der Soziologe Gerhard Schulze hat in den 80er Jahren einen Paradigmenwechsel der jüngeren Gesellschaftsgruppen festgestellt. Verkürzt zusammengefaßt bedeutet dies, daß die entscheidende Frage der älteren Generation „Wie erreiche ich X?" von einem „Was will ich eigentlich?" der jüngeren Generation abgelöst wurde.[104]

Die Frage „Was will ich eigentlich?" wird dabei natürlich unterschiedlich in bezug auf Alltag und Kunst gestellt. Dies ist damit vergleichbar, daß innerhalb des gesellschaftlichen Teilsystems Kunst der inszenierten Komik und Peinlichkeit nicht dieselbe Funktion zuzukommen braucht, wie sie für die Unmittelbarkeit des Alltags festgestellt werden kann.

Kippenbergers Titel der Bilderserien *Null Bock auf Ideen*, 1982/83, *Schade, daß Wols das nicht mehr miterleben darf*, 1982/83, und *8 Bilder zum Nachdenken, ob's so weitergeht*, 1983, stellen die Ansprüche an die künstlerische Produktion in Frage und spielen dabei mit der sozialen Realität. Mit dem Bild *Der Betrachter trägt dieses Bild im Kopf nach Hause, um es seiner Familie vorzuführen*, 1984, siehe Abb. 11, sowie mit zahlreichen anderen Gemeinschaftsproduktionen thematisierten Walter Dahn und Jiri Georg Dokoupil einen vergleichbaren Anspruch an ihre Kunstproduktion. Mit der offensichtlich zur Schau gestellten Pragmatik des Bildtitels verbindet sich die Komik der skurilen Bildgestaltung; mit der zwei eigenwillige Fabelwesen auf einem engen Eiland den Augen der Betrachter dargeboten werden.

Die Künstler haben sich selbst zu ihrer pragmatischen Komik und zu ihrer inszenierten Peinlichkeit an der Grenze zur Sinnlosigkeit geäußert: „Es ging um Hilflosigkeit! Je hilfloser und je peinlicher die Inhalte, desto gelungener die Bilder, desto anziehender. Die Akzeptanzschwelle immer höher legen ..."[105]

---

103 Ebd., S. 356; Wellershoff nimmt auch auf Niklas Luhmann und dessen Ausarbeitung der Systemtheorie Bezug. Rationalität wird (S. 357) „nicht mehr durch norm- und wertbestimmte individuelle Verstehensprozesse garantiert, sondern durch die Regelung zwischen den gesellschaftlichen Teilsystemen."

104 Vgl. Gerhard Schulze: *Die Erlebnisgesellschaft. Kultursoziologie der Gegenwart*, Campus Verlag, Frankfurt am Main/ New York 1992, S. 13–31

Abb. 11 Walter Dahn und Jiri Georg Dokoupil: „Der Betrachter trägt dieses Bild im Kopf nach Hause, um es seiner Familie vorzuführen", 1984, Dispersion auf Nessel, 300 x 200 cm.

Der Galerist Paul Maenz befragte Dokoupil 1992, ob und inwieweit die Begriffe Postmoderne und Postavantgarde für die Künstler eine Rolle gespielt hätten: „Überhaupt nicht! Gar keine Rolle. Ich glaube, wir waren auch immer klug genug zu wissen, daß, wenn man wirklich tief in einer Sache steckt, man diese nicht beurteilen kann. [...] Später sieht man, was passiert ist. Manchmal hat man Glück."[106] Man liest, wie pragmatisch der Künstler seine Lage beurteilt! Das Eingeständnis, Glück gehabt zu haben, verdeutlicht die Situation, die eintritt, wenn künstlerische Produktion und kunsttheoretischer Diskurs nachträglich auf einer Höhe angesiedelt werden. Es wäre für die Karriere der Künstler nur schädlich, wenn sie im Zweifelsfall zugeben müßten, daß sie sich doch an Begriffen wie Postmoderne und Posthistoire orientiert hätten. Wer wäre schon gerne Illustrator oder Epigone eines vorangelaufenen Diskurses? Man würde schließlich seine persönliche Teilnahme an der möglichen Fortsetzung einer progressiven Kunstgeschichte in Gefahr bringen.

---

105 Jiri Georg Dokoupil im Gespräch mit Paul Maenz am 22./23. Oktober 1992, in: *Dokoupil. Kunst Heute Nr. 10*, Kiepenheuer & Witsch Verlag, Köln 1993, S. 41
106 Ebd.

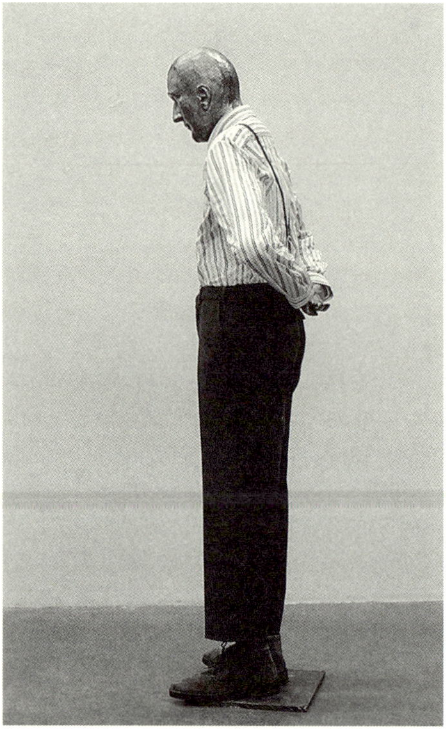

Abb. 12 „Martin, ab in die Ecke und schäm Dich!", 1990, Holzfigur, Kopf aus Bronze, Kleidung, 175 x 88 x 40 cm; Es gibt mehrere Versionen der Skulptur mit Unikatcharakter, da Kopf und Hände jeweils aus unterschiedlichen Materialien bestehen (Holz, Gießharz, Bronze, Aluminium) und auch die Kleidung jeweils verschieden ist. Angaben vom Büro Kippenberger, Köln

Kippenberger weiß aber auch um die Gefahr, die eintritt, wenn der Betrachter zu sehr im Bildwitz der Motivmalerei gefangen bleibt. Er ist in der Lage, eine damit einhergehende Kritik nachzuvollziehen: „Ach so, daß ich mich zu sehr verschleuder, meine Schnelligkeit, auch zu sehr auf die schnellen Argumente, auf die schnellen Witze poche. [...] Peinlichkeit, das ist meine Qualität [...]."[107] Peinlichkeit wird als eine künstlerisch nutzbare und damit steuerbare Möglichkeit empfunden, mit deren Hilfe die Identifikation bzw. der Genuß oder das Mißfallen an den Sprach- und Bildwitzen gestört werden kann. Das kann im geglückten Fall zu einer Erkenntnisleistung führen.[108] Für

107 Martin Kippenberger: *B Gespräche mit Martin Kippenberger*, Cantz Verlag, Ostfildern 1994, S. 136

108 Kippenbergers Insistieren auf die „Qualität der Peinlichkeit" zeigt aber auch, wie sehr er seine Kunst auf ihre Entstehungszeit bezogen sieht. Denn jedes beschämende, beklemmende und dabei unangenehme Gefühl des Betrachters, des Künstlers und der in den Motiven abgebildeten Personen ist durch die zeitgebundene Anerkennung der Werte, Moral etc. des einzelnen in der Gesellschaft bestimmt. Vgl. ebd., S. 134: „Das hab ich jetzt geschafft und muß jetzt damit auf-

Abb. 13 „Dieser Mann sucht eine Frau“, 1978, Aufkleber, 8,8 x 5,3 cm

die Rezipienten ist es immer wieder derselbe Autor, der Künstler Kippenberger, der die Witze erzählen darf. Nur der Künstler erntet die Lacher, auch wenn er sich zwischenzeitlich vor lauter Peinlichkeit selbst in die Ecke zitiert, siehe Abb. 12. Komik alleine ist wohl zu keinem kritischen Impuls fähig. Sie läßt sich zumindest nicht kalkulierbar zu einer weiterführenden Erkenntnis umformen, da die Künstler selbst involviert sind.[109]

Dieser Mann sucht eine Frau, 1978, ein vervielfältigter, kleiner schwarzweißer Aufkleber (8,8 x 5,3 cm) nimmt viele der hier besprochenen Aspekte der Komik und Peinlichkeit wieder auf, siehe Abb. 13. Entstanden ist die Idee

---

hören, mit dem Quatsch, zumindest soweit, daß du sagen kannst, es war erfolgreich und es steht für die 80er Jahre, oder so.“

109 Es soll noch darauf hingewiesen werden, daß die Funktion der Komik im Kunst-Kontext der 80er Jahre nicht – wie in der Kritik so oft behauptet – mit dadaistischer Witzelei gleichgesetzt werden muß. Der Unterschied liegt zum Teil nicht nur in den hierfür erst zu differenzierenden und zu untersuchenden Rezipienteninteressen begründet, sondern vor allem im Gegenstand der Komik selbst. Die Künstler, die in den 80er Jahren zur Blödelei neigen, sind nicht mehr von den

zu diesem Aufkleber vielleicht spontan. Der Betrachter weiß es nicht. Es erscheint unmittelbar verständlich, worin das Anliegen dieses Aufklebers besteht: Ein Mann sucht eine Frau. Aus Kontaktanzeigen weiß der Betrachter, daß hierbei ein vorteilhaftes Portrait der suchenden Person besonders wichtig ist. Kippenberger, der sich Ende der 70er Jahre überwiegend mit dem Photographieren beschäftigt hat, dürfte eine vorteilhafte Präsentation nicht schwer gefallen sein. Trotzdem machte er es anders.

Innerhalb eines Kunst-Kontextes könnte die unscharfe, undifferenzierte, leicht verschwommene und spärlich beleuchtete Motivgestaltung – Stirn, Nase und Wange erstrahlen in hellem Glanz – an die Wischtechnik Gerhard Richters erinnern. Stellt man sich aber den Einsatz des Aufklebers im öffentlichen Raum vor, so erfährt der Betrachter bei genauerem Hinsehen eine in Peinlichkeit umschlagende Komik. Hat der Selbstdarsteller es nicht besser gekonnt? Ist die helleuchtende Stirn Zufall, Ergebnis eines dilettantischen Vorgehens, Zeichen mangelnder Beleuchtungstechnik oder von symbolischer Bedeutung? Die Lichtführung hebt die eingefallenen Wangenknochen hervor und verschattet die Augenpartien. Ein abstehendes Ohr springt ins Auge, ein völlig unbedeutend erscheinender Lichtreflex auf der rechten Schulterpartie hebt den Eindruck des Dilettantischen hervor. Die ordentliche Kleidung, Krawatte, weißes Hemd und Jackett, betont auf den ersten Blick die Ernsthaftigkeit des Vorhabens. Bei näherem Hinsehen wirkt die Kleidung jedoch kulissenhaft. Die schief gelegte Krawatte und die Beulen auf dem Hemdkragen stellen die Seriosität in Frage. Die Gestaltung der Szenerie erscheint als Ganzes so unpersönlich und unvorteilhaft, daß man der Anzeige kein Erfolgsversprechen zubilligen möchte. Ein öffentlicher Einsatz des Aufklebers erscheint dadurch absurd. Das Anliegen – dies muß der Selbstdarsteller doch auch bemerkt haben! – wirkt komisch und kippt in Peinlichkeit um, weil die Erscheinung ein Unbehagen hervorruft, das für einige Betrachter bis zum Ekel reichen kann: Wenn so ein Mann eine Frau sucht ...

Der Gegenstand der Betrachtung – der Aufkleber – hat nicht viel mit einem Kunstwerk gemein, so daß die voranstehende Beschreibung nicht den

---

Opfern ihrer Späße zu unterscheiden. Subjekt und Objekt der Blödelei fallen zusammen. Vgl. hierzu: Justin Hoffmann: *Komische Bilder. Zur Funktion des Witzes in der Kunst der Gegenwart*, in: Artis, Bern November 1991, S. 24: „Dagegen steht der Blick von unten auf die Bourgeoisie für manche Expressionisten, Dadaisten und Surrealisten. Deren Humor unterscheidet sich jedoch von dem des Postmodernisten. Dieser ist nicht mehr in aller Schärfe gegen etwas und jemanden gerichtet. Der Witz des Postmodernisten untergräbt nach Kuspit ein ganzes Glaubenssystem. ‚We post-modern are cynical, not just about the other, but about ourselves' (Donald Kuspit, ‚Tart Wit, Wise Humour')."

Anspruch einer kunsthistorischen Untersuchung erhebt. Der Aufkleber wird erst dadurch in den Kontext zur Kunst gebracht, indem er im Zusammenhang mit anderen Veröffentlichungen Kippenbergers steht und beispielsweise dreizehn Jahre nach der Herstellung in einem Kunstkatalog abgedruckt ist.[110] Allerdings läßt sich nicht klären, welche Funktion der Aufkleber zuvor wirklich gehabt hat. Wofür ist er gedruckt worden? Die Art der vorangehenden Beschreibung macht jedoch deutlich, wie sehr sich ein Beschreibungsversuch an der möglichen – letztlich unterstellten – Funktion des Aufklebers orientieren kann. Aus diesen Gründen erscheint es notwendig, einen Unterschied zur kunsthistorischen Analyse zu machen, der durch eine soziale Kommunikation und nicht durch museale Isolierung bedingt ist.

Mit der Funktion (bzw. dem Funktionsverlust) des Aufklebers läßt sich die Pragmatik der Bilder vergleichen, die Pragmatik, die aus dem offenen Verhältnis von Bild(anlaß) und Erwartungshaltung der Rezipienten resultiert. Es findet eine Dekonstruktion der Erwartungshaltung statt, die zu einer Erkenntnis der sozialen Normalität führen kann. Die hier in Peinlichkeit umkippende Komik muß dabei als (sich nicht selbst genügendes) Hinweiszeichen gelesen werden, wobei die Komik in diesem Fall aus dem inszenierten Funktionsverlust des Aufklebers herrührt!

Der damit absichtsvoll erscheinende Entzug des erwartbaren, „normalen" Informationsgehaltes ist für den dekonstruierenden Einsatz des Aufklebers bzw. der Bilder verantwortlich. Damit ist offensichtlich, daß eine bewußte Störung und Irritierung der Erwartungshaltung der Betrachter beabsichtigt ist. Dies stellt einen pragmatischen Aspekt dar, der eine künstlerische Strategie durchschaubar machen soll/kann, ohne einen konkreten, neuen Informationsgehalt und eine neue Funktion des Aufklebers bzw. der Bilder bieten zu können.

Bildjournalismus: Bilder zwischen Kunst und sozialer Realität

„Das Fernsehen präsentiert die Welt als Mosaik aus Programmpunkten; eine Nachricht, ein Werbespot, ein Musikstück, eine Spielfim-Szene. In der Konkurrenz der Kanäle wird Unterhaltung zum obersten Gebot. Das Bild muß fesseln, gleichgültig, um welche Inhalte es geht. Ziselierte Ausführungen sind nicht gefragt. [...] Dabei löst sich die Wirklichkeit auf, denn in der tele-

110 Abgebildet in: Angelika Muthesius (Hrsg.): *Kippenberger*, a.a.O., S. 26

genen Erkenntnisform wirken offenbar merkwürdige Fiktionalisierungsmechanismen."[111]

Stephan Schmidt-Wulffen, der Kippenbergers Bilderserie *Bekannt durch Film, Funk, Fernsehen und Polizeirufsäulen* als eine künstlerische Reaktion auf die Wahrnehmungsgewohnheiten des Fernsehens betrachtet, sieht die Glaubwürdigkeit an die Stelle der „Realität als Wahrheitskriterium"[112] treten. Nur noch der Anschein von Aufrichtigkeit und Authentizität oder lediglich die Attraktivität des Gesehenen sei Grundlage für die bildnerische Arbeit. Vergleichbar mit der Fernseh-realität unterstehen nach Schmidt-Wulffen Kippenbergers Bilderserien einer deutlichen Fiktionalisierungsabsicht. „Vorgestellte Realität" ist das Ergebnis medialer Manipulation und individueller Konstruktion. Ein kohärentes, in sich zusammenhängendes, sinnvolles Bild von der Welt wird in Frage gestellt, wodurch auch jegliche Orientierung an Wahrheit und Lüge ihren Sinn verliert. Allgemeinverbindliche Kriterien für die Erkenntnis der Alltagsrealität verschwinden. Die Glaubwürdigkeit der Fiktionen wird durch die „Einschaltquoten" bestimmt. Das ist pragmatisch orientierte Medienstrategie. „Die durchs Fernsehen konditionierten Augen nehmen auch alles andere wahr, als flimmerte es über die Röhre."[113]

Imitiert Kippenberger demnach das Prinzip der Fernsehrealität mit der medial konstruierten „Welt als Mosaik von Programmpunkten", indem er beliebige Themen aus Presse und Fernsehen bildästhetisch aufarbeitet und zu einer losen Folge von Bildern kombiniert? „Kippenberger doubelt mit der Serie seiner Arbeiten den Mediendiskurs."[114] Dies behauptete Schmidt-Wulffen 1987 rückblickend auf Kippenbergers Arbeiten der frühen 80er Jahre und fand in ihrer selbstrelativierenden Gesamtheit „das weiße Rauschen im Mediendschungel"[115] dargestellt.

In welchem Verhältnis steht Kippenbergers ästhetische Bildproduktion mit ihren spezifischen Erkenntnismöglichkeiten und Rezeptionsangeboten zur alltäglichen medialen Bildproduktion von Presse und Fernsehen? Wird die Medienrealität mit den Erkenntnismöglichkeiten der Kunst transparent gemacht?

Bekannt ist zunächst, daß Kippenberger sowie seine Künstlerfreunde W. Büttner, A. Oehlen u. a. seit Ende der 70er Jahre die unmittelbare Konfrontation mit der Alltäglichkeit als Grundlage ihrer künstlerischen Arbeit ansahen.

---

111 Stephan Schmidt-Wulffen: *Spielregeln. Tendenzen der Gegenwartskunst*, DuMont Verlag, Köln 1987, S. 152

112 Ebd.

113 Ebd.

114 Ebd., S. 166

115 Ebd., S. 165

Das Alltägliche fanden sie entweder schon medial vermittelt vor, oder sie ließen sich von ihren eigenen Erlebnissen inspirieren. „Ein penetrantes Ranschmeißen an die Realität. [...] Deshalb haben wir – Büttner, Kippenberger und ich – unser Vokabular aus der Wirklichkeit genommen, aber die Wirklichkeit ist ein unübersichtliches Gebiet. Da war für uns in erster Linie mal Zeitung. Alles, was wir so benutzt haben an Begriffen, an Problemen oder Scheinproblemen, das kam aus der Zeitung, weil wir uns – nicht falsch – damals gesagt haben, das ist es letztendlich, was vorgeht."[116] Das ist insofern konsequent, als die Vorstellung der Allgemeinheit von der Alltagsrealität immer schon durch die Perspektivenauswahl der Medien geprägt ist. A. Oehlen wendet sich in Übereinstimmung mit Kippenberger gegen jede Vorstellung von einem Künstler, die diesem eine besondere humanistische oder moralische Verantwortung unterstellen könnte. So heißt es lapidar: „Der Künstler hat keinen besseren Zugang zu politischen Informationen."[117] Da die Künstler sich auf die Alltagsrealität beziehen, sind sie auf den Zugang der Medien angewiesen.[118] Der Künstler kann wie ein Illustrator den Mediendiskurs künstlerisch nachzeichnen oder das vorgefundene Material subjektiv weiter verändern.

Als weiterführende Möglichkeit kann er schließlich „genau diese Kompliziertheiten, die Widersprüche des Zuständigseins bearbeiten"[119].

Die Schwierigkeit besteht darin, daß der Wahrheitsanspruch der medialen Bilderproduktionen von Presse und Fernsehen auf der gleichen Ebene angesiedelt wird, wie der Wahrheitsanspruch der von den Künstlern konstruierten Bilderproduktionen. „Er [der Künstler] produziert seine Lügen, die als Wahrheit wahrgenommen werden von der Menschheit, solange man sich für Kunst interessiert, also schon wieder eine Lüge [...]."[120] Für Kippenberger muß der Begriff Lüge für alles herhalten, was nicht aus sich selbst heraus den einsichtigen Beweis erbringen kann, eine bessere Wahrheit zu sein. Er betreibt ein

---

116 Albert Oehlen, in: *A. Oehlen, Kunst Heute Nr.* 7, a.a.O., S. 46

117 Ebd., S. 47

118 Es geht den Künstlern dabei weniger um eine Enthierarchisierung der Bildmotive, so wie man es von den Arbeiten Gerhard Richters, Sigmar Polkes und der Pop Art her kennt. Das Interesse der Künstler richtet sich eher auf die pragmatisch gestellte Frage: Wie gehen Künstler und Rezipienten heute mit der prinzipiellen Gleichwertigkeit der Motive, Bedeutungen und Bildverfahren um?

119 Ebd.; Vgl. auch Faust, de Vries: *Hunger nach*..., a.a.O., S. 57: „Geprägt durch individuelle Erfahrungen, geprägt durch das Scheitern der Großideologien, die scheinbar neutrale Erklärungen für die Wirklichkeit anbieten, ist der Glaube an ‚Gesetzmäßigkeiten der objektiven Wirklichkeit' verloren gegangen. Zu deutlich sind die Methodenzwänge sichtbar, in die sich die Erklärungen verstricken [...]."

120 Martin Kippenberger: *B Gespräche mit*..., a.a.O., S. 93

Spiel mit dem Selbstlegitimationsanspruch des Wahrheitsbegriffs. Innerhalb der Kunst sollen dabei die gesellschaftlichen Teilsysteme, der Kunst-Diskurs und die soziale Alltagsrealität vereint werden. „Künstler lügen NUR. Dagegen sollte es eine der wichtigsten Aufgaben des Künstlers sein, NICHT lehrreich zu sein."[121] Das erscheint zunächst folgerichtig. Denn wäre der Künstler lehrreich, so würde er seine eigene Kunst außerkünstlerisch funktionalisieren. An diesem Anspruch müßte der Künstler jedoch aus oben besagten Gründen scheitern, weil er sich in den eigenen Widersprüchen seiner kontingenten Realitätsauffassung verlieren würde. Die zuletzt genannte Argumentation ist jedoch auf einer Metaebene anzusiedeln. Denn mit einer konsequent kontingenten Realitätsauffassung könnte man keine Widersprüche erkennen.

Aus dem Vorangehenden darf nicht abgeleitet werden, daß das Vorgehen der Künstler ziellos wäre. Ein Leitprinzip von Büttner, A. Oehlen und Kippenberger bestand in den 80er Jahren darin, die Realität als Widerstand erfahrbar werden zu lassen, und zwar als Testfall des Möglichen innerhalb der Kunst.[122] Der pragmatische Optimismus der Künstler richtet sich an dem Versuch aus, die als undurchschaubar und uninterpretierbar empfundene Realität innerhalb der Kunst an die Grenzen des Zumutbaren zu bringen: „Das heißt, daß es in einem Bild darum geht, daß sichtbar wird, was nicht geht, was Lüge ist. Diese Sichtbarkeit, die ist ja schon eine Erkenntnis"[123], heißt es bei Albert Oehlen. Übereinstimmend lautet ein Bildtitel Büttners aus dem Jahre 1985: *Moderne Kunst kann man verstehen, moderne Welt nicht.*

Aber kann mit der Kunst überhaupt etwas über die Beschaffenheit der alltäglichen Realität ausgesagt werden? „Bilder sollen nicht authentisch sein, sondern taktisch richtig. [...] Die Entschiedenheit muß darin bestehen, keinen Freiraum für Interpretationen zu bieten und damit die Zusammenhänge zu unterlaufen, die die Welt in ihrer Schlechtigkeit bestätigen."[124] Dabei kann der inszenierte Konflikt, der mit den Erkenntnismöglichkeiten der Kunst und

---

121 Ebd.

122 Realität als Widerstand zeigt sich anhand der Grenzen und Grenzüberschreitungen, die der Kunst als Kunst zugemutet werden können. Realität erscheint dann innerhalb der Kunst, wenn die Erwartungen an die Kunst innerhalb der Kunst überschritten werden. Da es sich hierbei nicht um einen inszenierten Verlust des Mediums Kunst handelt – es wird kein weiteres Ende der Kunst proklamiert! – kann A. Oehlen behaupten (vgl. *A. Oehlen*, *Kunst heute Nr.* 7, a.a.O., S. 31): „Kunst-ist-Kunst-Kunst." A. Oehlen müßte sich jedoch zunächst fragen, warum „diese Kunst" überhaupt Kunst sein soll.

123 Ebd., S. 30

124 W. Büttner/A. Oehlen zitiert nach Zdenek Felix: *„Moderne Kunst kann man verstehen, moderne Welt nicht" oder die schöne, kaputte Bilderwelt des Werner Büttner*, in: Ausstellungskat. *Werner Büttner*, Kunstverein München, Museum Folkwang, Essen 1987, S. 11

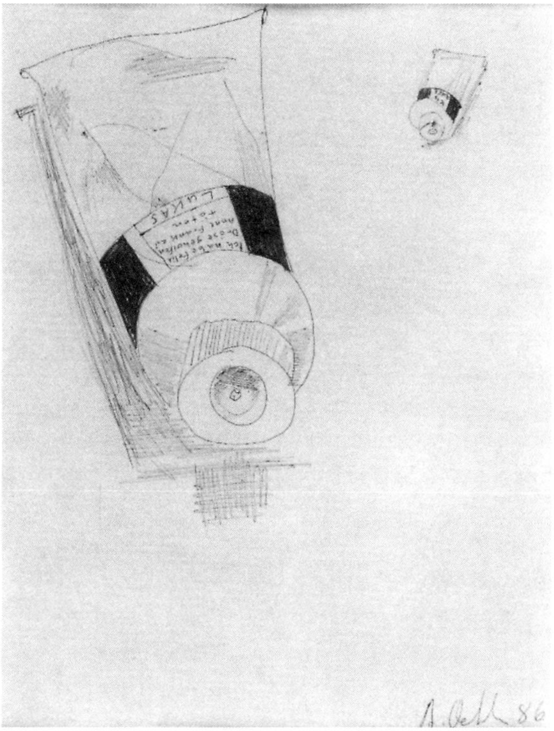

Abb. 14 Albert Oehlen: „Tuben", 1986, Kugelschreiber und Tip-ex auf Papier, 26 x 19 cm

den Erfahrungsmöglichkeiten der Realität innerhalb der Kunst ausgetragen wird, sich selbst wieder auf Kunst beziehen, indem das Bildmotiv innerhalb des Kunst-Kontextes angesiedelt wird. A. Oehlens Zeichnung *Tuben*, 1986, siehe Abb. 14, zeigt in scheinbar ungekonnter, dilettantischer Zeichenmanier zwei Farbtuben der Firma LUKAS. Die dem realen Vorbild entsprechende Beschriftung der Tuben ist durch folgende Texte ergänzt: Die große Farbtube im Vordergrund trägt die Aufschrift: „Ich habe Felix Dröse geholfen Anne Frank zu töten/ LUKAS". Die wesentlich kleinere Tube im Hintergrund trägt die Aufschrift: „Ich auch". Die dilettantische Gestaltung manifestiert sich nicht nur in der falschen Perspektivendarstellung der beiden Tubendeckel, der unpräzisen Schattenführung und der ungeübten Strichführung, sondern ebenso deutlich in dem Umstand, daß der Künstlername Felix Droese hier mit Dröse falsch geschrieben steht. Felix Droese ist wohl ein unzweifelhaft moralisierender Künstler, dessen Werke und Selbstäußerungen von den Kritikern im allgemeinen auch so gesehen werden. Oehlen will offensichtlich die Wirkungsabsicht von Droeses Kunst auf die Kunst rückbeziehen. Er leistet dies mit seiner

Zeichnung, indem er Tat und Anspruch parodiert („Anne Frank zu töten") und dabei das künstlerische Anliegen ironisch auf das Malmedium (*Tuben*) reduziert. Er wirft damit Droese indirekt vor, daß dessen „Selbstanklage" nur eine ästhetische Wirkung zeige. A. Oehlen entbindet damit Droeses Kunst ihres (vorgeblich) moralischen Anspruchs.

Die dilettantische Gestaltung bekommt dadurch eine weitergehende Funktion, sie ist nicht bloß (komischer) Selbstzweck! Dilettantismus kann als Stilersatz wahrgenommen werden. Das Gewahrwerden des Dilettantischen läßt die Aufmerksamkeit von dem Dargestellten und der Art der Darstellung auf die Eigenarten des Mediums übergehen. Oehlens Parodie bzw. künstlerischer Kommentar führt mit der inszenierten Selbstthematisierung des Mediums (=Strategischer Dilettantismus: absichtsvoll ungeschickte oder „unrealistisch" darstellende Zeichnung) zu einer Erkenntnis innerhalb des Kunst-Kontextes. Die Zeichnung richtet sich gegen jede Spielart des Illusionismus. Illusionismus hilft immer nur, das falsche Ziel zu verfolgen, nämlich die Art der Darstellung und das Medium zumindest vorübergehend vergessen zu machen, um den Geltungsanspruch des Bildes über den Kunstanspruch hinauszuführen. Dagegen wird von A. Oehlen und Kippenberger nicht auf kritische Selbstbeschränkung verzichtet. Sie reduzierten den Anspruch auf die Erkenntnis, nur innerhalb der Kunst wirksam zu sein.

Jiri Georg Dokoupil entwickelte im Laufe der 80er Jahre eine vergleichbare künstlerische Strategie. Er antwortete auf die von Paul Maenz 1992 gestellte Frage nach dem Anliegen seiner Arbeit in den 80er Jahren: „Wie können Sie das fragen! Ich hatte unendlich viele Anliegen, eine Million Anliegen, und so wenig Zeit, diese Anliegen...".[125]

Dokoupils herausgestellte „Potenzierung seiner Anliegen" richtet sich an ein antizipierendes Publikum. Kippenberger äußerte 1990/91 in Übereinstimmung hierzu: „Wir machens ja nur für Außenstehende. [...] und wir verteilen die Verwirrung. Aber im Grunde meinen wir gar nicht die Verwirrung, sondern wir meinen schon die Wahrheit. Aber wir müssen sie für uns selber so verschlüsseln, weil wir nicht angreifbar sein dürfen, in keiner Form."[126] Außer-

---

125 Wilfried Dickhoff (Hrsg.): *Dokoupil. Kunst heute Nr. 10*, a.a.O., S. 52: „Wissen Sie, beim Malen dieses Bildes sind mir vielleicht einemillionhundertfünfundzwanzigtausend Gedanken durch den Kopf gegangen, und wenn ich Ihnen jetzt einen davon sage, fragen Sie sich, wo der Rest geblieben ist – wozu also über den einen Gedanken sprechen? Es gibt keine Haupt- oder Nebenstory." Liegt der Produktion keine Intention zugrunde, kann die Realität nur dem Bild selbst entnommen werden. Eine mögliche Erkenntnis geht dann nicht vom Künstler aus, sondern wird unmittelbar mit dem Bild als eigene Realität erzeugt. Dadurch macht der Künstler seine Kunst unentbehrlich oder zumindest interessant, weil seine „Werke" vorgeblich zu einem exklusiven „Erscheinungsort" der Erkenntnis werden.

künstlerische Interessen und Intentionen werden verleugnet oder sogleich künstlerisch thematisiert. Werden dadurch aber Weltanschauung, Moral und subjektive Vorlieben der Künstler aus der Interpretation der künstlerischen Produktion herausgehalten?

„Sieht man allerdings in Kippenbergers ‚Spiegelprogramm' nur den entlarvenden Zyniker am Werke, der uns allen zeigt, wie wir ohne Wäsche und Make up verlogener Emphasen aussehen, liegt man daneben. Denn wissend, daß auch der Maler nur den Dreck seiner eigenen Pfütze zerspritzt, klammert er sich nicht ironisch distanziert aus dem aus, was er malt."[127] Nach Dickhoff geht es Kippenberger nicht darum, „den Ausdruck zerstörter Identität zu inszenieren, um letztlich doch wieder Identität für sich daraus zu gewinnen"[128]. Damit sind die Grenzen in bezug auf die Wirkungsabsichten dieser Kunst erneut benannt: Die Künstler wollen sich nicht als Sehende aufspielen. Ihre Kunst braucht keine therapeutische oder heilende Wirkung auf die Gesellschaft auszuüben. Der Kunst wird auch nicht der Anspruch auferlegt, daß sie „Schein und Täuschung dieser schlechten, vergänglichen Welt"[129] durch eine „geistgeborene Wirklichkeit" zu ersetzen habe. Die Künstler haben erkannt, daß „sich die Arznei ja bekanntlich längst mit dem Übel verbunden hat"[130]. Weil die zeitgenössische Kunst die Realität nicht außerhalb der Kunst bewerten kann, ist den Erscheinungen der Kunst gegenüber der gewöhnlichen Alltagsrealität keine höhere Realität oder ein wahrhaftigeres Dasein zuzuschreiben.[131] Die Kunst Kippenbergers basiert eher auf einer „Wahrheit niederer Art"[132].

Das Ölbild *Frau mit viel Zeit*, 1984, siehe Abb. 15, zeigt die schematisierte Rückenansicht einer Person, die am Ende eines Holzsteges in die unbestimmte Ferne eines Gewässers zu blicken scheint. Am Horizont erschließen sich sanfte Hügel einer dunklen Landschaft unter dem bizarren Formen- und Lichterspiel der Wolken. „Im Wasser spiegelt sich das gleißende Licht. Schön, nicht wahr? Paßt über jedes durchgesessene Wohnzimmersofa. Oder doch nicht so schön? Weil Persiflage der durchschnittlichen bürgerlichen Wohn-

---

126 Martin Kippenberger, in: *B Gespräche mit...*, a.a.O., S. 137

127 Wilfried W. Dickhoff: *I. N. P. oder: „Meinen Sie es auch gut mit den Menschen?"*, in: Ausstellungskat. *Die I.N.P.-Bilder*, anläßlich Kippenbergers Einzelausstellung, Galerie Max Hetzler, Köln 1984, ohne Seitenzahlen

128 Ebd.

129 Georg Wilhelm Friedrich Hegel: *Ästhetik I/II*, a.a.O., S. 47; folgendes Zitat ebd.

130 Wilfried W. Dickhoff: *I. N. P. oder:...*, a.a.O., ohne Seitenzahlen

131 Dies ist entgegen Hegels Vorstellung von einer „höheren Realität der Kunst" zu verstehen. (Vgl.: *Ästhetik I/II*, a.a.O., S. 47)

132 Patrick Frey: *Wovon man...*, a.a.O., S. 83

Abb. 15 „Frau mit viel Zeit", 1984, Öl auf Leinwand, 150 x 180 cm

zimmer-Atmosphäre mit dem unverkennbaren Kunstverstand. Da sei der Titel nochmals gelesen: Frau mit viel Zeit. Das ist also die Idylle: nichts als gähnende Langeweile."[133] Hier entpuppt sich feuilletonistische Kunstkritik als Stimmungsanalyse eines imaginären Rezipienten. Ein Kunsthistoriker sollte aber in der Lage sein, ein unbekanntes Bild in die Tradition der Kunstgeschichte einzubetten. Er müßte es dabei einer genaueren Motivuntersuchung unterziehen und vergleichende Studien erstellen. Die zeitgenössischen Kunstkritiker indes beziehen die meisten Bildmotive auf die soziale Realität des Alltags. Sie assoziieren beispielsweise mit dem Ölbild *Frau mit viel Zeit* die Vorstellung von einem hart arbeitenden Menschen, der sich nach Muße und Zeit sehnt. Gedanken, die sich in dem Bild dann vorbildlich gestaltet wiederfinden. Die Farbgebung, „in dramatisch leuchtenden Sonntagsmaler-Farben"[134], die aufdringliche Emotionalität, die anscheinend offensichtliche Gleichgültigkeit

133 Ohne Autorenangabe: *Leuchtende Frau mit viel Zeit*, Kölner Stadt-Anzeiger, 9. Mai 1984, anläßlich der Einzelausstellung: *Die I.N.P.-Bilder*, a.a.O.
134 Ebd.

des Malers gegenüber dem Schauspiel der Natur, das alles stellt einen Anspruch des Bildes, einen ernsthaften Vergleich mit der romantischen Tradition bestehen zu wollen, in Frage. Bildvergleiche ließen sich nahezu beliebig konstruieren. Die ästhetische Wirkung des Bildes könnte zudem beispielsweise auch mit Druckergebnissen eines Canon 300 Laserfarbkopierers erreicht werden, mit dem sich ähnliche malerische Wirkungen aus der Veränderung von Farbphotographien erzielen lassen. Es steht dem Interesse des Rezipienten frei, ob er das Bild mit der Kunstgeschichte in Verbindung bringt, oder mit der künstlichen Farbstichgestaltung der Laserkopierer, die es jedem Laien ermöglichen, Photos zu bearbeiten.

Was lenkt von dem Bild ab und erstellt den Bezug zu einem „durchgesessenen Wohnzimmersofa"? Die Qualität des Bildes könnte man vielleicht mit einer gezielten Ambivalenz umschreiben. Für eine Interpretation bieten sich gegensätzliche Referenzbezüge unmittelbar an. Eine plausible Festlegung der Bezüge ermöglicht das Bild jedoch nicht. Während der Bildtitel vordergründig auf ein ökonomisches Privileg der schematisch dargestellten Frau anspielt, viel Zeit zu haben, so läßt sich die Titelaussage andererseits als Reduktion eines bürgerlichen Anspruchsdenkens auffassen, nämlich sich einer Situation mit Andacht und Kontemplation aussetzen zu wollen. Dieser Anspruch wird seiner spezifischen Qualität beraubt und die Intention auf das „viel Zeit haben" reduziert.

Selbstjustiz durch Fehleinkäufe, Mischtechnik auf Leinwand, 1984, siehe Abb. 16, stellt eine nackte Frau mittleren Alters dar, deren Scham nur von einem verknoteten roten Tuch halb bedeckt ist. Die unterhalb der Knie abgeschnittene Bildfigur ist vor einem gelben Hintergrund auf die Leinwand montiert. Die Frau, deren Gesicht und Hals auffällig dunkelgrün geschminkt – oder angelaufen? – ist, ist mit zwei Einkaufstaschen dargestellt. Der Ikonograph des Alltags schließt aus der halb verdeckten Aufschrift „EDE" auf einen vorangegangenen Einkauf bei EDEKA.

Die Malweise scheint wieder dilettantisch und äußerst grob ausgeführt. Die Arme und die Brüste sind jeweils unterschiedlich geformt. Der Körper ist teilweise von unzusammenhängenden Farbstreifen überlagert. Der Gesichtsausdruck ist trotzdem erstaunlich gut zu erkennen. Hilflos bedauernd, wehrlos fragend, still verzweifelnd mit groß aufgerissenen Augen: „'Selbstjustiz durch Fehleinkäufe': Wer kennt sie nicht, diese warenästhetische Urszene?!"[135] Harald Fricke nahm 1994 eine Ausstellung dieses Bildes zum Anlaß, um über „taschenschleppende nackte Hausfrauen als dummdreiste Wohlstandsschlam-

135 Wilfried Dickhoff: *I.N.P. oder...*, a.a.O., ohne Seitenzahlen

Abb. 16 „Selbstjustiz durch Fehleinkäufe“, 1984, Mischtechnik auf Leinwand, 120 x 100 cm

pen“[136] nachzudenken. Aber überfordert diese Äußerung nicht das Bild? Anders gefragt: Wo sind die Kriterien, die einen sozialkritischen Bezug der Bildaussage festlegen und damit eine realistische Bildinterpretation zulassen?

Finden sich keine allgemeinverbindlichen kunstkritischen Kriterien, die für eine Beurteilung des Bildes geeignet erscheinen, dann wird jeder weitere Kommentar von den subjektiven Interessen des Rezipienten abhängig sein. Sein Urteil hängt dann davon ab, ob er eine polemische, parodistische oder realistische Bildaussage in das Bild hineininterpretieren möchte. Das zeigt die fast grenzenlose Offenheit der Interpretationsmöglichkeiten.

Es reicht für eine plausible Interpretation des Bildes nicht aus, den Bildtitel in eine offene Relation zum Sichtbaren der Bildgestaltung zu setzen. Eine durch den Titel angeregte, vorgerichtete Betrachtungsweise findet keinen ein-

136 Harald Fricke: *Schlüpferstürmer*, a.a.O., S. 43

deutigen innerbildlichen Bezugsrahmen. Ist der Gesichtsausdruck der Bildfigur wirklich hilflos bedauernd, still verzweifelnd? Ist die Bildfigur ein Opfer der Selbstjustiz? Erscheint sie nackt, ungeschützt nach ihrer eigenen Verurteilung? Der Bildtitel sollte vielleicht als unmittelbarer Bestandteil der Bildaussage aufgefaßt werden. Dann lassen sich mit dem Bild jedenfalls doch noch zwei typische Probleme zeitgenössischer Erlebnisorientierung veranschaulichen. Das Auswählen, Entscheiden, Einkaufen und Konsumieren diente in den 80er Jahren nicht bloß der Erfüllung notwendiger, konkreter Lebensbedürfnisse, sondern konnte als Erlebnis empfunden werden. „Wenn man es nicht verdrängt oder durch Erlebnisangebote verdrängen läßt, besteht das erste Problem erlebnisorientierten Handelns in der Konkretisierung der Erlebnisabsicht: Was wollen wir eigentlich? Was gefällt uns? Wollen wir das, was wir zunächst zu wollen glaubten, auch wirklich?“[137] Verbindet man die voranstehenden Fragestellungen des Soziologen Gerhard Schulze mit dem Bild, dann gelangt man zu der Ansicht, daß die dargestellte Bildfigur schon eine ganze Tortur ungewisser Fragestellungen durchgestanden hat. Folgt man Schulzes Analysen der zeitgenössischen Gesellschaft der 80er Jahre weiter, so gab es „selten sichere Anhaltspunkte für unsere Erlebniswünsche [...], ja völlige Ratlosigkeit, mag sie auch unbewußt bleiben, da es an Ablenkungen von dieser Ratlosigkeit nicht mangelt“[138]. Betrachtet man das Einkaufen als ein Erlebnisprojekt, so hat die Bildfigur diese ungewissen Fragestellungen schließlich schon überwunden, denn es kam zu einem Einkauf. Sollte die Bildfigur dann doch noch ihren Problemen mit dem erlebnisorientierten Handeln unterlegen sein? „Am Anfang eines Erlebnisprojekts steht Unsicherheit, am Ende ein Enttäuschungsrisiko. [...] Daß wir uns mit jeder Erlebnisabsicht auf ein Enttäuschungsrisiko einlassen, ist in handlungslogischer Reihenfolge bereits das zweite typische Problem der Erlebnisorientierung.“[139] Kann dies „Selbstjustiz“ als Folge eines Enttäuschungsrisikos zur Folge haben?

Die inszenierten Ansprüche des Bildes lassen sich jedoch nicht zu einer eindeutigen Bildaussage verbinden. Bedeutend ist das Fehlen einer zusammenhängenden Gestaltungsweise. Das Bild eröffnet einen Perspektivenreichtum unverbindlicher Betrachtungsmöglichkeiten. Deshalb kann es auch nicht ausschließlich moralisierend interpretiert werden.

137 Gerhard Schulze: *Die Erlebnisgesellschaft...*, a.a.O., S. 14
138 Ebd.
139 Ebd.

Von der Verabschiedung des guten Geschmacks zum „Wahrheitsdreck“: Strategischer Dilettantismus

Zwei Aspekte sind für das Verständnis des strategischen Dilettantismus besonders wichtig.

Erstens: Die vorübergehende Abwendung von der Kunstgeschichte. Der mit professionellem Anspruch praktizierte, strategische Dilettantismus wird von Künstlern anscheinend gewählt, um etablierte Stilrichtungen und künstlerische Produktionsverfahren destruieren zu können. Die Angriffe der Dilettanten richten sich auch gegen Wahrnehmungs- und Rezeptionsgewohnheiten, insofern diese den eigenen Interessen entgegenstehen (ästhetisches Urteil etc.). Jedes konkrete Geschmacksempfinden wird zudem als zeitlich begrenzt angesehen.

Zweitens: Der strategische Dilettantismus stellt den Versuch dar, das künstlerische Rohmaterial und die Produktion des Bildes ästhetisch indifferent zu erhalten. Dadurch soll die Vorstellung von der Alltagsrealität innerhalb der Kunst nicht als ästhetisch verklärt erscheinen.

Beide Aspekte sollen im folgenden untersucht werden.

Kippenberger stand seit Ende der 70er Jahre dem Punk und anderen kulturellen Untergrundbewegungen sehr nahe. Der Dilettantismus im künstlerischen und musikalischen Umfeld der Punkbewegung wird von Diederichsen als soziale Erscheinung betrachtet, die „früher Scharlatanerie geheißen hätte“[140]. Die „Konzentration auf die ‚Scharlatanerie‘ funktionierte [Anfang der 80er Jahre] noch unmittelbar als ‚Kritik‘ und konnte ein sozial funktionierendes Außen/Anderes der Kunstwelt konstruieren.“[141] Zu Beginn der 80er Jahre sollten demnach die Arbeiten Kippenbergers, der Musik und den „Bad Paintings“ der Punkbewegung vergleichbar, eine bewußte Distanz zu der etablierten Kunstszene aufbauen. Ein deutlicher Bezug blieb jedoch zumindest in der Negation bestehen. (Musik- und) Kunstgeschichte wurden geplündert, einzelne Versatzstücke ihres Kontextes beraubt. Willkürlich gewählte, fehlerhafte und unvollständige Aneignungstechniken blieben nicht mehr auf die kul-

140 Diedrich Diederichsen: *Virtueller Maoismus*, a.a.O., S. 37

141 Ebd.; Vgl. auch Bazon Brock: *Bildjournalismus als…*, a.a.O., S. 65: „Kippenbergers Interesse an Bad Painting [Brock bezieht sich ausdrücklich auf die Punkbewegung, einen absichtsvoll schlechten Geschmack und die mangelnde Beherrschung der Techniken.] schien bei seinen ersten Anläufen, Bilder zu machen, den Mut zu stärken, etwas auch dann zu tun, wenn man es nicht kann. Später, also ab 1981, entdeckte er das Bad Painting als Widerstand gegen die Veredelung durch technische Meisterschaft.“

turellen Untergrundbewegungen beschränkt, sondern wurden schnell zum Stilmittel vieler junger Maler bürgerlicher Herkunft, die innerhalb des Kunstbetriebes integriert wurden: Dokoupil, Kippenberger, Büttner, A. Oehlen u. a.

Die Feststellung eines Fehlers oder einer mangelhaften Gestaltung liegt immer dann vor, wenn ein Bild, Skulptur etc. mit den falschen Paradigmen in Beziehung gesetzt wird. Dies soll besagen, daß Fehler aus einer „falschen" Klassifizierung hervorgehen, beispielsweise wenn ein Bild einer ästhetischen, stilistischen oder logischen Ordnung unterstellt werden soll, unter die es sich nicht subsumieren läßt. Eine scheinbar absichtsvoll schlecht gemachte Zeichnung will keinen bestimmten Stil kopieren und nichts realistisch darstellen. Durch das Gewahrwerden des Fehlerhaften, schlecht Imitierten und unzulänglich Abgebildeten wird einerseits der Unterschied zur Alltagsrealität deutlich. Denn das Medium der Darstellung wird nicht übersehen, Illusionismus wird verhindert. Andererseits bezieht sich die Wahrnehmung dilettantischer Fehler auf die „richtigen" Werke und Stilrichtungen der anerkannten Kunstgeschichte. Unterstellt man den Künstlern, die den strategischen Dilettantismus praktizieren, einen reflektierten, professionellen Anspruch, so gewinnt man die Vorstellung einer absichtsvollen Distanz zur Tradition. Es bleibt der Eindruck des Disparaten. Eine „deutsche Variante der ‚Rückkehr zum Bild' [...] inszenieren die jungen Maler seit dem Ende der siebziger Jahre [...] und präsentieren sich mit dem Impetus des ‚genialen Dilettanten'. Daß auch dies jedoch einer sehr bewußten Haltung entspringt, zeigt das Nebeneinander der Themen und stilistischen Anspielungen. [...] Die aggressiven Momente dieser Malerei stellen die Frage: ‚Wie weit kann man gehen, wann wird ein Bild unerträglich?'"[142]

Wozu sollen diese dilettantischen Produktionen dienen?

Bazon Brock beschreibt die Absicht als „intellektuelle Distanzierung von dem Selbstlauf und der Eigengesetzlichkeit des Gut-Gemachten, ja des Vollendeten"[143]. Die Welt soll in ihrer Schlechtigkeit bestätigt werden. Die Künstler des strategischen Dilettantismus glauben jedenfalls nicht daran, daß innerhalb der Kunst ein besseres Bild von der außerkünstlerischen Realität gezeichnet werden kann. Kunst führt zu keiner besseren Erkenntnis der Alltagsrealität. Kunst soll eher die Widersprüche, Undurchschaubarkeiten und Schlechtigkeiten der Alltagsrealität thematisieren. Der Künstler hat jedoch das

142 Wolfgang Max Faust: *Die Galerie als Erzählung. Der Weg durch die Bilder*, in: Gerd de Vries (Hrsg.): *Paul Maenz*, a.a.O., S. 93

143 Bazon Brock: *Bildjournalismus als...*, a.a.O., S. 65; Brock führt weiter aus: „Es [Bad Painting als Strategie, wie sie von Kippenberger praktiziert wird] will verhindern, daß schlechter Geschmack durch Gewöhnung zum guten Geschmack wird."

Bewußtsein, daß dies alles nur innerhalb der Kunst geschieht, denn seine künstlerischen Mittel ermöglichen erst die teilweisen Zerstörungen, Verzeichnungen und Deformationen der Formen sowie die Veränderungen der Farben. In Hinsicht auf die Art der Erkenntnis bzw. Erkenntnismöglichkeit innerhalb der Kunst kann der strategische Dilettantismus von den Deformationen und (angeblich dilettantischen) Gestaltungsweisen der klassischen Moderne unschwer unterschieden werden.[144]

Nach einem Text von Maurice Merleau-Ponty verdankt Cézanne es Pissarro, daß „die Malerei für ihn ein präzises Studium der Erscheinungen, eine Arbeit [...] nach der Natur“[145] werden konnte. „Seine Malerei wäre demnach ein Paradoxon: Sie sucht nach der Realität, ohne die Empfindung zu verlassen, ohne sich an etwas anderem zu orientieren als an der Natur in der unmittelbaren Impression, ohne die Konturen anzugeben, ohne die Farbe durch die Zeichnung einzurahmen, ohne das Bild perspektivisch anzulegen oder es überhaupt zu komponieren.“[146] Merleau-Ponty sieht hierin den Grund für die Deformationen der Gestaltung, die man vor allem bei Cézannes Bildern aus den Jahren zwischen 1870 und 1890 wahrnehmen kann. Cézannes „erlebte Perspektive“ dient nach Merleau-Ponty der Wahrnehmung „dieses unteilbaren Ganzen“ der Realität. Diesem Glauben an eine Einheit der Wahrnehmung kommt auch Cézannes Anordnung der Farben nach. Schließlich wird behauptet, daß „nichts weniger willkürlich ist, als diese berühmten Deformationen“[147], die auf das unteilbare Ganze der Realität hinweisen. Dagegen könnte man für Kippenberger behaupten: Die Realiät ist genauso willkürlich und unzusammenhängend, wie seine absichtsvoll dilettantischen Bilder empfunden werden.

Eine weitere Abgrenzung des strategischen Dilettantismus läßt sich anhand der expressionistischen Deformationen und Karikaturen aufzeigen. Für den konservativen Kulturkritiker Arnold Gehlen können beispielsweise „Karikaturen Kunstwerke großer Meisterschaft sein, doch muß sich die karikaturistische Deformation im Rahmen des Realmöglichen halten, besser gesagt: Sie muß den Gegenstand haargenau über den Rahmen des Wahrscheinlichen hinaus artikulieren, aber in dessen Richtung“[148]. Dazu gehört für Gehlen nicht

144 Zu der in mehreren Aspekten mit dem strategischen Dilettantismus übereinkommenden Realitätsauffassung des historischen Dadaismus vgl. Kapitel: *Aktualität des Dadaismus der 1910er und 1920er Jahre: Gründe für „schlechte Aussagen“*

145 Maurice Merleau-Ponty: *Der Zweifel Cézannes*, in: Gottfried Boehm (Hrsg.): *Was ist ein Bild?*, Wilhelm Fink Verlag, München 1994, S. 42

146 Ebd., S. 43

147 Ebd., S. 46

148 Arnold Gehlen: *Zeit-Bilder* (1960), Vittorio Klostermann Verlag, Frankfurt am Main 1986, S. 143; die folgenden Zitate ebd.

nur ein geschärftes Bewußtsein für die „unglaubliche Empfindlichkeit unseres physiognomischen Blicks", sondern ebenso eine besonders gute Kenntnis der Realität. Schließlich soll die Karikatur die Alltagsrealität noch realistischer darstellen – im Vergleich zu dem, wie sich die Realität im Alltag zeigt. Verformungen und gewalttätige Zugriffe auf die „Eigenschaften der Gegenstände" werden von Gehlen abgelehnt, insofern die unrealistischen Veränderungen der Formen „als freischwebende Stilvorstellungen" (nach dem Motto „Verzerrung muß sein") strukturiert sind. Hierbei entstehen nach Gehlen künstlerische Freiheiten als künstlerischer Selbstzweck, die nichts mehr über die Realität aussagen. Gehlen steht hier exemplarisch für diejenigen Kritiker, die die Erkenntnis der Realität („Rahmen des Realmöglichen" etc.) der künstlerischen Produktion voranstellen und diese von vornherein ausschließlich erkenntnisgeleitet und zielgerichtet betrachten. Dies widerspricht dem oben beschriebenen strategischen Dilettantismus der 80er Jahre, der zwar zunächst ebenfalls jeden formalen Selbstzweck ablehnt, bei dem aber soziale Realität innerhalb der Kunst nur als Grundlage disparater medialer Konstrukte besonders gut erkennbar – aber nicht unbedingt verständlicher – wird.

Die Künstler des deutschen Expressionismus haben sich oftmals zu ihren Deformationen und Verzeichnungen geäußert: „Auch die sogenannten Verzeichnungen dienen diesem Zweck [...] der liebenden Erkenntnis. Sie entstehen instinktiv aus der Ekstase des am meisten Gesehenen."[149] Hier bürgen emotionale Qualitäten und Intensitäten für eine besondere Einsicht in die Realität.

Alle hier angeführten Äußerungen aus dem Kontext der „modernen Kunst" verbindet ihr eindeutiger Bezug zu einer besonderen Erkenntnismöglichkeit mit Hilfe der Kunst – oder zumindest der Glaube, daß sich (mit Hilfe der Kunst) eine spezifische Erkenntnis besonders gut vermitteln läßt. Die Erkenntnis betrifft die (zumeist idealistisch gedachte) „Einheit" der Realität. Das alles wird von den Künstlern des strategischen Dilettantismus abgelehnt.

Dilettantismus als bewußte Produktionsmethode kann bei Kippenberger und seinen Künstlerkollegen eine kunstbild-journalistische Aufgabe übernehmen oder als „dokumentierendes Niedermalen, das jeder Ideologie und Kulturkritik gegenüber schweigt"[150], eingesetzt werden. Das Dargestellte erscheint dann in einem unkritischen, affirmativen Licht, falls keine Diskrepanz

149 Ernst Ludwig Kirchner in einem Brief an Eberhard Griesebach, Kreuzlingen, 31. Januar 1918, abgedruckt in: *Ernst Ludwig Kirchner*, Ausstellungskat. der Nationalgalerie Berlin, Berlin 1979, S. 77

150 Martin Prinzhorn: Text ohne Titel, in: Ausstellungskat. *Miete Strom...*, a.a.O., S. 49

zu einem inszenierten Anspruch aufscheint. Die hiermit angesprochenen ästhetischen Entscheidungen (Erzeugung der Diskrepanz) dürfen jedoch ihrerseits nicht derart „thematisiert“ erscheinen, so daß sie formal-ästhetisch interpretiert werden könnten. Denn in diesem Fall kämen die Arbeiten letztendlich doch nur einem ästhetischen Selbstzweck nach. Auffällig sind in diesem Zusammenhang die zahlreichen Äußerungen der Künstler und Kritiker, die einer harmonischen, ästhetischen Gestaltung ablehnend gegenüberstehen. Einige Gründe hierfür wurden bereits dargelegt. Die Künstler beziehen folgende Position: „Der objektive Schmutz, und Schmutz ist immer objektiv, darf weder verklärt, noch geleugnet werden.“[151] Diese Aussage der Künstler Büttner, A. Oehlen und Kippenberger steht jeder idealistischen Ästhetik feindlich gegenüber. Ziel der künstlerischen Gestaltung ist nicht die Erkenntnis einer objektiven Geistwirklichkeit, denn diese würde aus ihrer Sichtweise nur zu einem falschen ideellen Konstrukt hinführen. Das Ziel ist die Darstellung der profanen Tatsächlichkeit, der alltäglichen Existenz. Künstlerische Absicht, so kann man die Forderungen der Künstler verstehen, soll nicht einer Überwindung der trivialen Alltäglichkeit nachkommen, sondern dem Versuch, die allgegenwärtigen ästhetischen Verklärungen und idealisierenden Wahrheitskonstruktionen zu vermeiden. Dadurch soll die zugrundeliegende Substanz, der Bodensatz der Gesellschaft, aufgedeckt werden. Das hat eine ziellose, absichtsfreie Strukturierung der unterschiedlichsten Interessen zur Folge. Da ist nichts mehr idealistisch zu interpretieren: „Der gute schlechte Geschmack ist der Geschmack desjenigen Künstlers, der seine Kreativität bedingungslos und hartnäckig immer wieder auf ihre primären Bedingtheiten zurückführen will, auf ihre ökonomische und physiologische Wirklichkeit [...].“[152]

Vor allem die Bedeutungs- und Verwendungsmöglichkeiten des von den Künstlern selbst in Anspruch genommenen „objektiven Schmutzes“ weisen darauf hin, daß die Künstler ihre Äußerungen und Texte in einem strategischen Zusammenhang gebrauchen, der – lapidar gesagt – einer gewissen Polemik eines Pseudo-Diskurses nicht entbehrt. „Objektiver Schmutz“ und „Schönheit im Dreck“ werden zu Produkten eines fatalistischen Weltgeschehens, wobei nur das gelebte Leben als Instanz für kriterienlose Wahrheit bürgt: „Getragen wird das Ganze von einem radikalen ‚Mut zum Dreck‘ (M.K.). [...] ‚Es gibt nur den Dreck und die Schönheit im Dreck‘ (M.K.). Und diese ‚Schönheit‘ wird nicht jenseits des gelebten Lebens gewonnen, sondern

151 Werner Büttner, Albert Oehlen, Martin Kippenberger, in: Ausstellungskat. *Wahrheit ist Arbeit*, Museum Folkwang, Essen 1984, S. 17
152 Patrick Frey: *Wovon man*..., a.a.O., S. 83

einzig mitten drin, mitten im Wahrheitsdreck, den die Wahrheit – ‚einer der dreckigsten Vögel auf der Welt‘ (WiA, 31) – unter sich läßt [...].“[153]

Die Kritiker, die Kippenberger weitergehende, kritische Erkenntnisabsichten unterstellen, interpretieren seine Arbeiten mit antiidealistischer und Hierarchien zerstörender Zielrichtung: „Haltungen, die sich in der Wertehierarchie nach oben (und hinten = Vergangenheit) orientieren und damit legitimieren, hält Kippenberger für Posen, die es zu bekämpfen gilt, nicht nur, weil er ihre Ehrlichkeit anzweifelt, sondern weil sie von sogenanntem guten Geschmack zeugen, der Kippenbergers Ansicht nach ein schlechter guter Geschmack ist.“[154] Kippenberger arbeitet nach Frey an der Handhabung eines Geschmacks, der nicht gut sein will, sondern „richtig und deshalb vielleicht immer noch etwas schlechter sein muß, als es die herrschende Toleranz gerade erlaubt“[155]. Hiermit sind die prinzipiellen Grenzen und die historisch und zeitgebundene Wirkung des Dilettantismus erneut angesprochen. Denn mit dem Nachsatz „als es die herrschende Toleranz gerade erlaubt“ wird deutlich, daß mit der späteren Integration der Arbeiten Kippenbergers in den Rahmen der anerkennenden Kunstgeschichte gerechnet werden kann.

Mit jedem Zusammenbruch einer Toleranz-Barriere können neue Arbeiten in die Konstruktionen der Kunstgeschichte einrücken, wenn sie nicht zuvor vom kulturellen Gedächtnis vergessen werden. Es handelt sich, aus der Sicht des Künstlers betrachtet, beinahe um ein museales Interesse am „guten schlechten Geschmack“.[156] Strategischer Dilettantismus wirkt nur zeitlich und räumlich begrenzt: Dilettantismus endet immer dann, wenn die dilettantischen Produkte selbst als „Kunstwerke“ innerhalb der Kunstgeschichte betrachtet werden können. Das kommt einer Historisierung ihres eigenen Anspruchs nach. Für die Arbeiten Kippenbergers ist dies deshalb von Bedeutung, weil die meisten Kritiker seine Arbeiten nur historisch begrenzt in ihrer vorübergehenden Distanz zur anerkannten Kunstgeschichte beurteilen und sie als provozierenden Kommentar empfinden. Diese Beurteilungsweise wird ihren Abschluß finden, wenn die dilettantische Art der Darstellung innerhalb der Kunst selbst wieder als eine folgerichtige Weiterentwicklung des zeitgenössischen Geschmacksempfindens anerkannt werden kann. Selbst der radikalste Dilettantismus hat nur solange Bestand, wie er als solcher rezipiert wird. Ein

153 Wilfried Dickhoff: *I.N.P. oder...*, a.a.O., ohne Seitenzahlen; Dickhoff bezieht sich auf den Künstlertext: *Wahrheit ist...*, a.a.O., S. 31

154 Patrick Frey: *Wovon man...*, a.a.O., S. 80

155 Ebd.

156 Vgl. Kippenberger: *B Gespräche mit...*, a.a.O., S. 17: „Museum ist Altertumsquatsch. Obwohl jeder jetzt schon weiß, daß ich derjenige bin, der die 80er Jahre erfaßt hat.“

Definitionsversuch muß relativ ausfallen, weil das Erkennen wesentlich durch das Vorwissen, die Erwartungshaltung und durch die Akzeptanzschwelle der Rezipienten vorbedingt ist. Claudia Schandt schrieb 1981 in bezug auf die zeitgenössischen, musikalischen Subkulturen: „Schräglage sichert den Anschluß an Trends, die Versprecher der Fernsehansagerin sind willkommen wie nie, Perfektion in der Musik/Kunst verpönt. Die weise Erkenntnis, daß sogenannte Disharmonien oder chaotische Einblendungen in konventionell strukturierter Musik lediglich einige Zeit in den Köpfen der Hörer klingen müssen, um als klassische Harmonie, die nicht schmerzt, genießbar zu werden, dringt ins allgemeine Bewußtsein schon seit Jahrhunderten. Es ist nur noch eine Frage der Zeit, wann diese Erkenntnis verstanden wird.“[157]

Das Ästhetische als Differenz zwischen einem inszenierten Anspruch und der Art der Darstellung

Können die Produkte des strategischen Dilettantismus ästhetisch indifferent beschrieben werden? Kippenbergers Arbeiten wenden sich nach Brock gegen jede „erzwungene Übereinstimmung von Gedanke und Tat, von künstlerischem Konzept und künstlerischem Realisat“[158]. Ein ästhetisches Urteil kann sich dann nicht mehr aus der Übereinstimmung von Einbildungsvermögen und Begriff ergeben.[159]

Spiekermann behauptet, daß Kippenbergers künstlerische Strategie nicht den Intentionen irgendwelcher „Romantizismen oder anderer kunsttheoretisch zu verwertenden ‚Neo-Geo-Dada-Ismen‘“[160] Folge leisten würde. Spiekermann interpretiert Kippenbergers künstlerisches Vorgehen derart, daß er „sie alle [die Stile und Neo-Stile] auf die Schippe nimmt und kippt“[161].

---

157 Claudia Schandt: *Falsch gespielt*, in: Wolfgang Müller (Hrsg.): *Geniale Dilletanten*, Merve Verlag, Berlin 1982, S. 32. Man beachte die absichtsvoll dilettantische Schreibweise des Titels: *Dilletanten*.

158 Bazon Brock: *Bildjournalismus als...*, a.a.O., S. 67; Form- und Materialgerechtigkeit eliminieren nach Brock das Ästhetische. Der „gute Künstler“ zeichnet sich für ihn gerade dadurch aus, daß er nicht die optimale Übereinstimmung der beiden Ebenen von „Denken und Sprechen, Anschauung und Begriff sowie Zeichen und Bezeichnetem“ herstellt. Das Ästhetische wird dabei als bewußt empfundene Differenz, als spannungsreiches Mißverhältnis verstanden.

159 Das richtet sich gegen Kants Ästhetik, nach der das ästhetische Urteil auf dem freien Spiel der Gemütskräfte in formaler Übereinstimmung von Einbildungsvermögen und Begriff beruht.

160 Heliod Spiekermann: *frech und...*, a.a.O., ohne Seitenzahlen

Der Ansatzpunkt des Ästhetischen ist bei Kippenberger tatsächlich keine (!) bloß affirmative „Aneignung" der Stile und Neo-Stile. Eine affirmative Aneignung wäre das, was im allgemeinen als postmoderne Plünderung der Kunstgeschichte bezeichnet wird. Der Gegenstandsbereich der (postmodernen oder posthistorischen) Aneignung ist prinzipiell nur durch die beschränkten Kenntnisse des Künstlers in bezug auf die Kunstgeschichte begrenzt.

Unvollständige und fehlerhafte Aneignungen können bei Kippenberger jedoch auch als eine persönliche „Um"- oder „Abwertung" eines vorgefundenen ästhetischen Kontextes gewertet werden. Ein neuer, nicht bloß persönlicher ästhetischer Kontext kann sich zudem als Differenz zwischen einem „inszenierten Anspruch" (ersichtlich aus den Absichten in bezug auf die Vor- oder Abbildfunktionen der Motive, der Bedeutung bzw. Auslegung der Bildtitel und Bildsätze und aus dem öffentlich verlautbarten Künstlerselbstverständnis) und der „Art der Darstellung" erstellen lassen.[162] Die Rezipienten müssen die Art der Darstellung aus den Produkten erkennen können. Die Art der Darstellung läßt sich aus den dilettantischen Produkten besonders auffällig ablesen, weil die Darstellung als Darstellung erkennbar bleibt (kein Illusionismus, keine formale Selbstgenügsamkeit etc.).

Ein ästhetisches Urteil des Rezipienten bedarf dann aber noch der genauen Kenntnis (oder Unterstellung) eines vom Künstler oder Rezipienten inszenierten Anspruchs, und zwar in Relation zu einer Analyse der Art der Darstellung.[163] Es geht dabei nicht um den Nachvollzug eines selbstgefälligen Subjektivismus der Künstler, sondern um die völlige Offenlegung des Problems ästhetischer Entscheidungen!

---

161 Ebd.

162 Die Art der Darstellung läßt sich immer erst beschreiben, wenn ein konkreter Anspruch in bezug auf das Dargestellte erhoben wird! Erst unter Berücksichtigung dieses (unterstellten) Anspruchs kann dann beispielsweise auf eine regelfreie Produktion des Darstellens rückgeschlossen werden. Die künstlerische Tätigkeit des Darstellens führt schließlich immer zu dem, was dargestellt scheint: Aber was ist dargestellt? Darstellen sollte hierbei in einem doppelten Sinne verstanden werden. (Vgl. Vilém Flusser: *Abbild – Vorbild*, in: Christiaan L. Hart Nibbrig [Hrsg.]: *Was heißt ‚Darstellen'?* Suhrkamp Verlag, Frankfurt am Main 1994, S. 35: „‚Darstellen' heißt entweder, ein Abbild von dem zu machen, was ist, oder ein Vorbild für das, was sein soll.") Zwei Fragen sind damit entscheidend. Erstens: Inwieweit kann eine dilettantische Darstellung den Bezug zu ihrem Abbild oder Vorbild überhaupt noch deutlich machen? Zweitens: Mit welchem Anspruch ist das Dargestellte dargestellt? Aus der Verbindung dieser Fragestellungen konstituiert sich das Ästhetische als Differenz. Es kann nicht allein aus den Bildern heraus aufgezeigt werden.

163 Vgl. hierzu übereinstimmend Diederichsen: *Virtueller Maoismus*..., a.a.O., S. 37: „Die wahrnehmbare Differenz zwischen dem unter den gegebenen Verhältnissen Sagbaren und den [...] angedeuteten Absichten mache sozusagen [...] Schönheit aus."

„Kippenberger [...] negiert das Ziel einer Fortschrittslinie, der auch Künstler dienten. Kippenberger dient dem nicht, sondern vor allem dem – sich, dem – mich, dem – mir, dem – mein-, dem Clan und seiner Fangemeinde, kurz seinem *Privatismus*, dem ‚Ismus' – der Jahrtausendwende."[164] Zumindest auf eine Intention kann man aus diesem inszenierten Anspruch rückschließen: Soziale Alltagsrealität als Zustandsbeschreibung der Gesellschaft der 80er Jahre soll exemplarisch dargestellt werden. Kippenberger löst seine privaten Geschichten und seine Auswahl der Medienrealität derart in Kunst auf, daß innerhalb des Kunst-Kontextes kein bedeutender Konsens, kein sinnvolles Verständnis mehr möglich erscheint. Konsensverzicht und der Verlust eines sinnvollen Verständnisses können dann wieder auf/als ein Paradigma der sozialen Gesellschaft rückbezogen werden: Das Gewahrwerden des „Falschen", „Fehlerhaften", „Peinlichen" und „schlecht Imitierten" soll der Darstellung der „schlechten Realität" zugerechnet werden. Das alles kann dann nicht mehr als mangelhafte Gestaltung empfunden werden, sondern als Bestandteil des realistisch Dargestellten! Folgt man diesem Gedankengang, dann kann man hierin einen reaktionären Glauben an die Wirkungsmöglichkeiten der Kunst erkennen: Kunst muß provozieren oder zumindest irritieren können, und dazu dient auch der Dilettantismus. Diese Kunst will vor allem nicht in bezug auf andere Kunst irritieren, sondern Irritationen als das Dargestellte darstellen.[165] Die Irritationen der Kunst sind dann so undurchschaubar und vielfältig wie die Realität empfunden wird und angeblich ist. Neben dem Dilettantismus ist vor allem die Komplexität der mehrfach gelagerten Erzählstrukturen der Installationen Kippenbergers dafür verantwortlich, daß das Ästhetische als eine Differenz zwischen einem inszenierten Anspruch und der Art der Darstellung immer in Beziehung zu Dissenstheorien steht oder zum Glauben an die Undurchschaubarkeit der Wirklichkeit führt.[166] Wenn das Ästhetische aus der Differenz hervorgehen soll, dann kann der inszenierte Anspruch der Bilder eben nicht aus der Art der Darstellung herausgelesen bzw. bestätigt werden. Die Differenz würde sich sonst selbst auflösen und das Ästhetische verschwin-

---

164 Heliod Spiekermann: *frech und...*, a.a.O., ohne Seitenzahlen

165 Der inszenierte Anspruch kann dabei die angebliche Erkenntnis einer Irritation und die Art der Darstellung das Provozieren von neuen Irritationen des Dargestellten sein. Ein Autismus?

166 Vgl. hierzu: Bazon Brock: *Bildjournalismus als...*, a.a.O., S. 77: „Und was dann? Dann hätten wir die Chance, unsere Gegenwart schon als ihre eigene Nachwelt zu erleben, weil wir uns selber völlig fremd geworden wären; denn das eben ist die Aufgabe bedeutender künstlerischer, wissenschaftlicher und journalistischer Arbeiten, uns zu der Offenbarung zu zwingen, daß wir diese Welt nicht mehr verstehen." Vgl. parallel hierzu: Diedrich Diederichsen: *Das kaufe...*, a.a.O., S. 71: „Andererseits ziehe ich das [...] systemerhaltende Beichten dem Sich-Einrichten in der Lüge als lästigen, geistlosen, aber ebenso notwendigen, mutigen, richtigen ersten Schritt vor."

Abb. 17 Installation in der Paris Bar, Berlin 1981 – 1991, mit einer Auswahl der Bilder, die Kippenberger 1976/77 in Florenz gemalt hat, Öl auf Leinwand, je 60 x 50 cm

den. Zwei Bildbeispiele sollen nun herangezogen werden, um das Bestehen dieser Differenz zu veranschaulichen.

Kippenbergers erste Bilderserie *Uno di voi, un tedesco a Firenze*, die 1976/77 während seines sechsmonatigen Arbeitsaufenthaltes in Florenz entstand, umfaßt als Ganzes dreiundachtzig Bilder, siehe Abb. 17. Die Bilder haben ein einheitliches Format (60 x 50cm) und sind fast ausschließlich schwarzweiß gemalt. Der Eindruck, der aus der strengen Beschränkung auf ein einheitliches Format und aus dem puristischen Verzicht auf die Farbe hervorgeht, findet überhaupt keine Entsprechung in den extrem unterschiedlichen Malweisen, den uneinheitlichen Größenverhältnissen der Bildmotive oder den unzusammenhängenden Bildausschnitten bzw. Bildkompositionen. Die Auswahl und Reihenfolge der Bildmotive obliegt – so scheint es zumindest – einer willkürlichen Setzung. Dient die Gesamtheit der Bilder trotzdem der Vermittlung eines persönlichen Erfahrungsberichtes von Kippenbergers Florenzaufenthalt? Der Betrachter kann die Vermischung von Privatem und Allgemeinverständlichem vielleicht nachvollziehen, die einzelnen Bildmotive kann er jedoch kaum identifizieren und einordnen.

Die ästhetische Differenz resultiert aus der Unfaßbarkeit dokumentarischer Vielfalt, mit der exemplarisch die Unmöglichkeit eines zusammenhängenden Erlebnisberichtes dokumentiert wird.[167] Diese Offenheit steht wiederum der konzeptuellen Beschränkung der Bildformate, der abstrahierenden, schwarzweißen Malerei und der schematischen Rasterstruktur des Bildertableaus entgegen. Jedem einzelnen Bild, dessen Informationsgehalt nicht mehr einzuholen ist, wird ein vergleichbarer Platz zugewiesen. Die Art der Darstellung verliert sich nicht in einem ästhetischen Selbstzweck, sondern läßt eine Differenz zum inszenierten Anspruch – Bildmotive dokumentieren zu wollen – erst aufkommen. Die Funktion der persönlichen Sinngebung und die Bedeutung der zugrundeliegenden Motive haben durch den medialen Wechsel zur Malerei ihren autobiographisch/dokumentarischen Kontext verloren. Das Ästhetische besteht in der medialen Selbst-Thematisierung, ohne hierfür einen bestimmten Wert in Anspruch zu nehmen. Das ist das Resultat aus dem Scheitern dokumentarischer Ansprüche[168] und dem gleichzeitigen Verzicht auf ästhetische Regeln.[169]

„Mit seinen dick gemalten Ölbildern, die alle das Schablonenhafte nachgemalter Photographie haben, registriert Kippenberger seine Umwelt: den Ponte Vecchio, eine Boutique, die Tauben auf der Piazza Signoria. Unterschiedslos wird behandelt, was ihm nah ist, der Geburtstagskuchen genauso wie der Tisch, an dem er arbeitet, und was als Medienklischee in weite Ferne rückt: das Plakat für einen Landserfilm [...]. Schon mit seiner ersten Bilderserie er-

167 Jedes einzelne Bild innerhalb der Bilderserie illustriert einen konkreten Kontextentzug. Es ist von seinem jeweiligen Entstehungsgrund unwiederbringlich abgetrennt.

168 Kippenberger verwendete als Bildvorlagen ausgeschnittene Zeitungsabbildungen und von ihm selbst angefertigte Photographien, durch die er seinen Florenzaufenthalt dokumentiert sah. Die Weiterverarbeitung des Materials bzw. die Produktion der Bilder thematisiert die Konstruktion und Dekonstruktion persönlicher Geschichte. Dies geschieht durch die Transformation eines willkürlichen Archivs für persönliche Zeitgeschichte in Kunst. Der Eindruck abgemalter Photographien verdeutlicht die unterschiedlichsten Perspektiven des Dargestellten und stellt die Maßstabsverhältnisse in Frage. Der Informationsgehalt und die Bedeutung von Fakten bzw. Gegebenheiten im Rahmen eines künstlich/willkürlich strukturierten Bildergedächtnisses stehen zur Disposition.

169 Das läßt sich beispielsweise im Unterschied zu Gerhard Richters malerischer Produktion betrachten. Richters Art der Darstellung, wie er sie in den 60er Jahren entwickelte, führt ihn zwar ebenso wie später Kippenberger zu einer Selbstthematisierung der Malerei. Es wird dabei auf eine mehr oder weniger „realistische“ Art der Darstellung nicht verzichtet. Richter gelangte jedoch im Gegensatz zu Kippenberger zu ästhetischen Regeln oder Parametern, die von ihm strikt eingehalten werden. Richters spezifische Verwendung des Rakels – vor allem aber seine „Verwischtechnik“ der noch feuchten Farbe mit dem Pinsel – leitet die Betrachtung dieser Malerei (bzw. der gemalten Photomotive) zu immer wiederkehrenden, identifizierbaren Effekten. Dadurch ist zwar noch nichts über die künstlerischen Intentionen ausgesagt, aber der Künstler bleibt als moderner Autor durch die Erkennbarkeit eines individuellen ästhetischen Verfahrens identifizierbar.

weist er sich als Sammler, der Sujets aus den verschiedensten Gründen zusammenbringt: [...] deren Reiz allein darin liegt, daß sie als verschlüsselte persönliche Erfahrung wirken."[170] Schmidt-Wulffen deutet unter Berücksichtigung der Künstleräußerungen den inszenierten Anspruch dieser ersten Bilderserie so: „Aus dem Motiv-Potpourri ergab sich eine Art von Geschichte. ‚Das war dann *Uno di voi, un tedesco a Firenze*.'"[171] Die Abfolge und die Orte der Geschichte lassen sich im nachhinein aber nicht weiterverfolgen oder überprüfen. Der Rezipient wird auf das Ästhetische aus der Differenz verwiesen.

Die Preisbilder, 1987, thematisieren in vorbildlicher Weise eine Differenz zwischen inszeniertem Anspruch und Art der Darstellung, siehe Abb.18 und Abb. 18a.

Die Bilder sind uneinheitlichen Formates (beispielsweise *3.* und *5. Preis*: 90 x 75 cm; *1.*, *2.*, *4.*, *6.–10.*, *15.* und *17. Preis*: 180 x 150 cm; *11.–13. Preis*: 300 x 245 cm). Die Malmaterialien sind ebenfalls unterschiedlich: Zumeist Öl, aber auch Acryl, Lack, Haferflocken, Silikon und Siebdruck. Der Malgrund ist bis auf das *8. Preisbild* (Jeans) und das *17. Preisbild* (Sackleinen) Leinwand.

Die einzelnen Bilder lassen sich mit unzähligen Tendenzen der Kunst des 20. Jahrhunderts in Verbindung bringen, vor allem aber mit den geometrischen und postgeometrischen Entwicklungen der 60er bis 80er Jahre. Ein Ikonograph des Alltags könnte auch die Flächenaufteilung eines Geschirrtuches dargestellt finden. Der Gebrauch ungewöhnlicher Materialien (Jeans, Haferflocken) kann nicht als Anzeichen für eine „realistische" Darstellungsabsicht gelesen werden. Den Materialien kommt keine eindeutige Bedeutung zu. Die Feststellung, daß Sand, Kies und viele andere Materialien für bildimmanente Strukturzusammenhänge schon seit vielen Jahrzehnten verwendet werden, hilft einer Interpretation kaum weiter. Bedeutender als die vagen ikonographischen Anspielungen der einzelnen Bilder und weitreichender als die relativierende Funktion der Bildmaterialien scheint jedoch die prinzipielle Infragestellung des Einzelbildes zu sein. Die Bilder relativieren sich gegenseitig, obwohl sie einem inszenierten Anspruch unterliegen: hierarchisch geordnete Preisbilder sein zu wollen! Die meisten Bilder der Serie weisen auffällige Referenzbezüge zu den Positionen der geometrisch-abstrakten Malerei auf. Kippenbergers Bilder sind in mehreren Schichten übereinandergemalt. Quadratische oder längsrechteckige Rasterstrukturen mit eigenwilligen Formverläufen und Farbkontrasten dominieren die Bildmotive der Serie. Die teilweise lasierenden Farbschichten bilden variierende Formverläufe und dynamische Farbwirkun-

---

170 Schmidt-Wulffen: *Alles in...*, in: *Tiefe Blicke*, a.a.O., S. 53

171 Ebd.

Abb. 18, Abb. 18a Eine Auswahl der „Preisbilder“, 1987, Öl, Acryl, Lack, Haferflocken, Silikon und Siebdruck. Der Malgrund ist bis auf das „8. Preisbild“ (Jeans) und das „17. Preisbild“ (Sackleinen) Leinwand. Die Bilder sind uneinheitlichen Formates (3. und 5. Preis: 90 x 75 cm; 1., 2., 4., 6.–10., 15. und 17. Preis: 180 x 150 cm; 11.–13. Preis: 145 x 245 cm)

gen. Dadurch wird der geometrische Rastereindruck relativiert. Anleihen an Palermo sowie Bezüge zu Günter Förg sind unübersehbar.[172] Trotzdem ist mit Kippenbergers Bilderserie keinesfalls eine kunstimmanente Variation des Quadrates thematisiert, denn schon das *1. Preisbild* weist einen großen Formenreichtum auf, der nicht an Quadrat und Rechteck gebunden ist. Zum Teil erscheinen die Formübergänge in Strukturen, die an graphische Computerprogramme erinnern. Einzelne Flächen sind farblich nahezu plastisch moduliert, so daß weder eine klar räumliche noch eine rein flächige Gestaltung vorherrscht. Im *9. Preisbild* finden überhaupt keine geometrischen Formen Verwendung. An Steine erinnernde, voluminöse Gebilde schweben vor einem Lichtkegel in weiter Ferne. Es wird eine große Tiefenwirkung suggeriert.

Was ist die Bedeutung und der Sinn der *Preisbilder* und wie läßt sich eine Differenz zwischen künstlerischem Anspruch und Art der Darstellung aufzeigen?

Auffällig sind die in die Bilder hineingemalten Bildtitel.[173] Als eigener Bestandteil der Bilder betonen sie einerseits das Serielle der Bilderserie, andererseits verstärken sie die Frage nach dem Thema der Bilder. „Auf ein absichtlich schlecht gemaltes Bild schreibt Kippenberger den Titel ‚77. Preis'. Verstanden als Bewertung eines albernen Malwettbewerbs – und nichts anderes ist die Vermarktung von Kunst – ist diese ‚Auszeichnung' traurig genug. Dieses Bild könnte aber auch als ‚Trostpreis' für irgendeinen anderen, noch kleinlicheren Wettbewerb vergeben werden, und das ist eben nur noch gemein [...]."[174] Bedeutsam an der voranstehenden Kritikeräußerung ist die ambivalente Spekula-

---

172 Signifikant ist beispielsweise ein Formvergleich des *5.* und *15. Preisbildes* mit Palermos *Flipper*, 1965, siehe Abb. 19. Die prägnante, nahezu quadratische Rasterstruktur von Palermos *Flipper* wird durch eine asymmetrische Verrückung des Bildmotives an der linken und der rechten Außenseite aufgehoben. Bei der Betrachtung des Bildes von Palermo drängen sich Fragen nach der Bildordnung und dem ästhetisch-harmonischem Gleichgewicht auf. Das Bildmotiv kann, neben den Referenzbezügen zu Piet Mondrians Bildern und zu anderen abstrakt-geometrischen Positionen, aber auch eine konkrete Abbildfunktion erfüllen. Einen Hinweis in diese Richtung gibt Palermos Bildtitel: *Flipper*. Dieses Bild kann dadurch als eine konkrete Darstellung einer Detailansicht der Frontplatte eines Spielautomaten angesehen werden. Kippenberger macht sich zwanzig Jahre später ebenfalls das Spiel der geometrischen Bildordnung und der Strukturverletzung zu eigen. Auch seine Titelgebung ist mehrfach kodiert. Im Gegensatz zu Kippenberger beschränkte Palermo jedoch die bildnerischen Mittel, so daß er den Eindruck genau kalkulierter Kontrastmittel erreichte.

173 Die Bildtitel, die an jeweils zentraler Stelle in die Bilder hineingemalt sind, werden zu einem Bestandteil des Bildgefüges. Dieser Eindruck wird auch dadurch unterstützt, daß die Buchstaben nicht in Schreibschrift, sondern in Druckbuchstaben verfaßt sind. Der Schreibschrift heftet der Eindruck einer flüchtigen, subjektiven Konnotation an. Druckbuchstaben hingegen deuten auf eine Einordnung des Geschriebenen in einen allgemeineren Kontext hin. Sie verweisen in gewisser Weise immer schon auf „Öffentlichkeit".

174 Nikola Henze: *Martin Kippenberger: Bissige Bilder, respektlose Kunst*, in: Potsdamer Morgenpost, 12. Juni 1994, S. 26, anläßlich der Einzelausstellung: *Das 2. Sein*, Brandenburgischer Kunstverein Potsdam

Abb. 19 Palermo: „Flipper“, 1965, Ölfarbe auf Leinwand, 89 x 69,5 cm

tion über die angebliche Pragmatik des Bildes. Es werden dem Bild damit zwei inszenierte Ansprüche unterstellt:

Einerseits soll es ein preisgekröntes Bild darstellen, andererseits ein Geschenk für eine Preisverteilung sein. Unverständlich – aber zugleich signifikant – ist in diesem Zusammenhang die Behauptung der Kritikerin, es müsse sich bei dem Bild um ein „absichtlich schlecht gemaltes Bild“ handeln. Das ist aber in keiner Weise folgerichtig. Denn kein Hinweis innerhalb der Ausstellung[175] und keine Künstleräußerung stützen die Unterstellung des Anspruchs, absichtsvoll ein schlechtes Bild gemalt zu haben. Ebenso könnte man schließlich den Standpunkt vertreten, daß die Bilder nur „absichtsvoll schlecht“ wirken, nicht aber sein sollen.

Der Sinngehalt des Bildtitels und die Art der Schriftgestaltung, wie sie innerhalb des Bildgefüges erscheinen, können jedenfalls als eine kritische Irritation bzw. als innerbildliche Relativierung der malerischen Motivgestaltung

175 Die Einzelausstellung: *Das 2. Sein* zeigte ausschließlich Arbeiten Kippenbergers aus der Sammlung Grässlin. Das Ausstellungskonzept sah eine retrospektive Inszenierung vor, mit der ein repräsentativer Querschnitt der künstlerischen Produktion Kippenbergers seit den späten 70er Jahren erstellt wurde.

und der malerischen Stilmittel aufgefaßt werden. Die Qualität der Bilderserie beruht dann auf der malerischen Vielfalt. Diese Vielfalt bedarf aber des aufgemalten Anspruches, das malerische Werk mit einer hierarchischen Wertung zu versehen: der Preisvergabe. Thema der Bilder könnte also sein, die Konsequenz aus der malerischen Vielfalt offensichtlich werden zu lassen. Gemeint ist hiermit die Aufgabe jedes vergeblichen Versuches, die Bildmotive zusammenfassen zu wollen. Die ästhetische Differenz bildet sich zwischen der offensichtlichen Vielfalt und dem inszenierten Anspruch, für die Preisverleihung eine Hierarchie aufstellen zu müssen, aber nicht zu können. Die Preisverteilung scheitert an dem offensichtlichen Mangel an Beurteilungskriterien. Es ist nicht möglich, eine qualitative Bewertung nachvollziehbar zu machen.

Ein Rezipient, der behauptet, die Bilder seien „absichtlich schlecht" oder absichtslos gemalt, kapituliert vor seiner eigenen Kriterienarmut in Hinsicht auf eine Beurteilung und wertet sie vielleicht nur deshalb ab. Ist dies der Fall, so unterstellt man damit den Bildern einen „falschen Anspruch", denn man verwechselt dann das Thema und das Dargestellte mit der Art der Darstellung.

Selbstverwirklichung zynischen Spießertums oder sinnlose Provokation?

„Für einen kurzen Moment blitzte in der Kunstentwicklung dieses Jahrzehnts ein ‚Neuer Zynismus' als befreiende Haltung in der westdeutschen Kunstszene auf. Martin Kippenberger, Albert Oehlen, Werner Büttner schufen am Beginn der 80er Jahre sarkastische Werke mit einer befreienden Energie. [...] Doch schon bald verfiel diese Haltung in ein eher müdes Weitermachen [...]. Was sich bis heute dabei als Zynismus geriert, ist bei genauerer Betrachtung jedoch kaum etwas anderes als die Selbstverwirklichung eines deutschen Spießers."[176]

Die Untersuchung inszenierter Ansprüche, die anhand der Bilder gestellt bzw. an die künstlerische Produktion gerichtet werden, führt zu der Frage: Wer steht dahinter, wer ist verantwortlich für diese Fülle von inszenierten Ansprüchen und Gestaltungsweisen? Mit der obenstehenden Äußerung unternahm 1989 der Kritiker Wolfgang Max Faust den Versuch, diese aporetische Situation innerhalb einer bestimmten „Kunstszene" zu historisieren. Weitere

176 Wolfgang Max Faust: *Der Künstler als exemplarischer Alkoholiker*, Wolkenkratzer Art Journal, Nr. 3, Frankfurt am Main Mai/Juni 1989, S. 20

Versuche in dieser Richtung wurden und werden bis weit in die 90er Jahre rückwirkend vollzogen. Sie verdeutlichen eine Tendenz der zeitgenössischen Rezeption, die das künstlerische und soziale Umfeld Kippenbergers bewerten und historisieren möchte. Einige Interpreten unterstellen Kippenberger beispielsweise eine „von Paranoia getriebene Leidabwehrstrategie: Je mehr Horror des Alltäglichen in die Bilder eingeht, umso deutlicher kann sich der Künstler vom angeeigneten Lebensmodell der anderen abtrennen: ‚Das ist der große Trick überhaupt... Ich bin normal, ich bin arschnormal...' [...]."[177]

Eine reale Selbstidentifikation des Künstlers mit dem sozialen Gegenstand seiner Betrachtung ist nicht beweisbar. Sie wird jedoch von vielen Kritikern unkritisch vorausgesetzt. Dies geschieht immer dann, wenn Kippenberger schließlich doch wieder von dem von ihm angeblich „angeeigneten Lebensmodell der anderen" losgelöst werden soll, um seine künstlerische Produktion als „kalkulierte Koketterie mit den allzumenschlichen Schwächen"[178] interpretieren zu können. Seine kreativen Eingriffe waren bloß ein kalkulierter Spaß gewesen. Provokation wird zu einer Art „Haßliebe – Konfrontation und zugleich Affirmation als Ersatz für ein unterschwelliges Feindbild zur Herstellung der eigenen Ordnung"[179]. Die genannten Äußerungen negieren von vornherein einen möglichen kritischen Ansatz des Künstlers in bezug auf die bürgerliche oder nachbürgerliche Gesellschaft. Die Kritiker, die sich dieser Tendenz anschließen, verbinden die Person Kippenberger zumeist auch noch mit einer schematischen Typisierung, die der traditionellen Vorstellung des Kleinbürgers zu entsprechen scheint. Man kann dann mit Hans Magnus Enzensberger argumentieren: „Der Kleinbürger will alles, nur nicht Kleinbürger sein. Seine Identität versucht er nicht dadurch zu gewinnen, daß er sich zu seiner Klasse bekennt, sondern dadurch, daß er sich von ihr abgrenzt, daß er sie verleugnet. [...] Der Kleinbürger, das ist immer der andere."[180]

---

177 Harald Fricke: *Schlüpferstürmer*, a.a.O., S. 44; Zitat im Zitat: Martin Kippenberger: *B Gespräche mit...*, a.a.O., S. 70. In dem von Jutta Koether geführten Interview begründet Kippenberger, warum er bis heute noch Kirchensteuern zahlt. „Jeder sollte ne anständige Kirche haben. [...] Wenn du was gegen dich gerichtet hast, dann mußt du kämpfen." Der Kontext ergibt eine inszenierte Selbstdarstellung. Aus der oben zitierten Äußerung erfährt der Leser weiter: „[...] ich bin der Arsch... von Deutschland, ich bin das Normalste vom Normalen." Die überdeutliche Selbstinszenierung des Künstlers, mit ihrem derben Sprachduktus, steht exemplarisch für ein drastisches Angleichen an die Gewohnheiten des (Spieß-)Bürgers.

178 Harald Fricke: *Schlüpferstürmer*, a.a.O., S. 44

179 Ebd.: „Seine Malerei ist eine Anhäufung von Banalitäten aus 70er-Jahre-Karstadt-Kultur und Elendstypen, der damit verbundene Gesellschaftsbackground wird als dilettantisch, häßlich und unkreativ bloßgestellt."

180 Hans Magnus Enzensberger: *Von der Unhaltsamkeit des Kleinbürgertums. Eine soziologische Grille*, in: ders.: *Politische Brosamen*, Suhrkamp Verlag, Frankfurt am Main 1982, S. 199; die folgenden Zitate ebd.

Es läßt sich nicht entscheiden, ob Kippenbergers Verhalten selbst der Kleinbürger-Mentalität zuzuordnen ist. Oder thematisiert er sie bloß? Seine Arbeiten zehren oftmals von jenem „sonderbaren Selbsthaß", der dieser Gesellschaftsschicht als „Tarnkappe" dient, unter der sie sich „fortgesetzt selbst in Frage stellt"[181]. Solidarisches und kollektives Handeln kommen für den Kleinbürger nicht in Frage, er setzt sich lieber seinen eigenen Selbstzweifeln aus. Trifft das auch auf Kippenberger zu?[182] Oder weiß er das „gestörte Selbstbewußtsein dieser Klasse"[183] nur zu nutzen, indem er es darstellen möchte? Auf jeden Fall läßt sich vermuten, daß die Vorstellung eines selbstzweifelnden, orientierungsbedürftigen und identitätsgestörten Kleinbürgers einen effektvollen Adressaten für Kippenbergers Polemiken und Irritationen abgeben könnte. Meint Kippenberger tatsächlich den Kleinbürger, auf den seine Provokationen zutreffen sollen?[184] Eine positive Antwort wäre gut verständlich. Wer sollte sich an den Peinlichkeiten, Irritationen und dilettantischen Aneignungen sonst noch stoßen? Ein selbstgefälliger Hedonist kann darauf verzichten, der sucht ohnehin etwas anderes: Fun. Ein erkenntnisgewillter Rezipient, der an eine höhere Wahrheit innerhalb der Kunst glaubt, findet hier ebenfalls fast nichts. Ein Rezipient, der Kunst nur mit Kunst vergleicht, verliert hier schnell die Orientierung. Wer bleibt übrig?

Kippenberger malte 1984 das Bild *Ich kann beim besten Willen kein Hakenkreuz entdecken*, siehe Abb. 20.

Der Künstler inszeniert mit dem Bild eine Überforderung der Semiotik. Man könnte dies zunächst als ein harmloses Spiel mit der Semantik (oder als präzise Grenzziehung vor der Indifferenz des Bildmotives)[185] beschreiben. Der Titel regt einen Sehvorgang an. Das Sichtbare verbleibt in der Imagination: Es ist tatsächlich kein Hakenkreuz zu entdecken, obwohl die Formen sich

181 Ebd., S. 202

182 Ebd., S. 201: „Kleinbürger waren es, die das Abziehbild vom Spießer entwarfen, und aus Kleinbürgern hat sich ganz überwiegend die Bohème rekrutiert, deren Spezialität es war, andere Kleinbürger zu erschrecken."

183 Ebd.

184 Dann wäre die Kippenberger von Diederichsen unterstellte Intention (in: *Das kaufe...*, a.a.O., S. 70), „unaufhörlich auf der Suche nach einem moralischen Ort in der Kunst" zu sein, vielleicht nur eine Strategie des Künstlers, mit deren Hilfe das Interesse des imaginären Adressaten geweckt werden soll. Gesucht wäre trotzdem eine künstlerische Produktion, die (ebd.) „antiidealistisch materialistische Trostlosigkeiten für das bürgerliche Publikum so niederschmetternd formulieren können soll, wie es ein Pissoir [Referenz an Duchamp] einst gekonnt haben soll".

185 Präzise ist die Grenzziehung deshalb, weil die Formelemente einerseits ihre malerische Eigenständigkeit behalten, während sie andererseits einem fremden Kontext (Bildtitel) zugehörig erscheinen, ohne eindeutig einer bestimmten Semantik (des Bildes) dienstbar gemacht werden zu können.

Abb. 20 „Ich kann beim besten Willen kein Hakenkreuz entdecken", 1984, Öl und Silikon auf Leinwand, 160 x 133 cm

anscheinend zu Hakenkreuzen zusammenfügen könnten. Der Fehlschluß eines Rezipienten, der möglicherweise dennoch eine Verbindung zwischen dem real sichtbaren Formgefüge und dem Bildtitel (der übrigens einer „blinden Behauptung"[186] nahekommt) herstellen möchte, zeugt nach Ohrt von „diesem Willen, einen Zusammenhang zu sehen, wo keiner ist".[187]

Das Bild scheint folgenden Anspruch zu erheben: Das Publikum soll zu einer unmittelbaren Reaktion provoziert werden.[188] Nimmt man diesen An-

---

186 Vgl. Roberto Ohrt: *Im Bordell waren immer nur die anderen. Keine Kippenberger-Debatte*, in: Die Beute. *Politik und Verbrechen – Winter 1994/95*, Frankfurt am Main 1994, S. 41; das folgende Zitat ebd.

187 Das ist genau die Ursache, weshalb sich die Kritiker immer noch über Kippenberger als Autor des Bildes aufregen können. Einerseits provoziert das Bild eine Stellungnahme zum Reizthema „Hakenkreuz", andererseits findet sich keine eindeutige Position, die durch die Autorität des Künstlers oder durch eine andere Referenz eingenommen werden könnte. Wer ist das „Ich", von dem der Titel spricht? Der Künstler oder ein zitiertes Ich? Worin besteht der „beste Wille" dieses Ichs? Der Betrachter weiß es nicht. Der Titel dekonstruiert sich selbst, ebenso wie das malerische Formgefüge des Bildes, welches sich nur als reine Malerei selbst gewiß sein kann.

spruch ernst, dann „fordert das Bild" gleichermaßen einen kunstimmanenten und einen gesellschaftspolitischen Bezug, den es selbst nicht einlösen kann, weil das Bild selbst keine Position bezieht.[189] Der Titel muß als konzeptioneller Bestandteil des Bildes angesehen werden. Er läßt dem malerischen Formgefüge eine thematische Präsenz unterstellen, die nicht beweisbar ist. Die abstrakte Unbestimmbarkeit der bildnerischen Mittel, halbplastische Formen, die in einer dynamisierten Anordnung dargestellt sind, können keine semantischen Bezüge eindeutig bzw. bestimmbar offenlegen.

Wenn sich am Ende das malerische Bildgefüge, der Titelsatz sowie die Beziehung dieser Bestandteile (als Bildrealität) selbst dekonstruieren lassen, dann bleibt die Frage: Wozu dient der starke Schlüsselreiz „Hakenkreuz", der im Titel steht?

Um die Dekonstruktion eines Bildes herbeizuführen, bedarf es einer Behauptung und eines Interesses. Das malerische Interesse des Künstlers oder des Publikums könnte jedoch zu gering sein, um einen Diskurs über ein Bild anzuregen und zu erhalten.[190] Das malerische Interesse muß sogar gering gehalten werden, weil das Bild sonst als ästhetischer Selbstzweck dienen (bzw. mißverstanden werden) könnte. Aus produktionsästhetischer Sicht bedarf es einer geschickt gelegten Finte (Schock, Schlüsselreiz etc.), deren Semantik das Bild knapp verfehlt, aber zu ihrem Bezugspunkt werden läßt. Dieser kalkulierte Effekt, das Finden und Hineinarbeiten eines gesellschaftlich unmittelbar

---

188 „Sub-Strategen wie Roberto Ohrt und Diedrich Diederichsen" (Bezeichnung von Fricke: *Schlüpferstürmer*, a.a.O., S. 43) unterstützen und provozieren eine kontroverse Diskussion um Kippenberger. Roberto Ohrt (*Im Bordell waren...*, a.a.O., S. 42) bezeichnet mehrere Kritiker Kippenbergers als Denunzianten. Er folgert: „Sie dekorieren ihre ‚Kritik' mit Hinweisen auf den Gegenstand nur; sie nehmen die Signale, mit deren Verfänglichkeit Kippenberger arbeitet [...] und lassen sie in ihrer reduzierten Signalhaftigkeit für ihre Behauptungen wirken."

189 Die (mit) dem Bild unterstellten Ansprüche und Forderungen beziehen sich auf die Rezipienten, die die Selbstdekonstruktion des Bildes nicht (an-)erkennen. Die absichtsvolle Positionslosigkeit animiert die Kritiker direkt über das Publikumsinteresse zu spekulieren. (Wolfgang Max Faust: *Der Künstler...* a.a.O., S. 20) „Neu ist – mit einem Blick auf Kippenberger und Förg –, daß sich eine solche Mentalität [...], Nazi-Slogans und rassistische Anspielungen [...], die nichts mit Entlarvung gesellschaftlicher Zustände zu tun haben [...], die aus demselben diffusen Milieu, aus dem die Neo- und Altnazis, vor allem aber die Denunzianten stammen [...], im Kunstkontext etablieren konnte." Die Provokation, die der Historiker und Kritiker Faust durch die Person und die Bilder Kippenbergers empfand, überträgt sich auf einen anschließenden Kritikerdialog. Roberto Ohrt kontert fünf Jahre später unter Bezugnahme auf Fausts Textstelle (in: *Im Bordell waren...*, a.a.O., S. 41): „Es waren genau diese paranoiden Aufpasser einer vermeintlich freiheitlichen und besseren Sache, deren Anmaßungen Kippenberger mit Bildern wie ‚Ich kann beim besten Willen kein Hakenkreuz entdecken' schon 1984 angriff."

190 Vergleichbar hiermit ist die Funktion der „belasteten Gegenstände" und der „deutschen Motive", die Markus Lüpertz Anfang der 70er Jahre gemalt hat.

relevanten Schlüsselreizes ist nicht aus dem Bild *Ich kann beim besten Willen kein Hakenkreuz entdecken* wegzudenken, insofern es nicht lediglich ein abstraktes Bild sein soll. Seine historische und qualitative Legitimation müßte das Bild (als abstraktes Bild) in einem ganz anderen Kontext finden.[191] Genau genommen handelt es sich hier weder um abstrakte Malerei noch um ein gegenständliches Bild. Denn selbst wenn man den Bildtitel als notwendigen Bestandteil des Bildes anerkennt, weist er doch nur auf die Abwesenheit eines konkreten Bildmotives hin.

An dieser Stelle soll der Aspekt der offensichtlichen Irritations- und Provokationsabsichten noch etwas verdeutlicht werden. Aus dem weiter oben schon zitierten Text von Wolfgang Max Faust *Der Künstler als exemplarischer Alkoholiker* sowie aus mehreren Artikeln und Rezensionen der 90er Jahre lassen sich Bezüge auf einen Artikel, den Joachim Lottmann im April 1989 in der Zeitschrift Wiener veröffentlichte, entnehmen. Dort schrieb „der landesweit bekannte Lügenbaron Lottmann“[192], daß/wie Kippenberger das „gute alte Beleidigungsprogramm“ seines Künstlerkollegen Günther Förg gutheißt. Faust schreibt über Lottmanns Artikel, er „bediene mit seinen Schilderungen eine Klientel, für die Kunst, Politik, Kultur zum aufgeilenden Entertainment geworden ist“[193]. In Kippenbergers und Förgs öffentlichen sowie privaten Auftritten und Selbstdarstellungen würden „Nazi-Slogans, sexistische und rassistische Anspielungen – ganz im Stil deutscher Stammtischproleten – zu Schaunummern, die der Alkohol verzerrt ermögliche und masochistisch“[194] entschuldige. Faust ordnet diese Beobachtungen seiner Analyse der Kunstszene der 80er Jahre unter: „Schon seit Jahren läßt sich beobachten, wie sich eine bestimmte Kunstszene – analog zu den Hofnarren im Barock – ihre Alkoholiker hält, die für sie fast auf Kommando ‚die Sau rauslassen‘.“[195] Interessant ist, daß sich diese Einschätzung für einen Teil der Kritiker bis weit in die 90er Jahre durchzusetzen scheint: „Die kalkulierte Koketterie mit den allzumenschlichen Schwächen läßt es zu, daß aus antibürgerlichen Witzen ein Rassismus der Mitte spricht.“[196]

---

191 Vgl. auch Peter Weibel (in: Ausstellungskat. *Schock aus heißt das Spiel*, Galerie Peter Pakesch, Wien 1984, ohne Seitenzahlen). Weibel behauptet in diesem Text, daß mit Kippenbergers Bildern den „malerischen Mitteln wenig Eigenwert“ zugebilligt werde. Kippenberger habe das „experimentelle Scheitern der Malerei“ von Anfang an erkannt und dadurch seine Interessen reduzieren können. Ohne von malerischen Problemen abgelenkt zu werden, könne das „Elend als Thema der Zeit“ besser und eindeutiger gemalt werden.

192 Vgl. Roberto Ohrt: *Im Bordell waren...*, a.a.O., S. 44

193 Wolfgang Max Faust: *Der Künstler...*, a.a.O., S. 21

194 Ebd.

195 Ebd.

Im Kunsthaus und Kunstverein Hamburg fand 1988 die Ausstellung *Arbeit in Geschichte – Geschichte in Arbeit* statt, bei der auch Kippenbergers Bild *Ich kann beim besten Willen kein Hakenkreuz entdecken* gezeigt wurde.[197] Das Politmagazin Der Spiegel schrieb über diese Ausstellung: „Symbole und Stilformen des Nationalsozialismus kehren in der jüngsten bildenden Kunst provozierend zurück: Mißverständnisse sind vorprogrammiert."[198] Der Kritiker Karlheinz Schmid warnte: „Wo der klare Blick fehlt, wird dann häufig auf den flüchtigen Effekt gesetzt, etwa auf die rechte Masche. Dafür kann es eigentlich nur Beifall von der falschen Seite geben."[199]

Mit dieser Ausstellung wurde zumindest offenbar, daß sich in den 80er Jahren viele junge Künstler mit rassistischen und nationalsozialistischen Bildmotiven beschäftigt haben, ohne damit eine eindeutige Stellung zur deutschen Geschichte und deren Aufarbeitung bezogen zu haben.[200] Diese thematische Unentschiedenheit – bei gleichzeitigem Interesse an der Funktion der Provokation – wird politisch dann bedenklich, wenn man die Bilder einer „Realismuskonzeption" unterstellt, die sich „nicht durch Stil, sondern durch eine Haltung"[201] der Künstler aufzeigen lassen soll. In diesem Zusammenhang bekommen die provokativen, entgleisenden privaten Äußerungen Kippenbergers erst ihre negative Bedeutung. Wie wäre denn schließlich die private Haltung Kippenbergers von seiner professionellen künstlerischen Haltung zu trennen?

Aufgrund dieser Undurchschaubarkeit und Kriterienlosigkeit wird auch erst nachvollziehbar, weshalb zahlreiche Kritiker zu übereinstimmenden, polemischen Schlußfolgerungen gelangen: „Tatsächlich nutzt Kippenberger die eigenen Lebenswidersprüche von antibürgerlicher Boheme und antibohemistischer Spießbürgerlichkeit als Zeugnis nationaler Identität."[202] „In

---

196 Harald Fricke: *Der Schlüpferstürmer*, a.a.O, S. 44

197 Isabelle Graw wertete im Rahmen ihrer Ausstellungskritik: *Reworking history: It is not enough to „relive" Germany's past*, in: Flash Art, no. 149, Milano/New York 1989, die Wirkungsmöglichkeiten von Kippenbergers Bild, S. 109: „When Kippenberger titles a work *Ich kann beim besten Willen kein Hakenkreutz entdecken*, he holds a mirror up to the official treatment of history, which tries to repress the signs of the past by prohibiting them." Es bleibt am Ende offen, inwieweit Kippenbergers positionslose Dekonstruktion einen weiteren Nutzen beim Nachdenken über Geschichte bringt. „He [Kippenberger] disentangles any certainty about the right way of dealing with the past."

198 Karlheinz Schmid: *Braune Masche*, in: Der Spiegel, Nr. 41, Hamburg 1988, S. 125

199 Ebd., S. 127

200 Rosemarie Trockel ließ beispielsweise Strickpullover mit Hakenkreuzmotiven anfertigen, Wolfgang Flatz kombinierte Hitler-Bildnisse mit Selbstporträts, und Helmut Federle integrierte angeblich „sichtbare" Hakenkreuze in reduziert abstrakte Meditationsbilder.

201 Karlheinz Schmid: *Braune Masche*, a.a.O., S. 125

202 Harald Fricke: *Schlüpferstürmer*, a.a.O., S. 44

den 80er Jahren durfte man das noch. Die Tabuverletzung gehörte zum Programm."[203]

Bedeutend ist zudem, daß auch die Kritiker, die auf Kippenbergers provozierender Vermischung von privatem Bewußtsein und professionell künstlerischer Haltung negativ reagieren, trotzdem entscheidend zu seiner Historisierung beitragen![204] Die Privatperson und der professionelle Künstler Kippenberger konstruieren zusammengenommen erst das gesellschaftliche Leben, auf das sich seine Kunst beziehen lassen soll. Die Aufregung über seine Person sichert die Präsenz in den Medien, auch in der Fachpresse und -literatur. So wird Kunst ein Darstellungsmedium auktorial produzierter Zeitgeschichte.

Unbestimmte Satire

Kippenbergers Arbeiten können nicht einfach als satirische Kunst bezeichnet werden. Sie können weder dieser „Gattung" unterstellt noch kann ihnen mit einer entsprechenden „Empfindungsweise" nachgekommen werden. Trotzdem soll in dem hier interessierenden Zusammenhang ein satirischer Gehalt aus der enttäuschten Erwartungshaltung eines Rezipienten hervorgehen. Die Crux dabei ist, daß sich dieser Satirebegriff lediglich als unbestimmte Form einer ernstzunehmenden Satirevorstellung erkennen läßt. Satire wird allgemein als ästhetische Methode einer (kritischen) In-Frage-Stellung betrachtet. Wichtig ist der feste Standpunkt des Fragenden innerhalb der Satire und die gesellschaftliche Relevanz des In-Frage-Gestellten. Beides kann bei Kippenbergers Arbeiten jedoch nicht eindeutig beurteilt werden. Deshalb kommen hier Schwierigkeiten mit der Bedeutung der Satire auf.

Es werden im folgenden ein Bild und eine Skulptur von Kippenberger zu zwei Grafiken von George Grosz in Beziehung gesetzt. Die Grafiken von Grosz stehen von vornherein in einem satirischen Kontext, der durch Äußerungen des Künstlers eindeutig bestätigt wird. Bei der Untersuchung der Arbeiten Kippenbergers drängt sich dagegen immer wieder die Frage auf, ob es sich hierbei nicht eher um groteske Spielereien handelt.[205]

---

203 Sabine Vogel: *Helmut Newton für Arme*, Die Woche, Nr. 26, Hamburg 23. Juni 1994

204 Kippenberger re-veröffentlichte in seinen Katalogen des öfteren Rezensionen mit vernichtender Kritik sowie Beschwerdebriefe, die zuvor an ihn gerichtet waren.

205 Der Begriff des Grotesken beruht (ebenso wie der Begriff der Satire) auf einem Prinzip der Verfremdung, mit dem der Erwartungshorizont durchbrochen werden soll. Zum Gewahrwerden des Grotesken gehört jedoch im Gegensatz zur Satire keine durchgängige Bildlogik und Über-

Kippenbergers Ölbild *Ohne Titel*, 1990, zeigt in fünfzehn Sequenzen die stets gleiche Szene einer Comic-Zeichnung[206], siehe Abb. 21. Das Bild ist handgemalt, die Wiederholungen weisen nur unbedeutende malerische Differenzierungen auf. Der handwerkliche Aufwand des wiederholten Malvorganges hebt die redundante Bildwirkung hervor. Jedenfalls hätte man unter Zuhilfenahme einer drucktechnischen Wiederholung des Motives die Arbeit einfacher ausführen können. Handgemalt, entsteht der Eindruck evidenter Unökonomie. Farbliche Akzente, die nicht deckenden Farbverschmierungen auf der linken Seite des Bildes sowie die teilweisen Auswischungen der Szenerie auf der rechten Seite, erhöhen den Eigenwert der malerischen Bildwirkung. Die Hervorhebung anscheinend spontan gesetzter, malerischer Akzente tragen zur vereinigenden Bildwerdung einer seriellen Motivwiederholung bei. Dieses Verfahren ist spätestens in den 60er Jahren durch Andy Warhol bekannt geworden. Die Effekte, die die malerische Bildwirkung in das Zentrum der Betrachtung rücken lassen, relativieren den Eindruck der seriellen Motivwiederholung. Die Freilassung des letzten Motivfeldes kann als eine Anspielung auf die Struktur erzählender Bilderfolgen gelesen werden. Die Freilassung suggeriert dann die Frage nach einem sinnvollen Abschluß der Motivfolge.

Die relativ genaue Beschreibung der Bildmittel und der Bildeffekte ist erforderlich, weil die Motivwiederholungen am Ende doch nicht bloß als redundante Bildinformation interpretiert werden müssen. Das Bild kann als malerisch inszeniertes Einfrieren einer Erwartungshaltung gelesen werden. Das Bild läßt sich nicht wie ein Comic lesen. Eine sinnvolle Erzählung und eine Pointe, die aus einer Erzählung hervorgehen könnte, fehlen dem Bild.

Ein weiterer Effekt ergibt sich aus dem zentral in den Zwischenräumen der Motivfolge angeordneten Kreuz. Eine syntaktische Beziehung zwischen dem Bildsatz der Sprechblase „I HATE YOU." und dem Zeichen des Todes (als mögliche Konsequenz des Tötens aus Haß) wäre zwar vorstellbar, ist aber nicht beweisbar. Was bleibt? Die angebliche Provokation der „I HATE YOU." sprechenden Bildfigur wird durch das völlige Ausbleiben einer normalerweise zu erwartenden Reaktion des im Bild angesprochenen Kommunikationspart-

---

tragbarkeit auf die soziale Realität. Die Groteske zeichnet sich durch eine nicht rationalisierbare Welterfahrung aus. Die Groteske setzt inkompatible Darstellungsabsichten und Zeichenbezüge in unmittelbare Nachbarschaft zueinander. Dieser Konfrontation muß dabei kein neuer Sinn abverlangt werden. Dem Rezipienten bleibt zwar die Möglichkeit einer weitergehenden Beschäftigung, Interpretation etc., „bestimmte" Ansprüche, Intentionen oder Darstellungsabsichten kann er jedoch nicht herausfinden. Die Satire bedarf dagegen einer konkreten gesellschaftlichen Bezugsmöglichkeit.

206 Kippenberger teilt der Öffentlichkeit nicht mit, aus welchem Comic seine Vorlage stammt.

Abb. 21 „Ohne Titel“, 1990, Öl auf Leinwand, 240 x 200 cm

Abb. 22 George Grosz: „Blatt 5“ der „Hintergrund“-Grafiken („Ich liebe Dich!“), 1927, Tuschpinsel auf Papier, Vorzeichnungen in verschiedenen Formaten

ners konterkariert. Die Bildfiguren sind dabei untereinander austauschbar, weil sie in ihren Eigenschaften identisch sind. Die Motivwiederholung führt zu einer „negativen Entwicklung“, die als Steigerung einer merklichen Spannung empfunden werden kann. Das leere und letzte Bildfeld bietet keine Lösung oder Pointe und keine Befriedigung einer möglichen Erwartungshaltung. Eine Reaktion auf die penetrante Provokation findet im Bild nicht statt. Das Kreuz (beispielsweise als Zeichen des Todes) steht zwischen den Bilderfolgen und damit außerhalb der Motiveinrahmungen. Als Bildzeichen provoziert es zwar eine syntaktische Gegenbewegung, die sich aber außerhalb der Motivfolgen manifestiert. Letztlich drängt sich, suggeriert durch die Motivfolge, die Frage auf, warum nichts passiert.

Kippenberger äußerte sich in einem Interview zu dem Bild: „Gibts ein Bild in dem Fred-the-Frog-Buch, wo ich ‚n Witze-Peter abgemalt hab, son Comic: I hate you I hate you. Zwei Menschen stehn sich gegenüber mit so Knollennasen und: I hate you I hate you. Vollkommen unvollständig, denn das letzte Bild, die Pointe, die beim Witz der Inhalt ist, hab ich weggelassen, das ist das Einzige ... (*lacht*). Das ist der dann, der Witz, der hält sich dann auch viel länger, der mit Ende offen!“[207]

Äußerungen von Künstlern können durchaus einer strategischen und pragmatischen Funktion nachkommen. Welche Vorstellung von einem Witz könnte von Kippenberger überhaupt gemeint sein? Vielleicht zerstörte der Künstler absichtsvoll einen Witz, bis fast nichts mehr vorhanden war, was sich zu denken noch gelohnt hätte. Seine Äußerungen könnten dann zu einem Versuch des Nachvollziehens dieses Vorganges, der letztlich unmöglich ist, provozieren wollen. Sehen und lesen: dort wo nichts mehr ist. Es stellt sich damit die Frage, ob das Bild lediglich einer nicht mehr nachvollziehbaren syntaktischen Verkürzung (eines dem Rezipienten nicht bekannten Witzes) nachkommt? Das ist genau das, was die Bildfiguren vorführen. Wissen die Bildfiguren dabei etwas, was der Rezipient prinzipiell nicht wissen kann?

1928 veröffentlichte George Grosz die Grafikmappe *Hintergrund: 17 Zeichnungen von George Grosz zur Aufführung des „Schwejk“ in der Piscatorbühne*. Der Untertitel erinnert daran, daß die *Hintergrund*-Zeichnungen im Zusammenhang mit Erwin Piscators Dramatisierung von Jaroslav Haseks Roman *Die Abenteuer des braven Soldaten Schwejk* (1920-1923) entstanden sind.

Die Zeichnungen sollten die Romanfigur Schwejk von dem historischen Kontext des Romans ablösen und mit der Gegenwart konfrontieren. Erinnert sei daran, daß große Teile der öffentlichen Meinung sowie viele Stimmen in

---

207 Martin Kippenberger: *B Gespräche mit...*, a.a.O., S. 150

Kunst und Literatur zur Zeit der Weimarer Republik durch die Folgen einer Radikalisierung der politischen Fronten geprägt waren. Man denke beispielsweise an die kontroversen Diskussionen um die Aufrüstung der deutschen Flotte, die 1928 ihren Höhepunkt erreichten. Nach Neugebauer ergreift Grosz für die „einfachen Männer Partei", die gegen ihren Willen zu Soldaten gemacht werden. Unter Berücksichtigung der Selbstaussagen des Künstlers sowie der Inszenierungsabsichten des Regisseurs folgert sie: „Die Fronten sind bei Grosz klar: Auf der einen Seite steht das schwache Individuum, auf der anderen der Staatsapparat mit seinen starken Pfeilern Militär, Justiz und Kirche [...]."[208]

Blatt 5 der *Hintergrund*-Mappe stellt die „erst nur grimmige, dann haßerfüllte Musterung durch den Militärarzt"[209] dar, siehe Abb. 22. Von der Entscheidung des Militärarztes hängt es schließlich ab, ob das fremdgesteuerte Schicksal des Gemusterten als Befehlsempfänger einer über ihn bestimmenden Macht beginnt.

Bevor nun das oben besprochene Bild Kippenbergers mit der Grafik von Grosz in Zusammenhang gebracht werden soll, muß noch einmal betont werden, daß, im Gegensatz zu den Grafiken von Grosz, Kippenbergers Bild nicht (von vornherein) in einem gesellschaftskritischen Zusammenhang steht.

Man könnte sich auf den Standpunkt stellen, daß der Bildsatz „I HATE YOU." durch die völlig ausdruckslose[210] und dem Ausspruch unangemessen erscheinende Neutralität der Bildfiguren[211] kontrastiert werde. Die Unangemessenheit des Ausdrucks der Bildfiguren und das Ausbleiben einer Reaktion (in bezug auf den Bildsatz) werden durch die Motivwiederholung hervorgehoben. Dadurch wird der Eindruck eines Stillstandes der Erzählfolge erzeugt und die Leseerwartung des Rezipienten enttäuscht.

Dem Vorstehenden entspricht die Funktion des Bildsatzes „Ich liebe Dich!".[212] Dieser Satz steht ebenfalls konträr zu der zu erwartenden Entwick-

---

208 Rosamunde Neugebauer: *George Grosz. Die Macht und Ohnmacht satirischer Kunst*, Gebrüder Mann Verlag, Berlin 1993, S. 146

209 Ebd., S. 129

210 Von einer Physiognomie der Bildfiguren läßt sich kaum sprechen, ebensowenig von einer Charakterisierung oder einem Ausdrucksvermögen, da die Strichzeichnungen bloß schematisch und ausdruckslos gestaltet bzw. aus dem Comic übernommen wurden.

211 Die Zuordnung der Sprechblase zu der linken Bildfigur erscheint zudem willkürlich, da sich die beiden Figuren mit ihren Knollennasen, Punktaugen, in ihrer Kleidung und Kopfbedeckung vollkommen gleichen.

212 Der Grafiktitel, der auf dem unteren Bildrand geschrieben steht, grenzt sich von der ungerahmten Motivfolge nicht ab. Dadurch gelangt er in eine Relation zu der Motivfolge des Bildgeschehens und erhält als Satz eine innerbildliche Bedeutung. Vgl. auch Rosamunde Neugebauer:

lung der Motivfolge: Die Physiognomie erscheint eindeutig wutentbrannt. Die Einzelmotive lassen sich hier jedoch weiter differenzieren und als Reaktionsweisen beschreiben: Zunächst grimmig fragend, dann hämisch, mißtrauisch und schließlich wutentbrannt. Liest man die Bildmotive auf diese Art als fiktiv erzählende Szenenfolge, dann ist die Zuordnung des Bildsatzes ein genau kalkuliertes Kontrastmittel, welches als „zynische Umkehrung“ interpretiert werden kann. Der Motivfolge fehlt eine Auflösung bzw. eine Pointe. Das letzte Einzelmotiv kann trotzdem mit einer gesteigerten Ausdrucksintensität empfunden werden.

Der Bildsatz „Ich liebe Dich!“ läßt sich einerseits als launischer und zynischer Kommentar des Militärarztes begreifen, andererseits könnte mit dem Satz auch eine (zynische) Entgegnung des soeben gemusterten Rekruten gemeint sein. Das Bildgeschehen ist nicht allein aus der Grafik heraus zu verstehen. In diesem Aspekt entspricht es dem Bild Kippenbergers. Grafik und Bild gemeinsam sind zudem der Ausdruck eines inszenierten Machtanspruches.

Mit der Entscheidungsgewalt des Militärarztes (Kontextinformation) läßt sich die folgenlose Ausübung der wiederholten Provokation „I HATE YOU.“ vergleichen. Der zynische Bildsatz „Ich liebe Dich!“ sowie die Provokation „I HATE YOU.“ lassen sich beide auf einen satirischen Gehalt beziehen. Dieser Gehalt ist aber auf Bezüge zu weiteren Kontextinformationen (der Willkür unterstellten Entscheidungsgewalt des Militärarztes) bzw. auf die Feststellung einer enttäuschten Erwartungshaltung des Rezipienten (ersichtlich aus der Frage: Warum passiert nichts?) angewiesen. Auf diese Weise lassen sich mehrfach Widersprüche erkennen, die als satirische Stilmittel gelesen werden können.

Die Machtansprüche der Bildfiguren werden nicht weiter begründet, konkrete Anhaltspunkte lassen sich beiden Bilderfolgen nicht entnehmen. Diese Willkür und latente Unberechenbarkeit trifft auf eine vollkommene Unkenntnis des Bildbetrachters in bezug auf die im Bild angesprochenen Kommunikationspartner. Von den Opfern der latenten Gewalt erfährt man nichts. In Kippenbergers Bild sind zudem die Provokationsabsichten der Bildfiguren austauschbar, da sie in ihrer Darstellung identisch sind. Die konkrete Zuordnung der Sprechblase verdeutlicht nur die willkürliche Rollenbesetzung der Bildfiguren. Weder Bild noch Grafik eröffnen einen Ausblick auf eine mögliche Lösung der Spannung. Die Spannung zeigt sich für den Rezipienten jeweils aus

---

George Grosz. Macht und..., a.a.O., S. 144: „Die persönliche Handschrift und die Plazierung signalisieren, daß der Titel wichtiger Bestandteil des bildsatirischen Ganzen ist, mehr noch, daß Bild- und Textaussage in einem komplementären (Kontrast- oder Kongruenz-) Verhältnis stehen und der Text nicht eine nachgeordnete Funktion hat.“

der Wahrnehmung einer latenten Gefahr. Bildaussage ist (zunächst) die spannungsreiche Frage: Wer ist für diese Gefahren verantwortlich?

Satire wird hier als eine ästhetische Methode der Kritik bezeichnet. Sie inszeniert einen Angriff, der sich gegen Personen, Gruppen, Institutionen oder gegen kurz- oder mittelfristige gesellschaftliche Verhaltensweisen richtet. Sie wendet sich unversöhnlich gegen bestimmte Machtansprüche, Wertvorstellungen und Verhaltensweisen, deren Grundlage sie anzweifelt oder deren Widersprüchlichkeit sie darstellen möchte. Sie kann kaum ein Mittel der Erkenntnis sein, sie stellt vielmehr eine bestimmte Erkenntnis drastisch dar oder gibt einen Sachverhalt der Lächerlichkeit preis. Der Satiriker muß dabei kein positives Gegen-Programm verkünden, er kann meistens selbst keine Handlungsanweisungen geben, „auch wenn er Widersprüche im Objekt überzeugend entlarvt und damit indirekt positive Gegenbilder im Betrachter evoziert"[213]. Ähnlich äußerte sich Helmut Arntzen: „Freilich ist mit dem Hinfall verbürgter Autorität die Satire nicht mehr imstande, das Übel als Abweichung vom festgelegten Guten und Wahren zu behaupten. Sie kann und darf sich nicht mehr expressis verbis auf eine Norm beziehen [...]."[214] Hieraus geht hervor, daß der Vermittlungsprozeß der Satire in der Gegenwart ein labiles Kommunikationssystem darstellt, welches in dreifacher Hinsicht gefährdet ist: Mißverständnis, Unverständnis und Ablehnung des Rezipienten stellen ihre Wirkung in Frage. Die von der Satire bemühten, indirekten rhetorischen Mittel (Irritation oder Enttäuschung der Erwartungshaltung, Umkehrung, Ironie, Metapher, Mensch-Tier-Vergleich und Travestie) müssen in eine realistisch oder zumindest glaubhaft erscheinende, gesellschaftskritische Aussage „rückübersetzbar" sein, ohne autoritäre Sprachgewalt ausüben zu dürfen. Zu eindeutig festgelegt, wäre sie Polemik oder Propaganda.

„Überhaupt schwelgt sie [die Satire] in Verschweigung, Verstellung, Verkehrung [...] des eigentlich Gemeinten, ohne doch jemals das Vertrauen darauf zu verlieren, daß ihr Leser die Ironiesignale zu deuten versteht."[215]

---

213 Ebd., S. 29

214 Helmut Arntzen: *Deutsche Satire im 20. Jahrhundert*, in: ders.: *Literatur im Zeitalter der Information*, Frankfurt am Main 1971, S. 167; Das Problem, wie ein überzeugender satirischer Gehalt zustandekommen kann, und zwar als eine Kritik, die nicht auf einem festen Standpunkt aufgebaut sein muß, führt Kippenbergers Kritiker zum Begriff des Moralisten ohne bestimmte Moral. Vgl. hierzu insbesondere Bazon Brock: *Bildjournalismus als...*, a.a.O., S. 71: „Kippenberger ist Moralist. [...] Moralisten können Gegebenheiten nicht auf sich beruhen lassen, sie werden zur forcierten Stellungnahme getrieben, ganz gleich, wie opportun eine solche Stellungnahme sein mag." Der Moralist ohne bestimmte Moral legt seiner Kritik keine von ihm selbst vorgegebenen erkenntniskritischen Prämissen zugrunde. Die vom Künstler-Moralisten kritisierten Einstellungen und (ebd., S. 73) „Handlungen werden daran gemessen, von welchen Vorgaben sie selber ausgehen und inwieweit sie diese selbstgesetzten Vorgaben tatsächlich ernst nehmen".

Unter „Verschweigung“ läßt sich die aus Kippenbergers Bild hervortretende Frage verstehen: Warum passiert nichts? Unter „Verstellung“ kann man die Reduktion und Aufhebung des Comic-Witzes begreifen. Die Nicht-Reaktion innerhalb des Bildgeschehens ist eine deutliche Form der „Verkehrung“ der Erwartungshaltung. Nur dann, wenn der Rezipient sich dieser Faktoren bewußt wird, kann er die oben besprochenen Widersprüche einer Machtwillkür als Darstellung einer Erkenntnis oder einfach als eine Anspielung auf soziale Realität interpretieren.

Aktualisierende Travestie christlicher Ikonographie – vergebliche Hoffnung auf Provokation und Grenzen der Satire

Eine der populärsten Grafiken von Grosz, Blatt 10 der *Hintergrund*-Mappe, trägt den Titel *Maul halten und weiter dienen*, siehe Abb. 23. Ihren enormen Bekanntheitsgrad verdankt die Kreuzigung Christi, die von der zeitgenössischen Pressekritik *Christus mit der Gasmaske* genannt wurde, ihrer ebenso außergewöhnlichen wie einprägsamen ikonographischen Gestaltung. Blatt 10 wurde allgemein als Provokation empfunden, wenn auch unterschiedlich interpretiert und führte zu einem der bekanntesten Kunst-Prozesse der Neuzeit.[216] Der Prozeß wurde mit reger öffentlicher Anteilnahme kommentiert. Das trug natürlich weiter dazu bei, daß der Bekanntheitsgrad der Grafiken stieg.

Christus ist durch die traditionellen Attribute (Wundmale, Lendentuch, Nimbus und INRI-Zeichen) identifizierbar. Individualisierende physiognomische Merkmale sind nicht erkennbar. Auffällig sind die ungewöhnliche Körperspannung, ein überraschender Bildtext und einige kontextfremde Attribute: Kommißstiefel, durch die die Nägel geschlagen sind, eine Gasmaske, die das Gesicht verdeckt, sowie ein in der linken Hand hochgehaltenes, kleines Kreuz. Diese Attribute travestieren den gewohnten christlichen Bildgehalt. Führen diese Merkmale aber zu einer neuen Bedeutung, provozieren sie eine neue Sinngebung?

---

215 Dietrich Weber: *Die Satire*, in: Otto Knörrich (Hrsg.): *Formen der Literatur*, Kröner Verlag, Stuttgart 1981, S. 322

216 Die Weimarer Republik führte von 1928 bis 1931 gegen George Grosz und seinen Verleger Wieland Herzfelde einen Prozeß wegen Gotteslästerung. Nach mehreren Revisionsverhandlungen und der abschließenden Verurteilung wurden mehrere Grafiken (darunter Blatt 10) und Druckplatten der *Hintergrund*-Mappe eingezogen und die Veröffentlichung verboten.

Aus dem Kontext der *Hintergrund*-Mappe kann entnommen werden, daß die Kreuzigung Christi durch die Hinzufügungen bzw. Travestien aktualisiert und in einen neuen Kontext überführt werden sollte. Im Zusammenhang mit Haseks Roman ist es plausibel, die dargestellte Christusgestalt weder als Kriegshelden zu mißbrauchen noch als duldsam leidenden Märtyrer zu betrachten, sondern als tragisch-komische Figur[217]: Christus aktualisiert als zwangsrekrutierter Bundesgenosse Schwejks. Grosz richtete sich demnach mit den Mitteln der Satire gegen Militär und Kriegstheologie.

Die Widersprüche zwischen der Travestie des (gewohnten) christlichen Bildgehalts, dem offiziellen Gottesbild von Kirche und/oder Regierung und dem Kriegsalltag der Soldaten bedingen unterschiedliche Zuordnungen des Bildsatzes *Maul halten und weiter dienen*, die Ansatzpunkte für Anklagen unterschiedlichster Art bieten. Grosz wurde schließlich vom Weimarer Staat wegen Gotteslästerung angeklagt.

Nach seiner Vorlage ließ Martin Kippenberger 1990 von einem Tiroler

---

217 Bildtitel bzw. Bildsatz zitieren eine Textstelle aus Juroslav Haseks Roman *Die Abenteuer des braven Soldaten Schwejk*. Die Art der Darstellung und der Bildsatz stehen in einem ironischen Widerspruch zueinander und werden durch ihre gegensätzlichen Ansprüche zu einer wirkungsvollen satirischen (Bild-)Waffe.

Abb. 23 George Grosz: „Blatt 10" der „Hintergrund"-Grafiken („Maul halten und weiter dienen"), 1928, Kohle auf Papier, 44 x 55 cm

Abb. 24 „Was ist der Unterschied zwischen Casanova und Jesus: Der Gesichtsausdruck beim Nageln", 1990, Multiple, Aufl.: 7 + 3 Exemlare, Holz und Farbe, 124 x 100 x 20 cm; vgl. auch: „Zuerst die Füße ...", 1990, Multiple, Aufl.: 5 + 1 Exemplare

Holzschnitzer einen gekreuzigten Holzfrosch anfertigen. Anschließend wurden mehrere identische Holzfrösche von einer computergesteuerten Schnitzmaschine hergestellt. Fünf Frösche wurden zusammen unter dem Titel *Was ist der Unterschied zwischen Casanova und Jesus: Der Gesichtsausdruck beim Nageln* in der Jänner Galerie in Wien ausgestellt,[218] siehe Abb. 24. Die Bonner Galerie Erhard Klein vertrieb ebenfalls 1990 ein Frösche-Multiple Kippenbergers unter dem anders lautenden Titel *Zuerst die Füße*.... Anläßlich der Wiener Ausstellung schrieb Robert Schonzeit anerkennend in einer Wiener Zeitung: „Fünf gekreuzigte Frösche zieren ebensoviele Raumecken der Jänner Galerie. Die Galerie ist der natürliche Nachfolger von Kirchen als Ausstellungsort von Kunst, der sakrale Charakter und die geforderte kontemplative Rezeption blieben erhalten. Nur logisch also in einer Galerie, wenn schon keinen Altar, doch wenigstens einen Herrgottswinkel einzurichten."[219] Das Skulpturenensemble besteht aus mehreren Einzelteilen, den hölzernen Froschfiguren, den hölzernen Bierkrügen und aus den Kreuzen, die aus mehreren Leinwand-Rahmenleisten zusammengesetzt sind. Drei der in der Wiener Jänner Galerie ausgestellten Skulpturen waren mit Autolack farbig besprüht (smaragdrot-metal-

218 Kippenbergers Ausstellung *Hotel Hotel zum Letzten*, Jänner Galerie, Wien 1990
219 Robert Schonzeit: *Schwerter zu Zapfhähnen!* in: Falter, Nr. 47, Wien 21. November 1990

lic, moosgrün-metallic, silbergrau-metallic). Die Skulpturen konnten einzeln käuflich erworben werden.

Die mit hölzernen Lendentüchern bekleideten Frösche könnten vorschnell als vorsätzliche Gotteslästerung interpretiert werden. Die heraushängenden Zungen und die an den Händen hängenden Bierkrüge könnten aber auch schlicht als schlechter Witz aufgefaßt werden. „Die schönste Hoffnung ist dann, auf ein Publikum zu stoßen, das noch naiv reagiert und sich provoziert fühlt."[220] Die an die Kreuze geschlagenen Holzfrösche travestieren die christliche Ikonographie. Kippenbergers Skulpturenensemble vereinigt Aspekte der Satire mit Merkmalen der Komik. Der Mensch-Tier-Vergleich (mit dessen Hilfe sich eingefahrene Wahrnehmungszusammenhänge aufbrechen lassen) ist ein gebräuchliches Mittel der Satire. Die christliche Ikonographie wird im vorliegenden Fall zwar travestiert, die Vorstellung des Christentums zugleich jedoch der Lächerlichkeit preisgegeben. Die Verfremdung könnte ein erster Schritt zu einer kritischen oder neuen Sichtweise sein. Der an das Kreuz geschlagene Frosch hat jedoch nur dann eine satirische Bedeutung, wenn er die Christusfigur „ersetzt" und zur Frage führt: Was wird als falsch empfunden oder als Widerspruch erkannt? Robert Schonzeit äußerte hierzu: „Der gekreuzigte Frosch ist leidend, aber besoffen. Kirchliches Brauchtum und der Suff sind in Österreich allemal geeignete Problemlösungsstrategien und gehören untrennbar zusammen."[221] Schonzeits Behauptung nimmt jedoch keinen eindeutigen Bezug zu der Skulptur. Anhaltspunkte, die darauf hindeuten könnten, wer für das Leid der Froschfigur verantwortlich zu machen wäre, sind nicht auszumachen. Nur aufgrund von Zusatzinformationen könnte man mit der Skulptur den Anspruch erheben, daß schlechte Folgen oder Verbindungen zwischen „kirchlichem Brauchtum" und dem „Suff" dargestellt wären. Zusatzinformationen oder Äußerungen des Künstlers in dieser Hinsicht liegen jedoch nicht vor.

Ein satirischer Aspekt ergibt sich aus der Tatsache, daß die Skulpturen von einem „Tiroler Herrgottsschnitzer"[222] angefertigt und computergesteuert reproduziert wurden. Die konzeptionelle Entscheidung, die Skulptur zu vervielfältigen, entspricht insoweit der gewöhnlichen Verbreitung christlicher An-

220 Peter Nesweda: *Harte Zeiten für Tiroler Frösche: Zweimal West und Kippenberger*, in: Der Standard, Wien 8. November 1990; Nesweda führt seine Ausstellungskritik fort: „Österreich ist also noch ein ‚Hoffnungsland' für Provokateure, und Kippenberger scheint sich dessen bewußt zu sein, wenn er in der Jänner Galerie gekreuzigte Frösche ausstellt, die er anläßlich einer Kur in Tirol [...] anfertigen ließ."

221 Robert Schonzeit: *Schwerter zu ...*, a.a.O.

222 Ebd.

dachtsfiguren, so wie es „beim ganzen Heiligenfiguren-Massenramsch der Fall ist“[223]. Kippenberger „potenziert“ durch seine Vervielfältigung keine christliche Vorstellung, sondern einen möglicherweise provozierenden und blasphemischen Gehalt. Zudem ist das christliche Symbol des Kreuzes selbst wiederum als Zeichen wirksam. Das kontextstiftende Kreuz (christliche Ikonographie) ist aus kunstimmanentem Material (Leinwand-Rahmenleisten) konstruiert. Dieses Kreuz ist in gewisser Weise schon von vornherein Zeichen kunstimmanenter Simulation!

Verbindet man die pervertiert angedeutete, christliche Ikonographie im Rahmen der Kunst (die kreuzförmige Anordnung der Rahmenleisten als kunstimmanente Darstellungsart des christlichen Kreuzes) mit der Wirkungsabsicht der Skulptur, so verliert sich jeder konkrete außerkünstlerische Anspruch. Das Zeichen des Kreuzes ist hier zugleich auch Zeichen für das Material der Kunst. Christliche Ikonographie sowie die möglichen Provokationsabsichten des Künstlers werden gleichermaßen auf die Kunst rückbezogen, (ihr möglicherweise unterstellte) gesellschaftlich relevante Ansprüche werden als Illusion entlarvt. Zudem irritiert der Bierkrug. Eine konkrete Wirkungsabsicht verschwindet aus dem Bewußtsein bildimmanenter Zeichensysteme.

Das Bild und die Skulptur Kippenbergers, die in diesem Kapitel besprochen werden, weisen zwar Merkmale der Satire auf, man kann dies jedoch nicht eindeutig (gesellschafts)kritisch belegen. Vordergründig kann man in Übereinstimmung zu Neugebauers Einordnung der Arbeiten von Grosz auch über die Skulptur von Kippenberger sagen: „Die christliche Religion und ihr Moralkodex sind – direkt oder indirekt – die ethische Basis der meisten abendländischen Satiren. Das erklärt die auffallend häufig blasphemische oder obszöne Wirkung von Satire und deren Ahndung.“[224]

Aus den Vergleichen der Arbeiten Kippenbergers mit den Grafiken von Grosz geht jedoch der entscheidende Unterschied hervor: Für den Rezipienten der *Hintergrund*-Mappe liegt bereits ein konkreter gesellschaftskritischer Bezugsrahmen vor, der aus dem konkreten Bildanlaß und der thematischen Eingebundenheit der Grafiken resultiert. Auf diesem konkreten Kontext weiter aufbauend, offenbart sich der satirische Gehalt durch die ironischen Bild-Text-Bezüge und die Travestie bzw. durch die ungewöhnliche Aktualisierung/Anwendung der christlichen Ikonographie. Die Rezipienten des Bildes und der Skulptur Kippenbergers finden dagegen keinen konkreten Kontext vor. Mit dem Bekanntwerden bestimmter Zusatzinformationen oder mit hinzuge-

223 Ebd.
224 Rosamunde Neugebauer: *George Grosz. Macht und...*, a.a.O., S. 31

fügten Behauptungen kann die vom Künstler zerstörte/verkürzte Syntax des Comic-Witzes zur Kenntnis genommen und die Doppelkodierung des Kreuzes (als Anzeichen christlicher Ikonographie und Bestandteil bilderzeugenden Materials) konstruiert werden. Das Kreuz, die Nägel und die Körperhaltung lassen den Frosch als Travestie der Christusfigur zudem erkennbar werden.

Der Grad der Verfremdung (in bezug auf die angespielten Kontexte: christliche Ikonographie, Bildherstellung) und der Grad der Zerstörung/Verkürzung des benutzten Quellenmaterials (Comic) lassen jedoch offenbar werden, daß ein satirischer Gehalt bestenfalls nur in einer unbestimmten Form aus dem Dargestellten entnommen bzw. konstruiert werden kann. Die Skulptur verweist schließlich auf ihre Bestandteile (Schnitzfigur, Rahmenleisten), und dem Bild sieht man das unvollständig zerstörte Quellenmaterial (Comic) nicht mehr an. Da sich keine neuen Bezugsebenen außerhalb des Bildes festmachen lassen (zumal Kippenberger keine Auskünfte über den Comic gibt), kann man sich eines satirischen Gehaltes trotz aller Merkmale nicht sicher sein. Gelingt dem Rezipienten keine zusammenhängende Interpretation, dann bleibt der Eindruck des Grotesken (bzw. der vergeblichen Provokation) bestehen. Das Problem, das hiermit angesprochen ist, zeigt sich immer wieder dadurch, daß Kippenbergers Arbeiten nicht eindeutig auf eine gesellschaftskritische Aussage rückbezogen werden können.

Der Titel *Was ist der Unterschied zwischen Casanova und Jesus [...]* deutet die Möglichkeit einer Travestie an. Die Einordnung des „besoffenen Frosches“ als Travestie der Christusfigur ist jedoch in keiner Weise zwingend, ein Bezug zwischen den Froschfiguren und der historischen Person Casanova läßt sich nicht ausmachen. Eine bestimmte Haltung des Künstlers läßt sich in diesem Zusammenhang nicht erkennen. Johann-Karl Schmidt äußerte 1986 allgemein in bezug auf Kippenbergers Kunst: „Kunst ist nicht eine Frage von Pinsel, Öl und Leinwand, sondern eine Sache der Haltung, der Meinung und der Bedeutung [...].“[225] „Haltung“, „Meinung“ und „Bedeutung“ werden von Schmidt jedoch nicht benannt. So ist auch im vorliegenden Zusammenhang mit der Skulptur Kippenbergers der Rezipient am Ende zu seiner persönlichen Stellungnahme aufgefordert, ohne diese anhand der Skulptur eindeutig belegen zu können.

Wäre am Ende eine Selbstidentifikation des Künstlers im Rahmen seiner Darstellung vorstellbar? Könnte sich (/man) Kippenberger selbst mit seinem saufenden, ans Kreuz der Bilderzeugung (Rahmenleisen) geschlagenen Frosch identifiziert haben (/in bezug setzen)? Das Martyrium wäre ein subjektives

---

225 Johann-Karl Schmidt: *Kippenberger – Kunst ist kein Motiv*, in: Ausstellungskat. *Miete Strom...*, a.a.O., S. 17

Leiden am selbstgewählten Laster: Selbstmitleid eines Alkoholikers? Oder Stolz in bezug auf das Durchstehen der eigenen Kraftvergeudung[226]?

Diedrich Diederichsen schrieb 1986 zur Beantwortung der von ihm selbst gestellten Frage: „Welche Rolle spielen Essen und Trinken in Kippenbergers Werk, in seinem Leben, in seinem Metaphern-Schatzkasten? [...] Der Unterschied der heute großen Künstler zu Euch [Diederichsen nennt im Vergleich Rubens] ist, daß sie den Geist der Übung [...], der Disziplin in ihre Ess- und Trinkgewohnheiten übernommen haben [...], um so das schlechte Gewissen abzuschaffen.“[227] Die „Disziplin“ ist demnach nicht aufgrund einer selbstauferlegten Beschränkung der persönlichen Exzesse zu erwarten, sondern sie steckt in der Nutzbarmachung, das heißt, in den exemplarischen Darstellungsabsichten in bezug auf die eigene Zeitgeschichte. Das „schlechte Gewissen“, welches sich nach Diederichsen aufgrund der Maßlosigkeit der eigenen Exzesse, der nicht vorhandenen Moral und der Trinkgewohnheiten einstellen könnte, soll durch eine öffentliche Inszenierung und den „Transfer aller häßlichen Angewohnheiten in Form von Themen in Kunst“[228] abgeschafft bzw. intersubjektiv fruchtbar gemacht werden.

Man muß jedoch festhalten, daß für eine Identifikation Kippenbergers keine konkreten formalen Bezugspunkte innerhalb der Bildgestaltung der Skulptur auszumachen sind. Zudem könnte sich Kippenbergers Skulptur nur dann auf seinen öffentlich inszenierten Hedonismus beziehen, wenn das künstlerisch Dargestellte – als Zeugnis der subjektiv überzeichneten, inszenierten Zeitgeschichte – als das zeittypische Übel und somit als geeigneter Gegenstand der Satire erkannt würde. Diederichsen geht an anderer Stelle hiervon anscheinend aus: „Als Extraleistung schafft es Kippenberger [...], die Häßlichkeit der Künstlerrolle, aller, insbesondere aber dieser so besonders hedonistischen Epoche zu karikieren und solidarisch zu denunzieren.“[229] Diese Äußerungen von Diederichsen kann man zwar auf die Darstellung des „besoffenen“ Frosches projizieren, die dem Künstler unterstellte „solidarische“ Selbstanklage läßt sich jedoch anhand von Künstleräußerungen nicht beweisen und an der Skulptur nicht belegen. Man kann somit zu einer grenzenlosen Ironisierung gelangen.[230]

226 Vgl. Martin Kippenberger: *B Gespräche mit...*, a.a.O., S. 143: „Ich hab mich jetzt dran gewöhnt, körperlich, wie ich mit mir umgehe. [...] Es könnte kein Anderer! [...] Das ist nachher nur 'n Riesen-Kraftaufwand, nur überhaupt am Leben zu bleiben.“

227 Diedrich Diederichsen: *Kunst muß nähen*, in: Ausstellungskat. *Miete Strom...*, a.a.O., S. 93

228 Ebd.

229 Ebd.

230 Vgl. auch Barbara Straka („*Werner Kippenberger*“, in: Ausstellungskat. *Lieber Maler, male mir...*,

Es läßt sich nicht nur bei Kippenberger, sondern allgemein feststellen, daß Künstler oder Rezipienten, die sich in den Gegenstand der Satire mit einbeziehen, jeden festen Standpunkt prinzipiell aufgeben. So ist dann kein verbindlicher „Inhalt, der mir [als erkennendes Subjekt] als solcher schon als wesentlich gilt, so daß ich mir für mich nur wesentlich werde, insofern ich in solchen Gehalt mich versenkt habe [...]“[231], mehr auszumachen.

Weitere Erprobung von Kontexten: Bedeutungstheater – inszenierte Fehler – Aneignungen

„Wenn ich nicht singen kann, und trotzdem eine Schallplatte mache, und die Schallplatte ist gut, dann kann ich just in dem Moment, wo die Schallplatte gut ist, singen.“[232]

Machbarkeit (nach dem Motto: das Mögliche wird Realität) kann im Kunst-Kontext der 80er Jahre kaum von ihren Grenzen her begriffen werden. Vielen Künstlern (beispielhaft Kippenberger, A. Oehlen, Büttner, Dokoupil u. a.) geht es zunächst nicht darum, bestimmte Werte, Ansichten und Wahrheiten darzustellen oder an ihrer Etablierung teilzuhaben, sondern erst einmal herauszufinden, was nur dem Anschein nach nicht geht. Diese Strategie ist zu einem der wichtigsten Etappen-Ziele künstlerischer Darstellungsabsichten geworden. Die permanente Befragung des Möglichen („Was könnte sonst noch Realität werden?“) nimmt dabei zum Teil didaktisch illustrierende Formen an.

Realismusstudio 14, Neue Gesellschaft für bildende Kunst, Berlin 1981, ohne Seitenzahlen), die zu Beginn der 80er Jahre anläßlich Kippenbergers Ausstellung *Lieber Maler, male mir...* äußerte: „Die totale Ironisierung der gesellschaftlichen Verhältnisse, die Entlarvung hohler Werte in dem Bewußtsein, daß Perspektiven nicht mehr so schnell zu benennen sind, treten an die Stelle von direkter politischer Stellungnahme, Forderung nach unmittelbarer gesellschaftlicher Veränderung [...]. Darin unterscheiden sich Künstler der 80er Jahre wie Kippenberger von den politischen Realisten [...].“ Man kann Barbara Straka soweit folgen, wie sich eine „Entlarvung hohler Werte“ aufzeigen läßt. Im vorliegenden Fall der Skulptur Kippenbergers läßt sich jedoch überhaupt kein angeklagter, angeblich „hohler Wert“ nachweisen. Kippenbergers Skulptur hätte Merkmale der Satire, aber ohne konkreten Bezugspunkt. Die Ausstellung der Skulpturen richtet sich dann an diejenigen Betrachter, die sich trotzdem provoziert fühlen.

231 Georg Wilhelm Friedrich Hegel: Ästhetik I/II, a.a. O., S. 120

232 Albert Oehlen, in: *Wahrheit ist...*, a.a.O., S. 17. Die pragmatischen Fragestellungen („Weshalb ist eine Schallplatte gut?“ Warum führt sie zur Umwertung von „nicht singen können“ zu „singen können“?) verdeutlichen den Schnittpunkt von künstlerischer Innovation und strategischem Dilettantismus. Nur in der (kurzen) Zeit, in der einem (noch) bewußt wird, daß man „nicht singen kann“ und die gemachte Schallplatte trotzdem „gut ist“, kann eine Veränderung im Um-

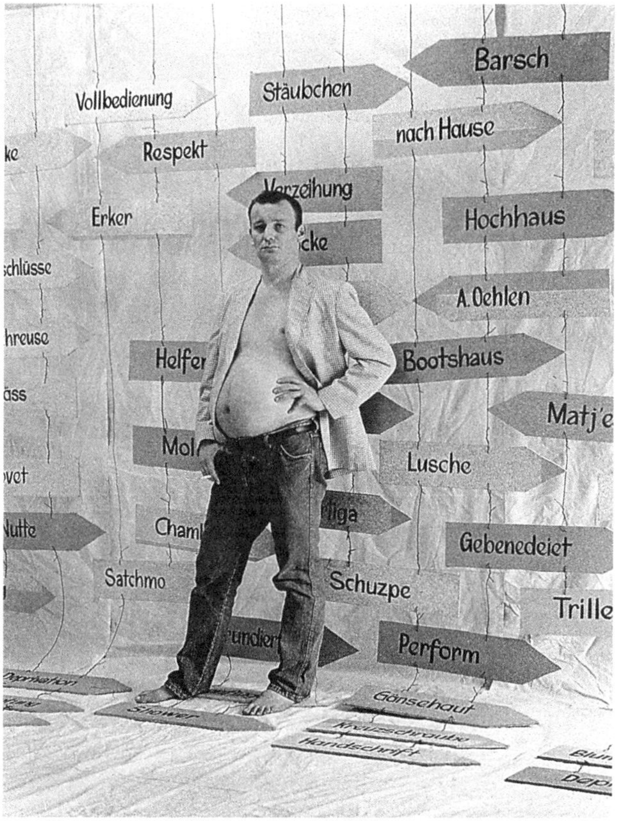

Abb. 25
„Martin Kippenberger“,
1987, Photo: Andrea Stappert.
Das Photomotiv bezieht sich
auf die Installation 321
„Wegweiser zur Selbsthilfe“,
Wien 1987

In der ersten Auflage des populärsten Buches über Kippenberger befindet sich eine Abbildung, deren Herkunft nicht weiter bezeichnet ist: *Martin Kippenberger*, 1987, vgl. hier mit Abb. 25.[233]

Der Vordergrund dieser im Photo abgebildeten Raumdarstellung wird von unzähligen, an Schnüren herabhängenden Hinweisschildern beherrscht. Das hängende Schilderensemble wurde offensichtlich der Deckenhöhe des photo-

---

gang mit Realität hervorgerufen werden. Wenn anschließend der Rückschluß vollzogen wird, „dann kann ich singen“, ist die kreative Umdeutung, die neue Erkenntnis schon abgeschlossen. Die Realität erscheint wieder „normal“, das bedeutet in diesem Zusammenhang: kontingent.

233 Vgl. Angelika Muthesius (Hrsg.): *Kippenberger*, a.a.O., S. 18: Als einzige Quellenangabe ist in dieser Publikation angegeben: „*Martin Kippenberger*, 1987. Photo: Andrea Stappert“; Das Photomotiv bezieht sich auf die Installation *321 Wegweiser zur Selbsthilfe*, Wien 1987. Fast identisch ist das hier abgebildete Photo für das Plakat zur Ausstellung *Einfach geht der Applaus zugrunde*, Galerie Grässlin-Ehrhardt, Frankfurt 1987.

graphierten Raumes nicht angepaßt. Die zuunterst gebundenen Schilder breiten sich auf dem Boden aus. Ein semiotisches Bedeutungstheater ohnegleichen ist die Folge. Die Vielfalt der Begriffe und Namen ist typographisch einheitlich gestaltet. Die Schilder deuten mit jeweils einer spitzen Seite nach links oder rechts, als suchten sie ihren verlorenen Kontext. Der Künstler im Bild scheint selbst überrascht oder überfordert zu sein. Barfuß steht er im hinteren Zentrum des Bildausschnittes. Der Hintergrund wird ausschließlich von einem weißen Vorhang eingenommen, der im Vordergrund als Bodentuch ausliegt. Diese Maßnahme, die die Konturen des Raumes verdeckt, trägt zu einem theatralischen Effekt des Ganzen bei. Der verantwortliche Künstler steht ausdruckslos zwischen bzw. vor den frei flottierenden Signifikanten und der kontextfreien Raumverhüllung. Die Begriffe und Namen lassen sich weder sinnvoll zusammenfassen noch zu Wortfamilien gruppieren. Verben fehlen, Sätze können nicht gebildet werden. „Lusche" und „Bootshaus" sind beide nach rechts gerichtet, aber wohin und wie weit entfernt? „Matjes" und „A. Oehlen" verweisen dagegen nach links und nicht nach rechts. In welchem Bezug stehen sie aber zum „Respekt"?

Die Inszenierung dient nur einem Zusammenbruch der Semiotik als permanente Befragung des Möglichen. Diese „Erprobung der Realität" ist ein Aspekt, der auf vielen Arbeiten Kippenbergers zutrifft.[234]

Die inszenierten Zusammenbrüche der Semiotik können als künstlerische Zeugnisse eines bestimmten Zeitgeistes aufgefaßt werden, und zwar eines Zeitgeistes, der in den 80er Jahren noch auf der soliden Grundlage des prosperierenden Kapitalismus fußte. Der Mythos vom Kaufrausch „Du kannst alles kaufen." wurde auf ein affirmativ/kritisches „Kannst Du auch alles bedeuten?" übertragen.[235] Gerrit Gohlke schrieb 1994 unter der Überschrift *Retrospektive Ironie* über Kippenbergers Produktion der 80er Jahre und versuchte zugleich den historischen Stellenwert zu beurteilen: „Die reichhaltige Kundgebung des in sich selbst zurückkehrenden Subjekts hatte nur solange die Se-

234 Der inszenierte Zusammenbruch der Semiotik steht auch in Beziehung zu den infantilen Blödeleien, die als absichtsvoll mißlungene Komik interpretiert werden können. Vgl. auch das Kapitel: *Die Rettung des schnellen Witzes*

235 Möglich war dieser Zeitgeist während des Wirtschaftswachstums der 80er Jahre. Ende der 80er Jahre hatte sich die politisch-ökonomische Zufriedenheit der Gesellschaft weitgehend verschlechtert und das kulturelle Selbstverständnis verändert. Reflektiert wurde diese neue Situation in den Kritiken zu Kippenbergers Einzelausstellung: *Das 2. Sein*, Potsdam 1994. Vgl. beispielsweise Annette Tietenberg: *Seht, wie er singt und lacht. Martin Kippenberger in Potsdam*, in: Frankfurter Allgemeine Zeitung, 23. Juni 1994: „Im Nachhinein liest sich Kippenbergers Aufruf zum Hedonismus wie ein Konjunkturbericht der achtziger Jahre. Doch seit es mit Luxus, Überschwang und Verschwendung abwärtsgeht, hat auch der Charme der immerwährenden Pubertät nachgelassen."

mantik chaotisch überstrapazieren dürfen, wie diese Willkür reflexiver Not abzuhelfen hatte."[236] Eine hierauf basierende Auffassung von der künstlerischen Produktion und die hiermit unterstellten Darstellungsabsichten, die viele Kritiker als völlige Relativierung und Negation von Bedeutung ansahen, „legitimiert" Gohlke in seinem Artikel nur für einen eng begrenzten historischen Zeitraum der 80er Jahre. Die in den Blick geratene Frage nach der voraussetzungslosen Selbstgesetzlichkeit der künstlerischen Produktion sollte in den 80er Jahren als „Zeichen radikaler Moralität" verstanden werden können, und zwar als „Kontrast von politischem Anspruch und Erscheinung".[237] Auch andere Kollegen und Kritiker Kippenbergers faßten seine Arbeiten zum Teil als „Zeichen radikaler Moralität" auf, plausibel begründen konnten sie dies aber nicht.[238] Es handelt sich hier somit um einen Diskurs, der die prinzipiell kriterienlos gewordenen ästhetischen Entscheidungen letztendlich nicht plausibel zu begründen vermag, hierin aber eine exemplarische Darstellungsabsicht vermuten läßt. Eine Beschreibung des jeweils Dargestellten könnte allein noch keinem begründeten gesellschaftskritischen Anspruch nachkommen, und künstlerisch absichtsvolle Kriterienarmut und inszeniertes Bedeutungstheater haben nur eine unbestimmte Kommentarfunktion. Die Intentionen des Künstlers können nicht festgelegt werden, dafür erhöht jedoch das undistanzierte Verwickeltsein des Künstlers in das gesellschaftliche Leben der 80er Jahre den Grad der Unmittelbarkeit. Wer mit dem Zeitgeist kokettiert, der dokumentiert und hat subjektiv mitkonstruiert.[239] Die gesellschaftliche Bedeutung der einzelnen künstlerischen Arbeiten ergibt sich aber erst aus der öf-

236 Gerrit Gohlke: *Retrospektive Ironie*, in: Texte zur Kunst, Nr. 15, Köln 1994, S. 178; die folgenden Zitate ebd.

237 Die Frage ist nur, ob dieser Kontrast nicht erst mit dem Diskurs über die Kunst konstruiert wird. Diese Frage wird von Gohlke nicht beantwortet.

238 Beispielsweise haben sich Diedrich Diederichsen, Roberto Ohrt, Wilfried Dickhoff, Martin Prinzhorn und Heliod Spiekermann in dieser Hinsicht oftmals geäußert. Vgl. auch Wolfgang Max Faust (*Der Künstler...*, a.a.O., S. 20): „Kippenbergers neuer Zynismus als befreiende Haltung" der frühen 80er Jahre. Vgl. auch Bazon Brock in bezug auf eine opportunistische Umwertung des Moralisten, wodurch keine ernsthafte Kritik an der Gesellschaft geübt werden kann (in: *Bildjournalismus als...*, a.a.O., S. 71): „Kippenberger ist Moralist. [...] Moralisten können Begebenheiten nicht auf sich beruhen lassen, sie werden zur forcierten Stellungnahme getrieben, ganz gleich, wie opportun eine solche Stellungnahme sein mag."

239 Nicht die ohnehin kaum praktikable „autonome" oder distanzierte Position des Künstlers, sondern das eigene Verwickeltsein in das soziale Leben ermöglicht der Kunstproduktion exemplarische Darstellungsabsichten. Vgl. hierzu auch Isabelle Graw: *Renée Green. Kontrollräume. Warum hat die es geschafft?* in: Artis, Bern Feb./März 1995, S. 42: „Wobei das Beeinflußtsein ja mittlerweile kein künstlerisches Defizit mehr ist. Originalität gilt als Mythos, und Einflüsse werden von Künstlern bewußt gesetzt. Die eigene Abhängigkeit und Verwickeltheit zu zeigen, ist ein Zeichen für künstlerische Souveränität."

fentlichen Beachtung, die sie finden müssen – und das vor allem aus den kontroversen Diskussionen, die sie anstiften können.[240]

Kippenbergers materialreicher Umgang mit den Kunstmitteln könnte aber auch selbstreferentiell (mißverstanden oder) gewertet werden. Der Rezipient kann sich schließlich nur darauf verlassen, daß die Bedeutungs(de)konstruktion innerhalb der Zeichensysteme der Kunst funktioniert oder eben scheitert. Um so kalkulierbarer dabei Kippenbergers Interventionen werden, um so eher bestätigt der Künstler dadurch eine bestimmte Funktionsabsicht innerhalb des aktuellen Kunstbetriebes. Erfahrungsreichtum, Erlebnispotential und Irritationsvermögen nehmen (mit Zunahme der Kalkulierbarkeit bzw. mit der fest eingeplanten Erwartungshaltung einer Dekonstruktion) wieder ab. Das Bedeutungstheater ist und bleibt dann womöglich am Ende (ästhetischer) Selbstzweck. Wenn die Vorstellung von der Realität nur noch darin besteht, daß „die Kritik den positionslosen Furor als Position und die Negativität selbst schon als Bedeutung“[241] erklärt, dann lesen Rezipienten und Kritiker „das als bedeutende Mitteilung, was kontinuierlicher Rückzug sein wollte, dabei begünstigt und motiviert durch eine Darstellung, die dem Ausfallenden Gültigkeit verleiht, die Ideen in Reihe präsentiert, dem Chaos übersichtliches Gleichmaß einschreibt und dem Gegenkünstler Klassizität anmißt“[242]. Eine inszenierte Historisierung der „bedeutungslosen, sich selbst dekonstruierten“ 80er Jahre Mentalität wäre vollzogen, ist es aber nicht, denn die voranstehenden Äußerungen zeigen vor allem sehr anschaulich, was passiert, wenn die außerkünstlerischen Wirkungsabsichten der Kunst überschätzt werden, oder der Rezipient zu sehr mit der Rekonstruktion der möglichen Intentionen des Künstlers beschäftigt ist. Die genannten Äußerungen können zum jetzigen Zeitpunkt keinesfalls eine abschließende Historisierung der Arbeiten Kippenbergers vorwegnehmen.

Die Beschäftigung mit den Arbeiten Kippenbergers darf auch nicht auf eine Untersuchung der Bedeutungsverluste und der inszenierten Zusammenbrüche der Semantik reduziert werden. In diesem Zusammenhang können künstlerische Arbeiten aufgezeigt werden, mit denen Kippenberger den Begriff der „Intention“ als auktorial verbürgte Zeitgeschichte zum Thema erhebt, und zugleich der Fiktion überläßt. Die Fiktion ersetzt dabei nicht die Intention, sie ist ein eigenständig einkalkuliertes, konstruktives Merkmal, dessen Grenzen offen bleiben. Es geht dabei auch um die Frage: Wo hört das Wissen

240 Vgl. Gerrit Gohlke: *Retrospektive Ironie*, a.a.O., S. 178: „Mittlerweile aber versteht nur noch eine Haltung, die sich an Autonomie als politisches Mittel erinnern kann, der vor allem die Berechtigung von Kunst überhaupt außer Zweifel steht, Kippenbergers Komik nicht als Nötigung.“
241 Ebd., S. 179
242 Ebd.

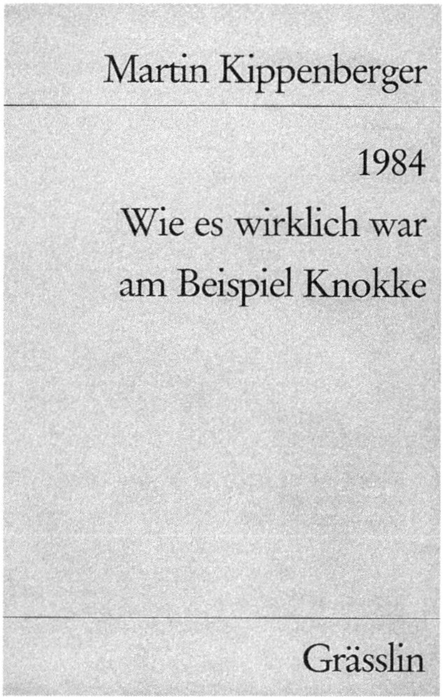

Abb. 26 „1984. Wie es wirklich war am Beispiel Knokke“, Buchdeckel des Künstlerbuches, Galerie Bärbel Grässlin, Frankfurt am Main, 1985

auf, wo fängt die Fiktion an? „1984 setzte er [Kippenberger] eine Schreiberin auf seine vermeintlichen Erlebnisse in einem belgischen Strandbad an: ‚Wie es wirklich war, am Beispiel Knokke‘ ist das Ergebnis dieses fiktiven Ausflugs. Das Büchlein, in Layout, Druck und Papier den gelben Reclam-Heften nachempfunden, gibt vor, letzte Wahrheiten von und über Martin Kippenberger zu eröffnen. Jedoch weit gefehlt! Es könnte sich alles so abgespielt haben, muß es aber nicht, und wen interessiert das eigentlich schon?“[243] Die Aufmachung bzw. die Art der Darstellung stehen für die thematisierte Authentizität des Buches *1984. Wie es wirklich war am Beispiel Knokke*, 1985, siehe Abb. 26.[244] Die nahezu jedem Oberschüler, Studenten und Literaturfreund vertraute Gestaltung dieser gelben Büchlein der Reclam Universal-Bibliothek scheint tatsächlich schon lange signifikant für seriöse und historisch relevante Literatur zu sein. Kippenberger macht sich dieses Image für seine Darstellung von Authentizität zunutze. Er stellt in Aussicht, daß die Erwartungshaltung des Lesers in bezug auf das zu Lesende durch die Funktion, die Bedeutung und das Renom-

243 Burkhard Riemschneider: *Was schon immer mal gesagt werden sollte*, in: Angelika Muthesius (Hrsg.): *Kippenberger*, a.a.O., S. 9

244 Herausgegeben wurde das Buch von der Galerie Bärbel Grässlin, Frankfurt am Main 1985

mee des Verlages mitbestimmt werde. So stünde auch jedes einzelne Bild im Kontext seiner Ausstellung und gegebenenfalls in Bezug zu seiner Vermarktung. Kippenberger erzeugt eine ironische Infragestellung literaturwissenschaftlicher Wertorientierung und ersetzt diese durch die Ausrichtung an der Tradition einer allgemein anerkannten Verlagsbuchreihe. Der Inhalt findet kaum Beachtung. Den Text hat ohnehin jemand anderes geschrieben.

Im Hamburger Meterverlag erschien 1987 Kippenbergers Buch *Café Central.*[245] Der Titel verweist den Leser auf ein bekanntes Kölner Café, in dem Kippenberger in den 80er Jahren tatsächlich oft verkehrte. Das Buch setzt sich mosaikartig aus einem vorangestellten Interview, aus Briefen, Tagebucheintragungen und Reisebeschreibungen zusammen. Nicht alles wurde dabei von Kippenberger selbst geschrieben. Das Buch entfaltet eine Vorstellung von der Realität, die gleichermaßen auf Fakten und Fiktionen beruht. Alles scheint auf das Leben Kippenbergers Bezug zu nehmen. Interessant ist der Untertitel des Buches: *Skizze zum Entwurf einer Romanfigur.* Patrick Frey schrieb hierzu: „Gerade anhand solcher, scheinbar nebensächlicher Details wie diesem zugleich grandios und armselig klingenden Untertitel dokumentiert Kippenberger seine bis zum heutigen Tag nie erlahmende Absicht [...], all dem, was nach falscher Haltung klingt, eins ans Bein zu treten [...].“[246] Das Buch könnte eine Haltung dokumentieren, die auf effektvolle Weise groß und bedeutsam sein will. Das Buch kommt einem allgemeinen Bedürfnis nach privaten Sensationen nach. Das Publikum eines Teiles der Kunstszene will dieses Bedürfnis schließlich durch die Künstler gestillt wissen. Kippenberger zielt aber gleichzeitig auf das „Pathos der falschen Bescheidenheit, die ein Werk mit dem Etikett ‚Ein Versuch‘, ‚Ein Fragment‘ oder ähnliches versieht, um damit anzudeuten, daß man um die Unvollkommenheit alles Menschlichen wisse“[247]. Will sich der Künstler mittels der „bedeutungsschwangeren Aura des Unvollendeten doch noch einen Hauch von Vollendung und Vollkommenheit“[248] sichern?

Kippenberger vollzieht mit dem Titel dieses Künstlerbuches die Dekonstruktion eines bestimmten Anspruchsdenkens, und zwar durch die entlarvende Potenzierung der Effekte. Was kann eine *Skizze zum Entwurf* bedeuten? Oder wird nur eine veraltete Vorstellung von der Idee des vollendeten oder zumindest vollendbaren Werkes angegriffen? Eine Parodie auf die mühevolle

245 Martin Kippenberger: *Café Central. Skizze zum Entwurf einer Romanfigur*, Meterverlag, Hamburg 1987

246 Patrick Frey: *Wovon man*..., a.a.O., S. 80

247 Ebd.

248 Ebd.

Abb. 27 „Wittgenstein", 1987,
Holz, Metall, Lack, 200 x 100 x 50 cm

Arbeit an einer formalen Gestaltung? Oder soll schließlich auf eine Differenz zwischen Idee und Darstellung aufmerksam gemacht werden, und zwar durch die aufwendige Vermittlung zur Vollendung? Wäre eine Vollendung gemeint, die niemals „wirklich" angestrebt wird? Handelt sich alles nur um Vorarbeiten in Hinsicht auf eine niemals zu realisierende Aufgabe?

Am Ende des Untertitels steht *„einer Romanfigur"*. Wie definiert sich eine Romanfigur, wie setzt sie sich von anderen ab, wodurch erlangt sie ihre Identität? Der Titel *Café Central* zitiert einen realen Ort, zu dem Kippenberger einen persönlichen Bezug hatte. So scheint eine Identifikation des Künstlers mit der „Romanfigur" nicht abwegig zu sein, was der Text auf andere Weise dann auch bestätigt. Schließlich handelt das Buch ausschließlich von der Konstruktion der Realität aus der Vermischung von Reflexionen, Fiktionen und der Dokumentation unmittelbar gelebten Lebens. Reiseerlebnisse und Gedanken über die eigene Kunst fließen beispielsweise nahtlos ineinander.

Kippenberger ließ 1987 von seinem damaligen Assistenten Michael Krebber ein Regal anfertigen, siehe Abb. 27. Kippenbergers Vorgehen war in diesem Fall rein konzeptuell, da er weder eine Vorzeichnung lieferte, noch selbst Hand an die Produktion anlegte. Das Verfahren vereinigte wie so oft fiktive Merkmale mit der Aneignung fremder Kontexte. Das Regal wurde zu einer Dokumentation gelebter Realität: Der Assistent sollte das Regal in derselben Art nachbauen, wie der Assistent es schon einmal in seiner Jugendzeit für den eigenen Gebrauch angefertigt hatte. Krebber baute dieses Regal für Kippenberger mit allen Details nach, „,mit allen Elementen, die an einem Regal pubertär sein können‘ (Diederichsen), das heißt, mit all jenen Fehlern, die einem peinlich sind, wenn man erwachsen sein will [...]“[249]. Die formalen Details dieser Möbel-Skulptur resultieren aus der akribischen Nachahmung nicht intentionaler Zwecklosigkeit. Sie sind Zeugnisse der Personalgeschichte in bezug auf die eigenen Unzulänglichkeiten (der Jugend). Eine genaue formale Beschreibung dekodiert gleichzeitig die „peinlichen Fehler“ und die „pubertären Elemente“.[250]

Das Objekt läßt sich einerseits als Selbst-Imitation und somit als Zeugnis persönlicher Zeitgeschichte betrachten, andererseits erinnert es an konstruktivistische und minimalistische Skulpturen.[251] Die Flächenaufteilung der Regalfächer ist geometrisch klar konzipiert. Sie läßt sich zu Donald Judds Wand- und Bodenarbeiten ironisch in Beziehung setzen. Der Titel der Arbeit lautet *Wittgenstein*. Kippenberger provoziert hiermit eine Fülle von Assoziationen, Kontexten und Erklärungsansätzen: Jugendmöbel, Jugenderinnerung, Auftragsarbeit, zweckloser Nachbau, eigenständige Skulptur, ironischer Kunstbezug etc. Tatsächlich läßt sich nachfolgende Passage aus Wittgensteins *Philosophischen Untersuchungen* in Beziehung zu Kippenbergers von ihm in Auftrag gegebenem Nachbau des Regals setzen: „Die Wirkung jeder weiteren *Erklärung* hängt von *seiner* [des Rezipienten] Reaktion ab.“[252] Schließlich skizzierte Kippenberger nachträglich das Regal und betitelte das Blatt mit *Wittgensteins Mißverständnis*. Damit wird jeder Erklärungszusammenhang wieder ad absurdum geführt.

Kippenberger zeigte 1985 unter dem Titel *Money Forever (Hunger)* „Henry-Moore-artig durchlöcherte Skulpturen“[253] in der Frankfurter Galerie Gräss-

249 Patrick Frey: *Wovon man...*, a.a.O., S. 84

250 Ausgestellt wurde die Möbel-Skulptur *Wittgenstein* zuerst auf Kippenbergers Einzelausstellung: *Peter*, Galerie Hetzler, Köln 1987

251 Insofern läßt sich von einer Mehrfachkodierung des Objektes sprechen.

252 Ludwig Wittgenstein: *Philosophische Untersuchungen* (Erstdruck: 1953), in: Werkausgabe Band I, Suhrkamp Verlag, Frankfurt am Main 1984, S. 313. Das Zitat steht im Kontext von Wittgensteins Untersuchung des Verstehens und der zugrundeliegenden Bedeutung. Der pragmatische Aspekt seiner Untersuchungsmethode führte ihn zu der Konsequenz, die Bedeutungen unmittelbar aus dem Gebrauch der Sprache abzuleiten. Das wurde notwendig, weil er erkannt hatte, daß eine Bedeutung niemals in einer Sache begründet vorliegt.

Abb. 29 „Hunger“, 1984, Öl auf Leinwand, 160 x 133 cm

Abb. 28 „Familie Hunger“, 1985, Styropor, Gips, Dispersion, unterschiedliche Formate von 40 x 25 x 25 cm bis zu 255 x 87 x 43 cm

lin, siehe Abb. 28. Es entstanden auch Ölbilder zu diesem Thema, die einer malerischen Umsetzung nachkommen, siehe Abb. 29. Für die Potsdamer Ausstellung im Jahre 1994 „bildeten diese Skulpturen das Zentrum zu ‚Das 2. Sein'"[254].

Die Bezugnahme auf die Skulpturen von Henry Moore ist unmittelbar zu erkennen.[255] Kippenberger imitiert die Formensprache eines der bekanntesten Bildhauer des 20. Jahrhunderts. Für Moore bestand nach seinen eigenen Aussagen kein prinzipieller Unterschied zwischen abstrakten und gegenständlichen Skulpturen. Er höhlte seit den 30er Jahren viele seiner massiven Stein- und Betonskulpturen an bestimmten Stellen aus. Kippenberger ahmt Moores *Figuren* aus den Jahren 1933/34 nach, die in der Mitte des Körpers jeweils ein großes Loch aufweisen. Moore begründete 1937 sein starkes Interesse an der Lochgestaltung wie folgt: „Man kann an einem Steinblock eine Aushöhlung vornehmen [...]. Die erste Aushöhlung in einem Steinblock ist eine Offenbarung. Durch das Loch werden beide Seiten miteinander verbunden [...]. Ein Loch kann ebenso viele Formen bedeuten wie eine solide Masse."[256] Wenn „Kippenberger 1985 das plastische Denken von Henry Moore mit der anschaulichen Umschreibung Hunger = Ein-Loch-im-Bauch-Haben verknüpft und daraus die Figurengruppe ‚Familie Hunger' formt"[257], dann kommt das einer formalen Aneignung des plastischen Denkens von Moore nach, die von Kippenberger zugleich ironisch gebrochen wird. Erfüllt wird zudem die Behauptung von Moore, daß „ein Loch [...] viele Formen bedeuten" kann. Als Bezeichnung eines leeren Bauches bedeutet es Hunger.

Das Ölbild *Hunger* (Abb. 29) hebt die bedeutungstragende Durchlöcherung der skulpturalen Formgebung besonders anschaulich hervor. Die Darstellung der Skulptur schwebt vor einem mehrschichtigen, abstrakten Hintergrund. Das Zentrum des Bildes stellt die plastisch gemalte Aushöhlung dar. Während der Vordergrund des Bildes somit als konkret abbildende Malerei aufgefaßt werden kann, wird der Hintergrund zu einer kontrastreichen Bühne selbstthematisierender Malerei verwandelt. Die zeichenproduzierenden Dar-

253 Harald Fricke: *Nachdenken über Martin K.*, in: taz, Berlin 6. Juni 1994

254 Ebd.

255 Für Kippenberger und einige eingeweihte Betrachter ergab sich auch eine Referenz zu einer Filmszene aus Alfred Hitchcocks Film *Das Fenster zum Hof*, in der durchlöcherte Skulpturen zu sehen sind. Kippenberger veröffentlichte beispielsweise ein Standphoto aus diesem Film, um diese (konstruierte) Referenz zu stützen.

256 Henry Moore, in: „*The Sculptor Speaks*", in: *The Listener*, Bd. XVIII, Nr. 449, London 1937; zitiert nach: David Michinson (Hrsg.): *Henry Moore. Plastiken*, Klett-Cotta Verlag, Stuttgart 1981, S. 46

257 Patrick Frey: *Wovon man...*, a.a.O., S. 84

stellungsmittel der Malerei, der Duktus und die Raumillusion, werden im Hintergrund isoliert und selbstbezüglich vorgeführt. Durch den Kontrast zwischen dem Motivvordergrund (mit der Referenz zu Moores und Kippenbergers eigenen Skulpturen) und der referenzlosen Hintergrundgestaltung erhält das Bild eine eigenständige Bedeutung.

Stillosigkeit als Stilprinzip

„Ich hatte Hegel während meiner Studienzeit gelesen, als ich noch Doktorand war, und nun dachte ich plötzlich: Er hatte recht, die Kunst ist tatsächlich zu Ende gekommen, weil sie sich in Philosophie verwandelt hat. [...] Die Künstler sind aus der Kunstgeschichte entlassen: Sie sind frei und unabhängig, sie können machen, was sie wollen."[258]

„Bei mir würden Rollenspiele nicht funktionieren, weil ich keinen Stil habe. [...] bis ich dann darauf gekommen bin, daß mein Stil da ist, wo die Person ist und dies vermittelt wird durch Aktionen, einzelne Sachen und Taten, Entscheidungen, und sich daraus eine Geschichte entwickelt. [...] Ich will Einfluß nehmen, darauf, wie über diese Zeit debattiert wird."[259]

„It is ironic that Martin Kippenberger once claimed that his work had no style, for his ‚style' has not only influenced a generation of younger German artists, but it has informed recent artistic tendencies more generally. Fueled by the blasphemies of early Dada, the politicized Pop of Capital realism, and the bad-boy antics of ‚neo-Expressionism' [...]."[260]

Arthur Dantos Behauptung, daß die Künstler frei und unabhängig seien, muß nicht bedeuten, daß sie tatsächlich aus der Kunstgeschichte zu entlassen wären. Im Gegenteil: Neu ist vielleicht das Interesse der Künstler, daß sie in die Kunstgeschichte aufgenommen werden wollen. Nach Hegels Auffassung hat sich die Kunst keineswegs in Philosophie verwandelt, sondern der „Weltgeist" und die Philosophie bedurften der Kunst nicht mehr. Dantos Behauptungen in bezug auf die Entwicklung des Kunstbetriebes gründen auf seinen beschränkten Beobachtungen einer bestimmten Kunstszene der 60er Jahre. Sein persönliches Interesse richtet sich darauf, herausfinden zu wollen, warum

258 Arthur Danto: *Das Ende der Kunstgeschichte ist nicht das Ende der Kunst*, in: Kunstforum International, Bd. 123, Köln 1993, S. 204

259 Martin Kippenberger: *B Gespräche mit...*, a.a.O., S. 16, 18

260 Jan Avgikos: *Martin Kippenberger. Metro Pictures*, in: Artforum, New York Mai 1992, S. 113

„die Kunst gerade zu jenem bestimmten Zeitpunkt, nämlich in der Mitte der sechziger Jahre, plötzlich philosophisch so interessant wurde"[261]. Danto stellt sich die allgemeine Frage, warum eine bestimmte Entwicklung der Kunst an vielen Orten gleichzeitig passiert. Er gelangt zu einer positiven Umwertung von Hegels These des möglichen Endes der Kunst-Geschichte. Dantos Interesse ist hierbei, daß er die aktuellen künstlerischen Produktionen seit den 60er Jahren zusammenfassen möchte und als „Epoche des extremen Pluralismus philosophisch rechtfertigen" will. Nach seiner Meinung produzierten die Künstler der Vergangenheit in dem Glauben, in Übereinstimmung mit der Geschichte zu handeln. Während Kunst als Zeugnis einer progressiven Kunstgeschichte immer historisch „richtig" oder „falsch" liegen mußte, sei diese Unterscheidung für die Künstler der Gegenwart vollkommen irrelevant geworden. Das Paradigma des Fortschritts sei ein veralteter Mythos geworden und inzwischen überwunden. Die Geschichtlichkeit der Geschichte wäre demnach allmählich durchschaut. Die Gesellschaft, die Danto als Adressat seiner Analysen in Augenschein nimmt, will „endlich einmal an sich selbst denken [...], dem einfachen menschlichen Glück eine Chance"[262] geben. Danto postuliert ein glückselig machendes Zeitalter der Posthistoire. Seine ästhetischen und philosophischen Begründungsversuche verschärfen aber nur die Bedeutung der Frage nach der Legitimation seiner eigenen Auffassung von Philosophie. Während Danto den Pluralismus philosophisch zu rechtfertigen sucht, wird er selbst zu einem Apologeten des bestimmenden Zeitgeistes der Pop-art und der 80er Jahre.[263] Am Ende inszeniert Danto seine eigene Version der angeblichen „Nachgeschichte" als signifikante Zeitgeist-Geschichte. Er verdeckt mit diesen Kapriolen seine persönlichen Interessen. „Das hat eine fast berauschende Wirkung, es wird möglich, alles gut zu finden."[264] Kriterienarmut der Kunstbeurteilung wird pseudo-philosophisch uminterpretiert. Er behauptet: „Irgendwann fängt man an, sich mit der Idee anzufreunden, daß der Pluralismus sich als geschichtliches Faktum fest etabliert hat und daß man

---

261 Arthur Danto: *Das Ende...*, a.a.O., S. 204; die folgenden Zitate ebd.
262 Ebd., S. 207
263 Vgl. auch die von Wolfgang Welsch zusammengetragenen Thesen zur „Postmoderne" und den Pluralismuskonzeptionen, die in den 60er und 80er Jahren ihre stärkste Ausprägung fanden, in: ders. (Hrsg.): *Unsere postmoderne Moderne*, VCA Verlagsgesellschaft, Weinheim 1987. Die Bezeichnung „postmoderne Moderne" ist insofern sinnvoll, weil sie die Vermittlung zeigt, mit der die einzelnen Etappen/Errungenschaften der Moderne gleichzeitig zusammengedacht werden sollen, ohne den Mythos einer linearen Entwicklungslogik der Moderne Folge leisten zu müssen. Welsch unterscheidet hiervon den Begriff Posthistoire, der besagen soll, daß die geschichtlichen Entwicklungs- und Veränderungsmöglichkeiten tatsächlich zu Ende gekommen und gedacht seien.
264 Ebd.

nicht mehr ständig überlegen muß, ob man historisch richtig liegt."[265] Aus der Perspektive der 90er Jahre beurteilt, lag viel eher die voranstehende Argumentationsweise „historisch richtig" und nicht so sehr der Gegenstand ihrer Betrachtung. Danto läuft einem erlebnissüchtigen Publikum hinterher und will sich beliebt machen, indem er den völligen Relativismus eines rein persönlich orientierten Geschmacksurteils in bezug auf das Angenehme postuliert.[266] Hätte in den 80er Jahren das „Überlegen-Müssen" tatsächlich aufgehört, wer hätte sich dann für die Philosophie der Kunst überhaupt interessieren sollen?

Wolfgang Max Faust und Gerd de Vries schrieben 1982 in ihrem Buch *Hunger nach Bildern* zu Beginn des Kapitels *Die Malerei am Beginn der 80er Jahre*: „Es gibt keine ‚natürliche Begründung' für die Malerei."[267] Nach Meinung der Autoren konnten bis in die unmittelbare Gegenwart die verschiedensten Begründungs- und Legitimationsversuche der Malereigeschichte immer noch als lineare Abfolge beschrieben werden. Erst Anfang der 80er Jahre sahen sie im Gegensatz zur Vergangenheit „Parallelen entstehen, ein Nebeneinander"[268] sich ausbilden, das „nicht nur die Werke von Künstlern verschiedener Kunstrichtungen betrifft, sondern [...] ins Werk selbst eindringt"[269]. Nach Faust und de Vries führt das zu weitreichenden Konsequenzen für den Diskurs der Malerei der 80er Jahre. Kritik, Kunstgeschichte und die Philosophie der Kunst können nicht mehr als Verteidigung oder Legitimationsversuch einer einzelnen Richtung oder eines einzelnen Stils durchgeführt werden. Die Autoren sehen „ein Patchwork von Möglichkeiten"[270] entstehen. Das ist ein Gedanke, der dem „Pluralismus" von Danto entspricht.

Johann-Karl Schmidt äußerte 1986 in bezug auf Kippenbergers Produktion: „Das heißt aber auch, Kunst entsteht in beliebiger Unverbindlichkeit und ist in ihrem höchsten Begriff letztlich unbegründet: Und schließlich: Malerei folgt dem Bedarf [...], es gilt dabei nur noch, aus dem unendlichen Vorrat an Geschmacksmustern das Passende auszuwählen."[271]

In den 80er Jahren konnte die prinzipielle Gleichgültigkeit gegenüber dem Sujet der Malerei als Aufrichtigkeit gegenüber der historischen Situation empfunden werden. In einer Zeit, in der fast alles als machbar empfunden wurde,

---

265 Ebd.

266 Ebd., S. 204: „Meine Frau zum Beispiel zeichnet Bilder von Hunden: Mir scheint das genauso legitim wie die Arbeit von Künstlern, die rote Quadrate malen oder was auch immer."

267 Faust, de Vries: *Hunger nach...*, a.a.O., S. 15

268 Ebd., S. 16

269 Ebd.

270 Ebd.

271 Johann-Karl Schmidt: *Kippenberger – Kunst ist kein Motiv*, in: Ausstellungskat. *Miete Strom...*, a.a.O., S. 15

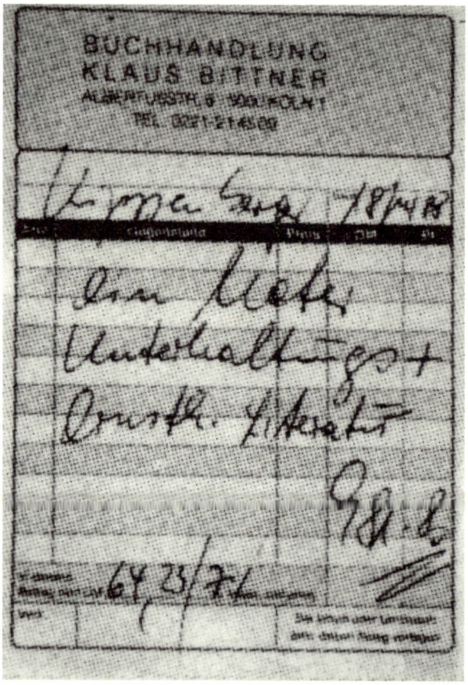

Abb. 30 „Ein Meter Unterhaltungs- und ernsthafte Literatur DM 981.80", Unikatbüchlein Nr. 1 der Edition Kippenbergers für Parkett, 1989, in Offset gedruckt, 15,2 x 9,5 cm; aus: Parkett, Nr. 19, Zürich 1989, S. 110; Die sichtbare Rasterung ist durch die Vergrößerung der vorliegenden Abbildung bedingt.

konnten sich auch die Künstler nicht glaubhaft auf bestimmte Inhalte beschränken und dadurch andere Themen prinzipiell ausschließen. Didaktische Versuche, mit denen konkrete Bildungsinhalte vermittelt werden sollten, fanden wenig Beachtung oder wurden gleich als inszeniertes Scheitern künstlerisch thematisiert, siehe Abb. 30. Die photographierte Kaufquittung der Fachbuchhandlung Klaus Bittner ist ein Beleg hierfür. 1989 edierte die Züricher Zeitschrift Parkett achtzig Unikat-Büchlein von Kippenberger. Jedes der Büchlein enthält jeweils nur eine in Offset gedruckte Abbildung, die auf alle zweihundertsechzig Seiten gedruckt wurde. Das erste Unikat-Büchlein enthält die Abbildung der Kaufquittung und erschien unter dem Titel: *Ein Meter Unterhaltungs- und ernsthafte Literatur DM 981.80.*

Handelt es sich hierbei um einen Witz oder um schlechte Komik? Soll der Titel des Unikat-Büchleins die Vorstellung einer willkürlichen Anhäufung heterogensten Materials heraufbeschwören? Die Buchtitel sind auf der abgebildeten Quittung nicht einmal benannt. Signifikant ist das pragmatische Ausgerichtetsein auf einen quantitativen Effekt „*Ein Meter*". Sollen die kulturellen Privilegien und Hierarchien noch einmal ironisch aufgebrochen und Unterhaltung und Bildung vermischt werden? Ein Kommentar zur Pop Art und

Postmoderne? Oder soll einem alten Postulat, wonach Bildung käuflich sein soll („*DM 981.80*"), Tribut gezollt werden? Grundsätzlich steht wieder die inszenierte Kriterienarmut im Vordergrund. Quantität ersetzt Qualität mangels besserer Kriterien. „*Ein Meter Literatur*" ist anschaulich inszenierte Peinlichkeit kultureller Fassungslosigkeit. Ernst Gemeintes und Unterhaltung unterliegen bestimmten Mischungsverhältnissen, die zusammen nur einen Gesamtpreis ergeben.

Die vergnügliche – oder als aufdringlich empfundene – Vermischung aller möglichen Motive und Sujets wurde schon mehrfach in bezug auf Kippenbergers Bilderproduktion analysiert. Es ist inzwischen bekannt, daß er „alles mögliche durcheinanderwirbelt: eine Bilderschau wie ein Feuerwerk [veranstaltet], in der ständig anderes, neues vorbeirauscht, bunt, grell, witzig, kitschig und sonderbar"[272]. Handelt Kippenberger in dem Bewußtsein, daß alle Formen und Bilder „durch jeden vorstellbaren Stilisierungsapparat bereits gegangen sind"[273]? Dann kann für ihn „Inspiration nur Selbstbetrug sein"[274]. Den einzigen Zusammenhalt der künstlerischen Produktion bildet nur der Name – nicht einmal die Signatur – des verantwortlichen Künstlers. Die veraltete Frage nach dem Stil wird zur Frage nach dem Subjekt des Künstlers.

Der Künstler äußert sich aber immer wieder im traditionellen Medium der Malerei, ein Medium, das Kippenberger seit Ende der 70er Jahre kontinuierlich betrieben hat. Welche semiotische Bedeutung kommt der absichtsvoll gewählten Konzentration in diesem Zusammenhang zu?

Die Malerei kann eine Sonderstellung in bezug auf die alltägliche Wahrnehmung einnehmen. Das kann aber letztendlich nur bedeuten, daß die Bilder eines Künstlers eindeutig mit dem Willen des Künstlers verbunden bleiben, Bilder machen zu wollen. Aber weshalb sollte man malen? Gerade weil sich hieraus keine allgemeine Funktion entnehmen läßt, kann dies derart umgedeutet werden, „daß die Malerei zur avanciertesten Kunstform überhaupt wurde, denn die bildenden Künstler sind nun ständig gezwungen, ihr eigenes Tun zu reflektieren"[275]. Der Verzicht auf einen einheitlichen Stil und die anachronistischen Zitate zeitgenössischer Malerei verhindern zudem eine Legitimierung und Begründung der künstlerischen Produktion innerhalb einer bestimmten Tradition. Zeitgenössische Künstler müssen sich ständig fragen: Was mache ich eigentlich? Was will ich erreichen?

---

272 Marianne Stockebrand, in: *Mitteilung für die Presse. Martin Kippenberger: Heavy Burschi*, Kölnischer Kunstverein, Köln 1991

273 Johann-Karl Schmidt: *Kippenberger – Kunst ist...*, a.a.O., S. 15

274 Ebd.

275 Arthur Danto: *Das Ende...*, a.a.O., S. 205

In den 80er Jahren wurde die Malerei von vielen Malern genutzt, um persönliche Probleme mit den voranstehenden Fragen thematisieren und darstellen zu können. Das Ausbleiben einschneidender formaler Neuerungen unterstützte dabei in den 80er Jahren die Konzentration auf den persönlichen Umgang mit Malerei. Der Selbstwert des Neuen oder des Technisch-Innovativen hätte dabei nur von der Kunst und dem Dargestellten abgelenkt. „Der Hauptgrund, warum ich diese Entscheidung [zu malen] gefällt habe, ist, daß ich meine, daß das das Zentrum der Kunst ist. Und formal neue Wege zu gehen, wie Video oder was es da noch alles gibt [...], das würde einem ja in den Aussagemöglichkeiten beschränken. Das wäre alles überschattet von dem Technischen, von dem Neuen."[276] Vereinfacht läßt sich Albert Oehlens These in völliger Übereinstimmung zu Kippenberger wie folgt formulieren: Solange ein Effekt des Neuen vorherrscht, lenkt das von der Frage ab, was Kunst noch darzustellen imstande ist.

In diesen Zusammenhang fügt sich auch der strategische Dilettantismus der Künstler ein. Dilettantismus inszeniert einerseits, wie weiter oben besprochen, eine Distanz zu der selbstreferentiellen Kunst bzw. zu der Kunst, die sich lediglich auf andere Kunst bezieht. Andererseits bleibt der Diskurs über die Bedeutungsmöglichkeiten außerhalb der Kunst weitgehend offen. Sollte es doch noch ein Geschichtsbedürfnis geben, so könnten die Produkte des strategischen Dilettantismus im nachhinein als Kunst beurteilt werden, was aber eine positive Aneignung der Produkte im Rahmen eines kulturellen Archives voraussetzt.[277] A. Oehlen verbindet hiermit eine pseudo-ethische Beurteilung des Kunstwerkes: „Also ich meine, daß die formalen Belastungen und Belästigungen, die ein Kunstwerk aushalten kann, dessen Würde definieren. [...] Und diese Unsauberkeiten bedeuten Offenheit [...] der vollkommen überwundenen Form gegenüber."[278] Hiermit wird ein künstlerisches Produktionsverfahren benannt, das nicht nur die Bedeutung aller möglichen Themen, Motive und Intentionen zuläßt, sondern auch die Verwendung aller künstlerischen und nicht künstlerischen Innovationen, Stile und Produktionsmethoden. Entscheidend sind zunächst die einer Bewertung des Dargestellten entgegenwirkenden

276 Albert Oehlen, in: Wilfried Dickhoff (Hrsg.): *A. Oehlen*, a.a.O., S. 57

277 Kippenberger läßt keinen Zweifel offen, daß er an der Bewertung seiner Produktion als Kunst interessiert ist. Selbst Dilettantismus und Stillosigkeit sollen keinesfalls als Anti-Kunst überleben. Er glaubt zudem an die Aneignungsprozesse und Bewertungsmechanismen der kommenden Zeitgeschichte. Vgl. Kippenberger, in: *B Gespräche mit...*, a.a.O., S. 16: „Kunst wird sowieso erst im nachhinein betrachtet, von außen aus, viel weniger in dem Moment, wo sie entsteht. Ich würde sagen, 20 Jahre ist der Zeitraum. Danach stellt man dann fest, wie das Werk und der Künstler eigentlich gewirkt haben. Was dann die Leute noch von mir ERZÄHLEN werden, entscheidet."

278 Albert Oehlen, in: Wilfried Dickhoff (Hrsg.): *A. Oehlen*, a.a.O., S. 78

Abb. 31
„Laterne an Betrunkene",
1988, Stahl, Leuchtkörper,
280 x 40 x 40 cm

Störungen und Irritationen. Damit sollen eine zusammenhängende Bedeutung und Sinngebung des Dargestellten verhindert werden. Kippenberger und A. Oehlen vermeiden deshalb vollkommene Aneignungen, die ohne „Unsauberkeiten" wären, weil diese der Gefahr unterliegen würden, auch den Kontext des Angeeigneten mit zu übernehmen.[279] Die Darstellung einer Imitation und die „Doppelung der Realität" sollen vermieden werden.

Das Spiel mit der niemals funktionslosen Bedeutung und stillosen Umdeutung ist für den multimedialen Kippenberger von Anfang an nicht auf das Medium Malerei beschränkt geblieben. Seine seit 1988 angefertigten Lampenobjekte konkurrieren zunächst mit dem zeitgenössischen Design modischer Objektgestaltung. Die Lampenobjekte sind in keiner Weise auf den Kontext der Kunst fixiert, siehe Abb. 31. Die funktionstüchtige *Laterne an Betrunkene* prä-

279 In diesem Sinne versteht sich auch A. Oehlens Äußerung (Wilfried Dickhoff [Hrsg.]: *A. Oehlen*, a.a.O., S. 78): „Frei [ist man] als Künstler in dem Moment, wo man alles schamlos vermischen und besudeln kann. Aus dem Bewußtsein, daß das eigentliche Thema sauber bleibt." Das „eigentliche Thema" ist also in gewisser Weise erhaben und geht nicht einfach aus der ohnehin kaum auszumachenden Bedeutung der Darstellung oder des Dargestellten/Zitats/Motivs hervor.

sentierte Kippenberger 1988 auf der Aperto der Biennale von Venedig. Eigenwillig geformt, aus Stahl gefertigt, ist die Laterne immerhin 280 cm hoch. Die Formgebung und der Titel mögen zu mehr oder weniger konkreten Assoziationen anregen, eine plausibel erscheinende künstlerische Intention läßt sich jedenfalls nicht erkennen. Dafür regt die Laterne (die Erinnerung an) persönliche Geschichten an. Kippenberger produzierte in der Folgezeit noch viele weitere Lampenobjekte aus verschiedenen Materialien.

1990 inszenierte er die Einzelausstellung *Eine Handvoll vergessener Tauben* in der Frankfurter Galerie Grässlin, siehe Abb. 32. Mit dieser Ausstellung „verwies" er auf seine eigenen Designerprodukte der vergangenen zwei Jahre. In Frankfurt zeigte er nämlich Bronzeskulpturen mit jeweils unterschiedlichen Patinierungen, die seinen eigenen Lampenobjekten „nachempfunden" waren. Die handgefertigten Bronzeobjekte erinnern zwar noch an die Formen der Lampensockel und Ständer, ihrer Funktion waren sie jedoch beraubt: die Lampen fehlten!

Die Oberflächenstruktur läßt zudem vermuten, daß die Modelle vor dem Abguß aus Ton oder Gips gefertigt sein könnten. Der Aspekt des Handgeformten ist überdeutlich zu erkennen. Der Design-Kontext wurde dadurch fast restlos aufgegeben. Nur derjenige Rezipient, der die Lampenobjekte zuvor gesehen hatte, konnte den formalen Referenzbezug erkennen. Der Verweis auf die eigenen Lampenobjekte und damit die Aneignung der eigenen Produktion waren unvollständig, fragmentarisch, auf die Formgebung bezogen und in einen neuen Kontext überführt.

Abb. 32 Bronzeskulpturen der Ausstellung „Eine Handvoll vergessener Tauben", Galerie Grässlin, Frankfurt am Main 1990; Die Skulpturen sind nicht betitelt. Insgesamt gibt es zwölf Bronzen, und zwar vier verschiedene Laternenmotive, die 1990 in jeweils drei unterschiedlichen Patinierungen angefertigt wurden. Angaben vom Büro Kippenberger, Köln

Abb. 33 Installationsphoto der Ausstellung „Mensch geht mir ein Licht auf. Gut ausgeleuchtete vorweihnachtliche Ausstellung an Leopoldstrasse", Bronzeskulpturen und Designerlampen von Kippenberger, Kunstraum Daxer, München 1991

1992 stellte Kippenberger die Designer-Lampen mit den Bronzeskulpturen zusammen aus, siehe Abb. 33.[280] So als wollte er die Frage stellen: Welchen Status nehmen die einzelnen Arbeiten an?[281] Die Geschichte der Verweise ist eine inszenierte Erzählung des Künstlers. Sie führt in das Zentrum der ästhetischen Entscheidungen. Es entsteht eine Ästhetik des situativen Kontextes. Der ästhetische Ansatz bildet sich aus der Differenz zwischen dem momentanen Status der „künstlerischen" Arbeit, der Art der Darstellung und der Erinnerung an das zuvor Gesehene. Es kommt zu dem unmöglichen Vergleich der einzelnen Arbeiten, ein Vergleich, für den es kein gemeinsames Kriterium gibt. Die nicht-funktionale Formähnlichkeit der Lampen und Bronzen beeinflußt jedoch auch die Beurteilung der einzelnen Bronzen, die kaum noch autonom betrachtet werden können.

Poetisch verklärt wurde die Frage nach der Wertigkeit der einzelnen Werke aufgrund des prophetischen Ausstellungstitels: *Mensch geht mir ein Licht auf. Gut ausgeleuchtete vorweihnachtliche Ausstellung an Leopoldstrasse.*

---

280 Kippenbergers Einzelausstellung: *Mensch geht mir ein Licht auf. Gut ausgeleuchtete vorweihnachtliche Ausstellung an Leopoldstrasse*, Kunstraum Daxer, München 1991

281 Kippenberger hat sich selbst zu seiner Vorgehensweise und zu seiner Intention geäußert (in: ders.: *B Gespräche mit...*, a.a.O., S. 19): „In Frankfurt zeige ich Bronzen, die Ableitungen sind von der Lampenskulptur, allerdings ohne Lampen, und einen Katalog dazu, der von außen den Eindruck einer großen, teuren Weinkarte erweckt. Über die Erinnerung an die Lampen zurück zur Frage nach klassischer Skulptur. Das ist die Idee. Die Ausstellung ist ein Kommentar zu diesem Vorgang."

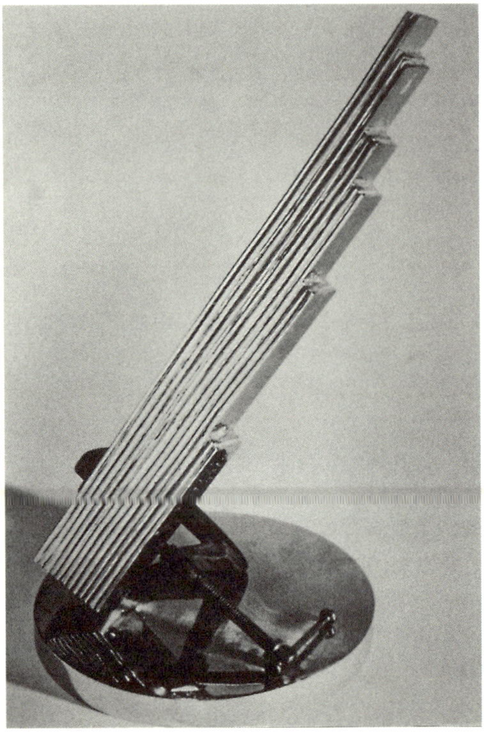

Abb. 35 Man Ray: „New York", (Original: 1917, Holz und Schraubzwinge), Replik aus Bronze, 1966, 45 cm hoch

Abb. 34 „New York, von der Bronx aus gesehen", 1985, Bronzeabguß, 14,5 cm hoch, Maß ohne Sockel

IV. Rückbezüge und Kontexte

Zurück zu Marcel Duchamp

Kippenberger zeigte 1985 in der Kölner Galerie Max Hetzler eine Ausstellung zum Thema Architektur. Er kombinierte dort seine „griffigen Bildnisse moderner Bau(un)kultur“[282] – unter anderem die dreiteilige Serie *3 Häuser mit Schlitzen: Betty Ford Klinik, Stammheim, Jüdische Grundschule*, 1985, – mit drei Bronzeabgüssen seines Architekturmodells *New York von der Bronx aus gesehen*, 1985, die er auf einem grauen Sockel positionierte, siehe Abb. 34.

Der Kölner-Stadtanzeiger hob Kippenbergers „alten Witz“ hervor, mit dem der Künstler seine Bronzeabgüsse „frech als Plastik ausgab“. Das Wolkenkratzer Art Journal lobte: „Die perfekte Fortsetzung der in den Bildern lancierten neuen Architektur wurde in bestechenden drei Modellen konsequent umgesetzt.“[283] Über das Thema und den Gegenstand der Gestaltung stand geschrieben: „Die Fast-Ready-mades verdanken ihre Form einem unsinnigen Gegenstand, der in den siebziger Jahren moderne Jugendeinbauzimmer und die Schreibtische von emsigen Sekretärinnen schmückte: dem Utensilo.“ Die Bronzeabgüsse animierten einige Kritiker dazu, über das Alltagsdesign der 70er Jahre nachzudenken: Man könne sich vorstellen, wie das Utensilo als „große Erfindung des Kunstgewerbes“ im Laufe der 70er Jahre vom Auffanglager für Stifte, Büroklammern und Radiergummis schließlich nur noch zu einer Sammelstelle für „Dreck aller Art“ degradiert wurde. Dabei hätte die „Menschheit erkannt, daß der Nützlichkeitswert [der Utensilos] gleich Null“ sei.

Während es unmittelbar den Interessen der Rezipienten überlassen bleibt, ob sie sich mit der mehr oder weniger sinnvollen Funktion und Verwendung des Alltagsdesigns auseinandersetzen wollen, so scheint dagegen ein bestimmter Anspruch des Objektes mit dem Titel gegeben: *New York von der Bronx aus gesehen*. Aber ist überhaupt ein Vergleichspunkt gegeben, der dieses modische Produkt des Kunstgewerbes mit der Skyline New Yorks zu einer Übereinstimmung oder zu einem Beziehungsverhältnis führen könnte?

Ermöglicht wird dieser Formvergleich durch den Bronzeabguß des Objektes, der es aus seinem gewohnten Design-Kontext entnimmt und zunächst in eine abstrakte Bedeutungslosigkeit überführt. Erst ein neuer Kontext-Bezug,

282 Ohne Autorenangabe: *Kaputter Geist im kranken Haus*, Kölner Stadt-Anzeiger, 2. August 1985; die folgenden Zitate ebd.
283 Ohne Autorenangabe (J. K.): *Kippenbergers Architektur*, Wolkenkratzer Art Journal, Nr. 9, Frankfurt am Main Nov./Dez. 1985, S. 45; die folgenden Zitate ebd.

der sich mit Hilfe des Titels ergeben kann, führt dann gegebenenfalls auch zu der Auseinandersetzung mit dem „Architekturmodell" *New York von der Bronx aus gesehen*. Das Wissen um die ursprüngliche Herkunft und Bedeutung des abgegossenen Objektes kann dann zu einer analogen Interpretation führen, bei der die Utensilo-Geschichte – die Erzählung von einer „großen Erfindung des Kunstgewerbes" zu der Feststellung einer „grandiosen Designer-Fehlleistung" – auf die Bedeutung und den Nutzen der Großstadtarchitektur übertragen werden könnte.

„Kippenberger rehabilitiert diese grandiose Designer-Fehlleistung, indem er das unnütze, häßliche Etwas gleich dreimal in Bronze gießen, auf ein Podest stellen und als Architekturmodell bezeichnen ließ: ‚New York von der Bronx aus gesehen'. Dröger kann die Revolutionierung der Architekturmodelliererei nun wirklich nicht mehr von statten gehen."[284] Die Begriffe Plastik, Architekturmodell oder Fast-Ready-made unterstellen dem Gegenstand der Betrachtung jeweils einen anderen Status und damit eine andere Bedeutung. Hieraus ergibt sich ein ironisches Spiel mit der Erprobung von Kontexten. Der künstlerische Wert, der Status und die Intention des Künstlers können nicht aus der Originalität der Formgestaltung resultieren. Sie müssen aus den Hinweisfunktionen des Titels und aus der abstrahierenden Wirkung des Bronzegusses konstruiert/konstituiert werden.

Marcel Duchamp gilt als der Erfinder des Ready-made-Gedankens. Die alltäglichen Gegenstände, die er seit 1913 auswählte, in seinem Atelier arrangierte (zuerst das *Fahrrad-Rad*, 1913) und die er ab 1916 nur wenige Male öffentlich auszustellen versuchte,[285] irritieren nur innerhalb eines Ausstellungsraumes. Die Gegenstände erregen Aufmerksamkeit durch ihre isolierte Aufstellung, Zusammenstellung oder durch ihre ungewöhnliche Verbindung mit einem Begriff oder Titel. Einige der ersten Ready-mades waren eigentlich Objektmontagen: Duchamps *Fahrrad-Rad* wurde vom Künstler auf die Sitzfläche eines Holzschemels montiert.

Man Rays Objektmontage *New York*, 1917, bestand aus mehreren Holzlatten, die durch eine Schraubzwinge zusammengehalten wurden. Beide Objektmontagen erregen eine gewisse Aufmerksamkeit durch die ungewöhnliche Verbindung ihrer Einzelteile. Von Man Rays Montage existieren heute nur noch Repliken, die in den 60er Jahren aus Bronze gegossen wurden, siehe Abb. 35. Man Rays *New York* handelt genauso wie Kippenbergers fast 70 Jahre später entstandenes *New York von der Bronx aus gesehen* von einem imaginären Form-

---

284 Ebd.

285 Vgl. Dieter Daniels: *Duchamp und die anderen*, DuMont Buchverlag, Köln 1992, S. 172 ff.

vergleich. Es geht um Animation, um das freie Spiel der Assoziationen, die um das Objekt und um die vom Titel hervorgerufenen Vorstellungsbilder kreisen.

Mehrere Aspekte, die schon für Duchamps und Man Rays Ready-mades, Objektmontagen und -zusammenstellungen von Bedeutung waren, zeigen Spätfolgen in Kippenbergers Arbeiten und Produktionsmethode: Es ist zunächst festzuhalten, daß das „Ready-made keine neue Technik zur Hervorbringung neuer Werke oder anderer ästhetischer Effekte ist – es ist keine Gestaltungsmethode, sondern eine Betrachtungsweise“[286]. Das hat seine Gültigkeit auch für Kippenbergers künstlerische Strategie: „Zum Beispiel dies: Kunst wird ja nicht mehr gemacht, sondern nur betrachtet!“[287] Zugrunde liegt Duchamps Aufhebung des Geniebegriffs, denn „das Paradigma der allgewaltigen Schöpferkraft des erfindenden Künstlers weicht dem Paradigma des vom Zufall geleiteten, findenden Künstlers“[288].

In diesem Sinne äußerte sich auch A. R. Penck 1990 in einem Kippenberger gewidmeten Katalogbeitrag: „Wir beide am Marterpfahl-Auswahl. Wo vernichten – wo verzichten – wo berichten?“[289] Das „Vernichten“ richtet sich nach Penck gegen stilistische Eingrenzungen und Hierarchisierungen, die eine wertfreie Wahrnehmung blockieren oder in vorher festgelegte Bahnen lenken würden. Die Verantwortung vor dem „Marterpfahl-Auswahl“ ergibt sich schon daraus, daß die ungewissen Auswahlkriterien sowie die persönliche Entscheidung des Künstlers das moderne Paradigma der Originalität ersetzen müssen. In gewisser Weise „wechselt der Künstler die Seite“[290], er wird „vom Schöpfer zum Betrachter“[291], wie Dieter Daniels das für Duchamp behauptet hat. Es ist tatsächlich spätestens seit Duchamp möglich geworden, daß die Künstler erst im nachhinein Bedeutung und Sinn einer Arbeit festlegen oder weiter offenlassen.[292] Das geschieht dann parallel zu den Betrachtern und Kri-

---

286 Ebd., S. 212, vgl. auch S. 3. Es geht dort um Duchamps Diktum von 1956, „daß ein Werk vollständig von denjenigen gemacht wird, die es betrachten oder es lesen“.

287 Martin Kippenberger: *B Gespräche mit...*, a.a.O., S. 14

288 Dieter Daniels: *Duchamp und...*, a.a.O., S. 212

289 A. R. Penck, in: Ausstellungskat. *Martin Kippenberger*, Nizza, Köln, 1990, ohne Seitenzahlen

290 Dieter Daniels: *Duchamp und...*, a.a.O., S. 212

291 Ebd.

292 Hiermit wird Duchamps künstlerische Strategie der Ready-mades als eine Wendemarke innerhalb der Entwicklungsgeschichte der modernen Kunst beschrieben. Es ist im doppelten Sinne schwierig geworden, von einem Kunstwerk zu sprechen. Erstens ist mit der gegenseitigen Annäherung von Produktion und Rezeption die Frage nach der künstlerischen Perspektive offengelegt und prinzipiell nicht mehr zu beantworten. Zweitens ist damit die prinzipielle Unterscheidung von Werk und alltäglicher Realität (als Ansammlung von Dingen) nicht mehr gegeben. Ein als Kunst bezeichneter Diskurs scheint nur noch subjektiv und mit zeitlich begrenzten Ansprüchen in der Lage zu sein, die Idee des autonomen, hermetischen Kunstwerkes durch ein be-

tikern, die Bedeutung und Sinn auch erst im nachhinein erproben können. In den 80er Jahren heißt das entsprechend bei Kippenberger: „Kunst wird sowieso ja erst im nachhinein betrachtet, von außen aus, viel weniger in dem Moment, wo sie entsteht.“[293]

Ready-mades und die Aktualität der zwei Möglichkeiten von Hegels *Auflösung der romantischen Kunstform*

Erste Hinweise auf Ready-mades gab in Europa André Breton im Jahre 1922. Breton verwendete jedoch nicht den Begriff Ready-made. „Ich habe Duchamp etwas Außergewöhnliches tun sehen [...], die Persönlichkeit der Wahl, deren Unabhängigkeit Duchamp als einer der ersten erklärt hat – indem er zum Beispiel ein industriell hergestelltes Objekt signierte –, ist sie nicht die tyrannischste von allen [...]?“[294] Breton sah nach Daniels das Signieren eines fertigen Gegenstandes vor allem als eine „Geste der Unabhängigkeit – das Objekt interessiert dabei kaum“[295].

Haltungen, Handlungen und die Objekte/Werke Duchamps fließen ineinander über. Sie sind ihrem Anspruch und ihrer möglichen Bedeutung nach nicht mehr prinzipiell zu unterscheiden. Die „Persönlichkeit der Wahl“, diese „tyrannischste“ aller Entscheidungsfragen, mit der nach Bretons Einschätzung von Duchamp ein Diskurs über Kunst/Nicht-Kunst angeregt werden kann, gleicht einer „radikalen Aneignung“ der Realität. Fest steht, daß mit dem Ready-made ein Gegenstand der Realität in den Vordergrund des Interesses gerückt werden soll. Es bleibt dabei zunächst völlig offen, ob der Gegenstand eine Bedeutung in einem neuen Kontext finden kann. Die Auswahl greift in die Realität ein und stellt einen Gegenstand lediglich real vor! Die Unendlichkeit der Welt wird damit für einen Moment auf einen begreifbaren Gegenstand reduziert. Dieses Verfahren kann aber nur dann als künstlerische Strate-

---

deutendes Objekt zu ersetzen oder die Anzeichen eines Werkes am Objekt zu konstruieren. Der Künstler kann seit Duchamps Ready-mades als Konstrukteur von Zeichen und Zeichenrelationen angesehen werden. Kunst entsteht dabei nur noch als Diskurs über die Bedeutung und den Sinn der Zeichen und Zeichenbezüge.

293 Martin Kippenberger: *B Gespräche mit...*, a.a.O., S. 16

294 André Breton: *Marcel Duchamp*, in: Littérature, Neue Folge Nr. 5, Paris 1. Oktober 1922, S. 9; zitiert nach Dieter Daniels: *Duchamp und...*, a.a.O., S. 190–191

295 Dieter Daniels: *Duchamp und...*, a.a.O., S. 191

gie verstanden werden, wenn eine Person die Entscheidungsfreiheit besitzt, selbst entscheiden zu können, ob sie als Künstler handeln möchte. „Was manche in meiner Haltung irritiert haben mag, ist, daß es ihnen schwerfiel, den Anteil des Menschen von dem des Künstlers zu trennen.“[296] Jede Handlung eines Künstlers kann so interpretiert werden, daß mit ihr die Realität neu oder anders bezeichnet werden kann. In der Nachfolge von Duchamp ist die uneinsichtige Verbindung des Künstlerverständnisses mit den Anteilen der Privatperson von etlichen Künstlern bewußt betrieben worden. Privates konnte öffentlich sein, Aufmerksamkeit im Kunst-Kontext erregen und insofern exemplarische Bedeutung erlangen. Die konkreten Bedeutungsmöglichkeiten der Aneignungen bleiben offen, wenn keine eindeutigen Grenzen zwischen künstlerischen und nicht-künstlerischen bzw. in diesem Zusammenhang zwischen öffentlichen und privaten Haltungen und Handlungen bestehen. Das Spiel mit dem Kontext begann.[297]

Erstmals in einen kunstwissenschaftlichen Text wurde der Begriff Readymade von Katherine Dreier eingeführt, und zwar in ihrem Buch *Western Art and the New Era*, 1923.[298] In bezug auf Duchamps Ausstellung einer gewöhnlichen Schneeschaufel in der New Yorker Bourgeois Galerie, 1916/17, erklärte die Autorin: „Indem er eine gewöhnliche Schneeschaufel auswählte aus einer Vielfalt von vielleicht 60 verschiedenen, die er angesehen hatte, setzte er den Akzent auf das eine gute Design, das er fand. [...] Das durchschnittliche Auge war zu wenig trainiert, um einen Unterschied in Schneeschaufeln festzustellen.“[299] Für Dreier bestand Duchamps Verdienst darin, aufgezeigt zu haben,

296 Äußerung von Duchamp aus dem Jahr 1958, ebd.

297 Hiermit ist auch einer der wichtigsten Anknüpfungspunkte für die Konzeptkunst der späten 60er und 70er Jahre angegeben. Werner Lippert schrieb hierzu 1990 rückblickend auf die Entwicklung der Konzeptkunst (in: Ausstellungskat. *Concept Art, Minimal Art, Arte Povera, Land Art, Sammlung Marzona*, Kunsthalle Bielefeld, Bielefeld, Stuttgart 1990, S. 19–21): „Er [Marcel Duchamp] stellt die Frage nach der Funktion der Kunst. Er führt das Vorgefundene, anonym Gefertigte, in die Kunst ein. [...] Ein weiterer wichtiger Teil seiner Arbeit besteht im Erfinden und Anwenden von Wortspielen und ihr Einbringen in den Kunstkontext – sie nehmen seinen Werken das Definierbare, Benennbare [...].“ Der Konzeptkünstler Joseph Kosuth bezieht sich in seinen Schriften ausdrücklich auf Duchamp. Klaus Honnef schrieb in der ersten umfassenden Darstellung der Konzeptkunst im deutschsprachigen Raum (in: ders.: *Concept Art*, Phaidon Verlag, Köln 1971, S. 12): „Mit den Ready mades begann die Entwicklung, mit der das morphologische Moment zugunsten des gedanklichen, des conceptuellen allmählich aus der Kunst verdrängt wurde.“ Im Kubismus und mit der Collagetechnik wurden zwar auch schon Realitätsfragmente in die Kunst aufgenommen, aber zumeist nur partiell und innerhalb eines Bildgefüges der formalen Komposition.

298 Katherine Dreier: *Western Art and the New Era*, New York 1923, S. 70 f.; zitiert nach Dieter Daniels: *Duchamp und...*, a.a.O., S. 193

299 Katherine Dreier, ebd.

daß Kunst tatsächlich einen wesentlichen Bestandteil des alltäglichen Lebens ausmachen kann. Duchamp brach die Grenzen der traditionellen Medien der Kunst, „denn Kunst ist Kunst, wo immer sie gefunden, was das ‚sehende Auge' entdecken wird"[300].

Dreier unterstellte Duchamp ein künstlerisches Konzept der Sensibilisierung von Wahrnehmungsgewohnheiten. Dreier kommt damit der Ästhetisierung des gewöhnlichen Objektes nach. Der Akt der Wahl – als Entscheidung des Künstlers für ein Objekt – folgt feinen Abstimmungen bzw. einer genauen formalen Analyse der Dinge des alltäglichen Lebens. Hiermit wird die Alltagsrealität ästhetisch betrachtet und bewertet. Die Dinge des alltäglichen Lebens haben normalerweise eine soziale Funktion. Die subjektive Auswahl entledigt sie ihrer gewöhnlichen Funktion und Bedeutung. Duchamps vergleichende Untersuchung der Schneeschaufeln kann sich aber nur auf das subjektive Geschmacksempfinden des Auswählenden beziehen, die Anzahl der zu vergleichenden Objekte ist zudem vollkommen willkürlich gewählt (ca. sechzig unterschiedliche Exemplare), und eine weitere Subjektivierung ergibt die hinzugekommene Titelgebung des Objektes: *In advance of the broken arm*. Viele Geschichten sind vorstellbar, die sich aus der Verbindung von Titel und ausgesuchtem Alltagsobjekt ergeben (haben) könnten.

Mit Bretons und Dreiers gegensätzlicher Sichtweise sind zwei sehr unterschiedliche Interpretationsweisen der Ready-mades angedeutet. Bretons Hervorhebung der inszenierten Unabhängigkeit Duchamps, die er aus der subjektiven „Persönlichkeit der Wahl" herleitet, führt zur ästhetischen Indifferenz[301]. Ästhetisch Indifferentes kann sich von vornherein keiner vergleichenden Beurteilung unterziehen. Die radikale Aneignung von Realität ergibt sich aus persönlichen Kriterien des handelnden Subjekts. Eine Beobachtung der Auswahl oder eine Untersuchung des Ausgewählten können diese Kriterien nicht mehr nachvollziehbar machen. Der persönliche Moment (bzw. das persönliche Moment) des Entscheidens wird zum „tyrannischsten" Machtbeweis des Handelnden.[302] Gewaltsam wird der Vielfalt der Realität Kontingenz entzogen. Dreiers Konzept der Sensibilisierung der Wahrnehmungsgewohnheiten ist dagegen auf den „Durchschnittsmenschen in Amerika, der Kunst [noch] nicht als Bestandteil des alltäglichen Lebens"[303] ansieht, zugeschnitten. Beide Vor-

---

300 Ebd.

301 Duchamp wurde nicht müde, seine ästhetisch indifferenten Entscheidungsabsichten hervorzuheben. Das hielt ihn nicht davon ab, trotzdem mit der Möglichkeit einer Ästhetisierung der Ready-mades zu spielen, wie aus den überlieferten Gesprächen mit Dreier hervorgeht.

302 Diese subjektivste Entscheidung bewertet schließlich nur noch sich selbst, wenn der Blick auf dasjenige gerichtet bleibt, was nur so ist, wie es scheint, weil alles andere nicht gesehen wird!

gehensweisen sind dabei völlig subjektiv. Dreiers Vergleichen der Gegenstände kann sich nicht auf allgemeingültige oder kommunizierbare Kriterien stützen, weil der Gegenstandsbereich willkürlich ent- und begrenzt wird und damit keine bestimmbaren Merkmale in bezug auf das Vergleichbare offenliegen. Bretons isolierte Totalität der einzelnen Ready-mades und Objektmontagen öffnet sich der unbegrenzten Auswahl dessen, was das sehende Auge entdecken kann.

Zusammenfassend läßt sich sagen: Auf der einen Seite steht die freie Entscheidung für eine ästhetisch indifferente, radikale Aneignung von Realität.[304] Auf der anderen Seite steht die ebenfalls subjektiv empfundene „gute Auswahl“ einer wahrnehmungssensibilisierenden Differenzierung. Das könnte ebenfalls nur ein erster Schritt sein, für das Hineinleben in und das Bilden von Geschichten, die keinem realistischen Anspruch nachkommen müßten. Grundlage ist immer wieder die nicht weiter hinterfragbare Subjektivität des Künstlers und der Rezipienten.

Diese Betrachtungsmöglichkeiten finden sich schon bei Hegels Untersuchung der *„Auflösung der romantischen Kunstform“*. Die subjektive Entscheidung für eine radikale Aneignung der Realität (Bretons Interpretationsweise von Duchamp) entspricht hierbei Hegels Diktum, demnach seit der *romantischen Kunstform* „der gesamte Inhalt der *äußeren* Welt die Freiheit erhält, sich für sich zu ergehen und sich seiner Eigentümlichkeit und Partikularität nach zu erhalten“[305]. Demnach können auch alltägliche Gegenstände unverändert in den Kunstkontext übernommen werden. Die zweite Möglichkeit der Subjektivierung, die weitgehend ungesteuerte Sensibilisierung der Wahrnehmungs-gewohnheiten und das Hineinleben in die gesamte vorstellbare und sichtbare Welt (Dreiers Interpretationsweise von Duchamp), hat Hegel ebenfalls vorweggenommen: „Umgekehrt, wenn die subjektive Innigkeit des Gemüts das wesentliche Moment für die Darstellung wird, ist es von gleicher Zufälligkeit, in welchem bestimmten Inhalt der äußeren Wirklichkeit und der geistigen Welt sich das Gemüt hineinlebt. Das romantische Innere kann sich deshalb in *allen* Umständen zeigen [...].“[306] Das Zerfallen bzw. die Auflösung

---

303 Zitiert nach Dieter Daniels: *Duchamp und...*, a.a.O., S. 193

304 Der Künstler hat keinen Einfluß darauf, was die Gegenstände für die Rezipienten sein könnten.

305 Georg Wilhelm Friedrich Hegel: *Ästhetik I/II*, a.a.O., S. 660

306 Ebd.; Hegel unterscheidet die beiden Seiten der Subjektivität sehr klar. Einerseits stellt sich die aneignende Subjektivität der (ebd., S. 661) *„prosaischen Objektivität*: der Inhalt des gewöhnlichen Lebens“, andererseits ist es (ebd.) „die *Subjektivität*, welche mit ihrer Empfindung und Ansicht, mit dem Recht und der Macht ihres Witzes sich zum Meister der gesamten Wirklichkeit zu erheben weiß“. Hegel weiß auch schon von dem Spiel mit der Verrückung der Dinge zwischen den

der romantischen Kunstform zeigte sich für Hegel einerseits „innerhalb dieser Zufälligkeit der Gegenstände“[307] – und andererseits durch die aus heutiger Sicht postmoderne, romantische Vermischung von Realität und Fiktion, und zwar als Resultat des unbestimmten Inhalts. Ersetzt man, nach diesem historischen Rückgriff auf Hegel, die idealistische und substantialistische Weltsicht – die Hegels Verurteilung der zuvor beschriebenen Zufälligkeit zur Folge haben mußte – durch den zeitgenössischen Pragmatismus diskursaufbauender Instanzen (man denke hier beispielsweise an eine poststrukturalistische Kunstkritik), so hebt sich das Argument der Zufälligkeit von selbst auf. Die ständig neue oder andere Konstitution der Gegenstände und Konstruktion der Geschichten entzieht der Realität sogar ihre angebliche Beliebigkeit, Zufälligkeit und Kontingenz sowie den Künstlern ihre subjektive Willkür. Das scheint zumindest so zu sein, weil das Dasein der Gegenstände im kulturellen Raum (Galerie, Kunstverein, Museum) und die gleichzeitig nicht näher definierbare subjektive Affiziertheit der Betrachter als Anlaß für eine (reale) Geschichtsbildung ausreichen können.

Martin Prinzhorn antwortete 1989 stellvertretend für Kippenberger auf die Fragen von Bice Curiger.[308] Insgesamt handelt es sich bei diesem Stellvertreter-Interview[309] um einen unausgesprochenen Nachvollzug von Hegels Reflexionsstand in bezug auf den Begriff des *„romantischen Subjektivismus“*: „Die Attitüde des ‚Uns-gehört-Alles‘, was Stil und Quellen für die Arbeit betrifft, und da wirklich nichts mehr ausgegrenzt wird, gibt es keine Möglichkeit mehr, einen neuen, formal distinkten Stil zu entwickeln. [...] Er [Kippenberger] kann ja gar nicht Parasit sein, weil es für ihn keine Fremdkörper gibt. Diese inhaltliche Einstellung hat die ästhetische Praxis zur Folge.“[310] In diesem Zusammenhang erhält Hegels Argument vom möglichen Ende der Kunst-Geschichte sein stärkstes Gewicht. Wenn es keine „Fremdkörper“ mehr gibt, kann es auch keine „ästhetische Praxis“ mehr geben. Die Unterscheidung von Ästhetik und Anästhetik hätte keine Bedeutung mehr, alles wäre immer nur ästhetisch indifferent. Und ein Künstler, der prinzipiell kein „Parasit“ sein

---

Kontexten, welches für die Ready-mades des 20. Jahrhunderts von entscheidender Bedeutung sein wird. Wenn die Subjektivität (ebd.) „nichts in seinem gewohnten Zusammenhange und seiner Geltung läßt, die es für das gewöhnliche Bewußtsein hat“, dann kann das eben eine Umkodierung der Gegenstände zur Folge haben.

307 Ebd., S. 661

308 Martin Prinzhorn antwortet Bice Curiger: *Betrifft: Martin Kippenberger*, in: Parkett, Nr. 19, Zürich 1989, S. 96–100

309 Kippenberger ließ in den 80er Jahren einige Male an ihn selbst gerichtete Interview-Fragen von ihm nahestehenden Personen (Martin Prinzhorn, Michael Krebber u.a.) beantworten.

310 Martin Prinzhorn antwortet Bice Curiger: *Betrifft: Martin Kippenberger*, a.a.O., S. 98

kann, weil er nichts ausschließt, verliert nicht nur sein kritisches Potential, sondern ebnet auch die historischen, thematischen, inhaltlichen, formalen etc. Differenzen völlig ein. Übereinstimmend hierzu läßt sich eine Äußerung Jutta Koethers verstehen, eine Äußerung, die nur dann nicht anachronistisch zu bewerten ist, wenn sie nicht Selbstzweck bleiben sollte: „Kippenberger weiß von der Entwertung der Bedeutung und kann sie nur ertragen, wenn er die allgemeine, verdrängte Inflation übertrifft durch seine Inflation [...].“[311] Lange vor aller Diskussion um Posthistoire und Moderne/Postmoderne erkannte Hegel mit aller Klarsicht: „In den Darstellungen der romantischen Kunst hat daher alles Platz, alle Lebenssphären und Erscheinungen, das Größte und das Kleinste, Höchste und Geringste, das Sittliche, Unsittliche und Böse [...].“[312] Hegel selbst lehnte die romantische Kunstform ab, nicht zuletzt, weil er längst nicht alles für darstellungswürdig hielt.

Aktualität des Dadaismus der 1910er und 1920er Jahre: Gründe für „schlechte Aussagen“

„Die Dinge, die man auf der Straße sieht, anders zu sehen. Und! Ganz wichtig! Es darf nicht erziehend kommen! [...] Um das zu schaffen, muß man sein eigenes Leben zur Grundlage machen!“[313] „Ich bin ein Grund für schlechte Aussagen.“[314]

„Der Künstler steht nie höher als sein Milieu und die Gesellschaft derjenigen, die ihn bejahen. Denn sein kleiner Kopf produziert nicht den Inhalt seiner Schöpfungen, sondern verarbeitet (wie ein Wurstkessel Fleisch) das Weltbild seines Publikums.“[315]

---

311 Jutta Koether, in: *Heimweh Highway 90*, in Ausstellungskat. der gleichnamigen Einzelausstellung, Fundació Caixa de Pensions, Barcelona 1990, ohne Seitenzahlen; Übereinstimmend schrieb Renate Puvogel, in: *Martin Kippenberger. Die...*, a.a.O., S. 36: „Dieses hierarchielose Verwenden sämtlicher Verfahren und Stoffe ist Teil seiner [Kippenbergers] Strategie, das Kunstwerk in seiner Bedeutung als ästhetisches Artefakt zu demontieren.“

312 Georg Wilhelm Friedrich Hegel: *Ästhetik I/II*, a.a.O., S. 660; Hegel lehnte die Entwicklung der *romantischen Kunstform* konsequent ab, was schon dadurch ersichtlich wird, daß er sich immer noch imstande sah, unzweifelhaft zwischen „sittlich/unsittlich“, „Gut und Böse“, „schön und häßlich“ unterscheiden zu können.

313 Martin Kippenberger: *B Gespräche mit...*, a.a.O., S. 23

314 Ebd., S. 107

315 George Grosz, John Heartfield: *Der Kunstlump*, Berlin 1920/21, Auszüge in: Karl Riha (Hrsg.): *Dada Berlin. Texte, Manifeste, Aktionen*, Reclam Verlag, Stuttgart 1977, S. 84

Die Sprachformen, der Zynismus sowie die Themen und Darstellungsarten des Dadaismus sind ohne den historischen Hintergrund der 1910er Jahre nicht vorstellbar. William S. Rubin schrieb 1968 in seinem Buch über *Dada*: „Der erste Weltkrieg hatte den lange erwarteten Bankrott des Rationalismus und der von ihm bestimmten bürgerlichen Kultur des neunzehnten Jahrhunderts demonstriert. Die Tatsache, daß logisches Denken dazu mißbraucht werden konnte, Tod und Verstümmelung von Millionen zu rechtfertigen, empörte sensible Menschen."[316] Der von Rubin eingeschlagene Weg der Interpretation unterstellt den Dadaisten gesellschaftskritische Absichten und Fähigkeiten („sensible Menschen"). Der Dadaist kommentiert und dokumentiert die gesellschaftspolitische Entwicklung seiner Gegenwart.[317]

Worauf richtet sich das heutige Interesse am Dadaismus der 1910er Jahre? Es richtet sich vor allem auf die Schonungslosigkeit und Unmittelbarkeit, mit der die dadaistischen Aktivisten ihr eigenes Leben ihren gesellschaftspolitischen Grundeinstellungen und Analysen anpaßten. Damit einher geht die radikale Infragestellung ästhetischer Entscheidungen. Die Spielregeln künstlerischer Produktion werden weder autonom noch vor der Wahl der Themen und Motive geklärt. Die unmittelbare Reaktion auf Themen und Motive aus der gesellschaftspolitischen Gegenwart führt zu einer prinzipiellen Herausstellung der Funktion von Kunst. Realität soll weder verschönert werden noch in einer künstlerischen Übersetzung beherrschbar erscheinen.[318] So geht es für Raoul Hausmann in seinem Text *Der deutsche Spießer ärgert sich*, der 1919 in der Berliner Zeitschrift *Der Dada 2* erstmals veröffentlicht wurde, um die Einsicht, „daß Kunst nicht ästhetische Harmonisierung bürgerlicher Besitzvorstellungen"[319] sein darf. Die Konsequenz, die er daraus zog, bestand im realen To-

316 William S. Rubin: *Dada*, New York 1968, dt.: Verlag Gert Hatje, Stuttgart 1978, S. 7

317 In diesem Sinne verstanden sich die meisten Dadaisten in den 1910er Jahren. (Vgl. unter anderem Daimonides: *Zur Theorie des Dadaismus*, 1920, in Richard Huelsenbecks Berliner *Dada Almanach* erschienen, hier in: Reprint, Edition Nautilus, Hamburg 1987, S. 54–61.) Der Dadaist Daimonides erklärt die (S. 55) „zynische oder satirische Darstellung des Wirklichen" zum Ziel des Dadaismus und hebt dabei hervor: „Dadaistische Darstellung erfordert in Wahrheit ernstes und wirkliches Eindringen in die Idee der Sache." Nicht alle Dadaisten können sich auf diese Realismuskonzeption berufen, mit der (S. 56) „in instruktiver Absicht [ein zwar] oft schematisiertes, aber nie in der Anlage verzeichnetes Abbild" der Realität produziert werden soll. Lügen und Kommunikationsschwierigkeiten liegen für Daimonides in der Welt des Dargestellten begründet, der Dadaismus vermittelt demnach nur ein „getreues Abbild" der Gesellschaft.

318 Vgl. hierzu die mechanistische und antigenialistische Einstellung Kippenbergers, aus der heraus ästhetische Praxis auf persönliches Training und handwerkliche Fertigkeiten reduziert werden soll (in: *B Gespräche mit...*, a.a.O., S. 22): „Man kann alles dazulernen, ja man kann jede Technik lernen. Aber alles andere muß sich aus dem eigenen Leben entwickeln."

319 Raoul Hausmann: *Der deutsche Spießer ärgert sich*, in: Karl Riha (Hrsg.): *Dada Berlin...*, a.a.O., S. 67

desurteil der Kunst: „Nein, meine Herren, die Kunst ist nicht in Gefahr – denn die Kunst existiert nicht mehr! Sie ist tot."[320] Die Kunst der Vergangenheit ist für Hausmann ein schöner Schein gewesen, ausgehend von einem „sonnig-heiteren Lebensgefühl"[321]. In Anbetracht der gesellschaftspolitischen Situation der 1910er Jahre bestand für ein positives Lebensgefühl keine reale Grundlage mehr, die zweifelhafte „sonnig-heitere" Idealisierung der Vergangenheit wurde nicht kritisch hinterfragt. Viele Dadaisten wendeten ihr Unverständnis gegenüber der als unlogisch und nicht rational empfundenen Welt in eine neue Richtung: Sie griffen zu einer tautologischen Welterklärung, die die Gewißheit des subjektiven Unverständnisses als Selbstvergewisserung heranzog und zur einzigen Erklärungsgrundlage machte. Dadaisten wurden in die gesellschaftspolitische Welt involvierte Beobachter, die ihre eigenen Beobachtungen experimentell überprüften und ironisch zur Schau stellten. Auf diese Weise wird Distanzverlust als Erkenntnisleistung angesehen und als Anzeichen für Authentizität umgewertet. „Wir haben das Recht zu jeder Belustigung [...] – eine ungeheure Ironie, wie das Leben selbst: die exakte Technik des endgültig eingesehenen Unsinns als Sinn der Welt!!"[322] Das hieraus hervorgehende Bedeutungstheater soll der Realität zugerechnet werden. Die Dadaisten inszenierten ihre Vorstellung von Realität und hielten für sich selbst die Grenzen zum „sonnig-heiteren Lebensgefühl" wieder offen.

Der größte Anspruch der Dadaisten der 1910er Jahre bestand darin, daß sie jeden aufkommenden Dogmatismus zu vermeiden suchten. Konsequenter Relativismus hieß das Ziel.

Die Beobachtungen der täglichen Lebensbedingungen führte die ersten Dadaisten dazu, alles als relativ zu empfinden.[323] „Was ist das SCHÖNE, die WAHRHEIT, die KUNST, das GUTE, die FREIHEIT? Worte, die für jeden einzelnen etwas anderes bedeuten."[324] Kunst und Alltagsrealität werden zumindest dem Anspruch nach vollkommen subjektiviert und zusammengeführt.

---

320 Ebd.

321 Ebd.; vgl. hierzu Martin Kippenbergers selbsterstelltes Postulat der 1980er Jahre (in: *B Gespräche mit...*, a.a.O., S. 16): „Und ich arbeite daran, daß die Leute sagen können: Kippenberger war gute Laune!" Auffällig ist hierbei die scheinbar sorglose Gleichsetzung der eigenen Person mit der Eigenschaft „gute Laune".

322 Raoul Hausmann: *Der deutsche...*, a.a.O., S. 69

323 Vgl. auch Richard Huelsenbeck: *Dada Almanach*, a.a.O., S. 3: „Dada ist die große Parallelerscheinung zu den relativistischen Philosophien dieser Zeit." (S. 35) „Dada ist in der Zeit als das Kind dieser Epoche, die man beschimpfen kann, die sich aber nicht wegleugnen läßt."

324 Tristan Tzara: *Vortrag auf dem Dada Kongreß* (23./25. September 1922 in Weimar/Jena gehalten), in: ders.: *Sieben Dada Manifeste*, Edition Nautilus, Hamburg 1984, S. 7

Heliod Spiekermann behauptet übereinstimmend hierzu von Kippenbergers Strategie der 1980er Jahre: „Letztlich verantwortlich zu zeigen, wie die reality ringsherum wirklich ist, was täglich geschieht.“[325] Dabei bekennt Spiekermann übereinstimmend mit den dadaistischen Prämissen: „Das Mittel der Ratio versagt. [...] Relativismus ist der wahre Ismus der Jahrtausendwende.“[326]

Die Produktions- und Lebensstrategie der Dadaisten führt zur Darstellung des Absurden, hilft Solipsismen zu konstruieren, oder verstrickt die Akteure in autistischen Denkgebilden: „Übrigens kann ich im selben überzeugten Tonfall das Gegenteil vertreten. [...] Aber das Nichts läßt sich nur als Spiegelung einer Individualität aussprechen. Deshalb wird es für jedermann gültig sein, da jedermann nur die eigene Person für wichtig hält – Ich spreche von mir selber.“[327]

Für Tristan Tzara waren die Produktionsmethoden der autonomen Kunst nur uninteressante Mode- und Fassadenfragen: Dada versuche dagegen den umgekehrten Weg und führe die Kunst mit „schlauen, hinterlistigen Mitteln in die Regungen der Alltagsphantasie ein. Und umgekehrt.“[328]

Kippenberger inszeniert in dadaistischer Manier einen lange schon vor ihm vollzogenen Bruch mit den Vorstellungen der modernen Kunstgeschichte. Er demonstriert beispielhaft die ablehnende Haltung gegenüber „einer Fortschrittslinie, der auch Künstler dienten. Kippenberger dient dem nicht, sondern vor allem dem – sich-, dem – mich-, dem – mir-, [...] dem Clan und seiner Fangemeinde, kurz seinem Privatismus“[329]. Kippenberger läßt tatsächlich keine Gelegenheit aus, um die hier genannten Aspekte zu bestätigen: „In dir selbst bist du so was von unterschiedlich, du bist so was von unberechenbar [...].“[330] „Künstler lügen NUR.“[331] Die Schwierigkeiten mit den ästhetischen Entscheidungsgrundlagen werden mit der Unvorhersehbarkeit der kulturellen Entwicklungsgeschichte verknüpft. „Kunst wird sowieso ja erst im nachhinein betrachtet [...].“[332] „Wenn du in eine Ausstellung gehst und von einem Künstler gute und schlechte Bilder finden kannst, das ist gut! Kontroversen herstellen können.“[333]

Kippenberger findet die im Kontext des Dadaismus eigentlich hinfällig gewordene Unterscheidung zwischen „guten“ und „schlechten Bildern“ deshalb

---

325 Heliod Spiekermann: *frech und...*, a.a.O., ohne Seitenzahlen; Spiekermann bezieht sich nicht ausdrücklich auf den Dadaismus der 1910er Jahre.
326 Ebd.
327 Tristan Tzara: *Vortrag auf...*, a.a.O., S. 6
328 Ebd., S. 8
329 Heliod Spiekermann: *frech und...*, a.a.O., ohne Seitenzahlen
330 Martin Kippenberger: *B Gespräche mit...*, a.a.O., S. 61
331 Ebd., S. 93
332 Ebd., S. 16
333 Ebd., S. 15

„gut", weil nur der ständig neue Versuch, zu unterscheiden, vor Indifferenz schützt. Indifferenz würde bedeuten, daß das Interesse des Publikums an der Produktion und an seiner Künstlerpersönlichkeit ausbleiben würde. Bei der Unterscheidung zwischen einem guten und einem schlechten Bild können weder die subjektiven Interessen und Affinitäten der Rezipienten von den künstlerischen Ansprüchen unterschieden noch das Interesse am kunstexternen Zeitgeist von der Darstellungsleistung getrennt betrachtet werden. „Die Kunst ist in ihrer Ausführung und Richtung von der Zeit abhängig, in der sie lebt, und die Künstler sind Kreaturen ihrer Epoche."[334] Dieser Satz von Richard Huelsenbeck, der das erste deutschsprachige Dada-Manifest aus dem Jahr 1918 einleitet, hält einerseits am Begriff der Kunst fest. Andererseits wird mit diesem Manifest der dadaistische Kunstbegriff derart entgrenzt, daß keine Differenz mehr zwischen einem künstlerischen Anspruch und der Alltagsrealität zu erkennen ist. Die Realität erscheint real inszeniert, wenn die „verwegene Alltagspsyche in ihrer gesamten brutalen Realität übernommen wird"[335]. Das Leben erscheint als „simultanes Gewirr"[336]. Das erinnert an das von den Dadaisten abgelehnte *Futuristische Manifest* aus dem Jahre 1910. Nach Huelsenbeck stand mit dem Dadaismus eine kulturelle Praxis „zum erstenmal dem Leben nicht mehr ästhetisch gegenüber"[337]. Das Ästhetische bedarf bestimmter Eingrenzungen und Differenzen, die bei einer Praxis, bei der angeblich alles möglich sei, nicht mehr bestehen konnten. Hier nahmen viele Entgrenzungsversuche der Kunst des 20. Jahrhunderts ihren Ausgangspunkt. Der strategische Dilettantismus der Generation Kippenbergers läßt sich jedenfalls auf diese kulturelle Praxis beziehen.[338] Man sollte sich jedoch davor hüten, dadai-

---

334 Richard Huelsenbeck: *Dadaistisches Manifest*, April 1918, in: ders.: *Dada Almanach*, a.a.O., S. 36
335 Ebd., S. 38
336 Ebd.
337 Ebd.
338 Greil Marcus legte 1989 mit seinem Buch *Lipstick Traces* einem breiten Publikum eine Untersuchung vor, die der Verbindung der Punkbewegung der späten 70er und 80er Jahre mit dem Dadaismus der 1910er Jahre nachgeht. Marcus bemerkte (dt.: *Lipstick Traces. Von Dada bis Punk*, Distribution: Zweitausendeins, Frankfurt am Main 1993, S. 24–25): „In den frühen Tagen des Londoner Punk fand sich kaum ein Artikel zum Thema, in dem das Wort ‚Dada' fehlte. Punk sei ‚wie Dada', sagten alle, doch keiner erklärte, warum [...]." Die „Philosophie des Dada" betrachtet Marcus als einen „Laufknoten", der der elementaren Grundregel des Sophismus gehorche (S. 197): „Was ich auch sage, es ist eine Lüge." Die Londoner Punkbewegung hatte Ende der 70er Jahre auch Auswirkungen auf Berlin, wo sie nach Aussagen des Musik- und Kunstkritikers Diedrich Diederichsen von Kippenberger aufgenommen wurde. 1979 war Kippenberger sogar Teilhaber des Punklokals SO 36, in dem Rockkonzerte aufgeführt und Ausstellungen gezeigt wurden. Marcus unterstellt der Punkbewegung Freiheit und Reflexionsfähigkeit. Er verfolgt die These, daß die Punkbewegung eine direkte Reaktion auf die Gesellschaft sei, und zwar als (S. 12–13) „eine Negation aller gesellschaftlicher Fakten [...], die eine Behauptung beinhalte, daß alles möglich sei".

Abb. 36 „Heute denken – morgen fertig", 1983, Öl auf Leinwand, 160 x 133 cm

stische Haltungen/Produkte zu kanonisieren oder stilistischen Abgrenzungsversuchen zu unterziehen. „Kein authentischer Dadaist glaubte, daß seine Werke dauern oder als Muster dienen könnten."[339] Ein „authentischer Dadaist" scheint sich aber zumindest irgendeiner historischen Aufgabe und Bedeutung gewiß zu sein, denn was unterschiede sonst einen authentischen Dadaisten von einem weniger authentischen Gefolgsmann?

Kippenbergers Ölbild *Heute denken – morgen fertig*, 1983, hat einen mehrschichtigen Bildaufbau, siehe Abb. 36. Vor einem teils raumillusionistischen und teils monochrom abstrakten Bildhintergrund befindet sich eine Bildfigur, die einer Gliederpuppe ähnelt. Dargestellt ist eine Bildfigur, die ein handgeschriebenes Blatt auf den abstrakten Bildhintergrund anzubringen versucht. Dort steht zu lesen: heute/ denken/ morgen/ fertig. Das Blatt oder Schild steht in keinem räumlich definierbaren Bezug zu den anderen Bildschichten oder

339 Raoul Hausmann: *Massenpsychologie Dadas*, in: ders.: *Am Anfang war Dada*, Anabas Verlag, 3. Aufl., Gießen 1992, S. 166

-ebenen. Die Licht- und Schattenmodulationen von Blatt und Figur stehen im Widerspruch zueinander. Ein florales Gebilde in der linken Bildhälfte bleibt gänzlich unverständlich. Der Bildsatz entspricht der bruchstückhaften Uneinheitlichkeit der Bildgestaltung. Es wird keine zusammenhängende und zeitaufwendige Entwicklung erwartet, sondern eine schnelle Stellungnahme: *Heute denken – morgen fertig*. Das Teilmotiv der Gliederpuppe erinnert beispielsweise an verschiedene Photo- und Bildgestaltungen, die Man Ray seit den 20er Jahren angefertigt hat. Man Ray verwendete des öfteren das Bildmotiv der Gliederpuppe. Die mechanistische Körperhaftigkeit wurde von ihm dynamisch lebendig verfremdet. Arturo Schwarz behauptet, daß Man Ray den unfertigen Menschen darstellen wollte, der sich zu verlieren scheint. Nach Man Rays eigenen Aussagen steht die Gliederpuppe als leicht verständliches Zeichen für die „Entmenschlichung des Menschen"[340]. Der Mensch gebraucht seine Glieder nur noch einzeln, ohne das Zentrum bzw. einen Ausgangspunkt aller seiner Bewegungen zu verspüren. In diesem Kontext entstanden Man Rays Bildnisse mechanischer Handlungen als Anzeichen verlorener Identität. Kippenbergers Bild kommt der erzählerischen Malerei des Surrealismus nahe. Es handelt sich wie bei Man Ray um eine Malerei, die durch die dadaistische Grundhaltung der 1910er und 1920er Jahre erst ermöglicht wurde.

Zusammenfassend läßt sich sagen, daß der Dadaismus und die von Kippenberger repräsentierte kulturelle Praxis der 80er Jahre – trotz des historischen Abstandes – in bedeutenden Aspekten miteinander in Verbindung stehen. Das bewußte Zulassen der Alltagsphantasie[341], was wiederum die Spontaneität[342] der Handlung ermöglicht, findet sich ebenso bei Kippenberger[343] wie das Insistieren auf die „Intensität der Persönlichkeit"[344]. Die Behauptung von der Relativität[345] aller menschlicher Motivationen, Intentionen und der Erkenntnis findet seine „ästhetische" Verwirklichung/Entsprechung in der inszenier-

340 Vgl. Arturo Schwarz: *Man Ray* (1977), dt.: Rogner & Bernhard Verlag, München 1980, S. 126–127

341 Dieser Begriff verliert bei Tristan Tzara seine Abgrenzung zur künstlerischen Phantasie oder Inspiration. Vgl. ders.: *Vortrag auf dem*..., a.a.O., S. 8

342 Vgl. ebd.: „Jetzt wollen wir Spontaneität. [...] Weil alles, was freiweg, ohne Einschaltung der spekulativen Ideen, aus uns selbst hervorgeht, uns darstellt."

343 Vgl. Martin Kippenberger: *B Gespräche mit*..., a.a.O., S. 23: „Die Dinge, die man auf der Straße sieht, anders zu sehen. [...] Um das zu schaffen, muß man sein eigenes Leben zur Grundlage machen!"

344 Vgl. ebd., S. 14–15: „Mich gibt es halt insgesamt und immer sehr eindeutig als lebendes Vehikel. [...] Ich glaube ja jeden Tag neu an die Leute, und das ist eine ziemliche Kraftanstrengung." In Übereinstimmung hierzu Tristan Tzara: *Vortrag auf dem*..., a.a.O., S. 9: „Was mich interessiert, ist die Intensität einer Persönlichkeit, unmittelbar und eindeutig in ihr Werk übergegangen, ist der Mensch und seine Vitalität."

ten „Stillosigkeit als Stil“[346]. Man könnte dies als Ästhetik des situativen Kontextes bezeichnen. Die Feststellung und die Darstellung der tausendfachen Probleme der Zeit[347] lassen zwar einerseits ein dokumentarisches oder sozialpolitisches Interesse vermuten, andererseits könnte diese Arbeit aber auch ein sich selbst in der Alltagsrealität erlebendes Subjekt inszenieren. Das Subjekt spiegelt sich selbst und die Welt als undurchschaubares, „simultanes Gewirr“[348] wider: Der Künstler führt dann vor, wie gut es sich im inszenierten Bedeutungstheater leben läßt.[349]

---

345 Vgl. Tristan Tzara ebd., S. 7: „Was ist das SCHÖNE, die WAHRHEIT, die KUNST, das GUTE, die FREIHEIT? Worte, die für jeden einzelnen etwas anderes bedeuten. [...] Denn alles ist relativ.“ Vgl. Martin Kippenberger: *B Gespräche mit...*, a.a.O., S. 61 und 158: „du bist... in dir selbst bist du so was von unterschiedlich [...]. Man muß Behauptungen aufstellen, auch wenn alles nicht stimmt.“

346 Vgl. Martin Kippenberger ebd., S. 16: „Bei mir würden Rollenspiele nicht funktionieren, weil ich keinen Stil habe. Ist nicht.“ Das Bewußtsein stilistischer Freiheit, einer vitalen Freiheit, die sich nicht im Nachvollzug imitierender Rollenspiele erschöpft, deutet auf Friedrich Nietzsches vorbereitenden Äußerungen (vgl. ders.: *Jenseits von Gut und Böse* (1886), in: Friedrich Nietzsche: *Werke in drei Bänden, Bd. II*, Hanser Verlag, München 1981, S. 686) zum „Carneval großen Stils“ [...] „als Parodisten der Weltgeschichte“, als Künstler, der sich in zynisch-aufklärerischer Weise aller „Kostüme“ bedient. Zitiert und auf die konkrete Kunstentwicklung angewandt, findet sich Nietzsches Gedankengang in Richard Huelsenbecks Einleitung seines *Dada Almanach*, a.a.O. (Nietzsche Zitate S. 7 und S. 9): „Der Dadaist hat die Freiheit, sich jede Maske zu leihen, er kann jede ‚Kunstrichtung‘ vertreten, da er zu keiner Richtung gehört.“

347 Vgl. Richard Huelsenbecks erstes *Dadaistisches Manifest*, a.a.O., S. 23: „Die höchste Kunst wird diejenige sein, die in ihren Bewußtseinsinhalten die tausendfachen Probleme der Zeit präsentiert, der man anmerkt, daß sie sich von den Explosionen der letzten Woche werfen ließ [...].“ Vgl. hierzu Martin Kippenberger: *B Gespräche mit...*, a.a.O., S. 137: „Du mußt schon das Tagtägliche auf einen Nenner bringen.“; Hiermit wird eine Realismuskonzeption der Alltagsrealität impliziert.

348 Der Begriff wurde ebenfalls von Huelsenbeck im ersten *Dadaistischen Manifest* (a.a.O., S. 23) eingeführt, ohne vergleichenden Hinweis auf den Futurismus. Huelsenbeck lehnte den Futurismus pauschal ab, weil er akademisch sei und dem Leben ästhetisch gegenüber stünde: „Das Leben erscheint als ein simultanes Gewirr von Geräuschen, Farben und geistigen Rhythmen, das in der dadaistischen Kunst unbeirrt mit [...] seiner verwegenen Alltagspsyche und in seiner gesamten brutalen Realität übernommen wird.“

349 Vgl. Martin Kippenberger (*B Gespräche mit...*, a.a.O., S. 61): Auf die Feststellung von Jutta Koether, daß er sich ständig widerspreche („Ja, aber was ist das andere? Ja, eben, du widersprichst dir ständig.“), antwortet Kippenberger: „Das bist du selber, das andere.“ Die intensive Künstler-Persönlichkeit soll aufgrund ihrer inszenierten, autistischen Betrachtungsweise eine Art „therapeutische Funktion“ übernehmen. Es soll prinzipiell jeder einzelne Gedanke des Subjekts auf alles andere bezogen werden können (S. 60: „Für alles, was ich mache, habe ich Beispiele“), ohne einen Einheitsgedanken zu verfolgen. Mit der exemplarischen Tätigkeit des Künstlers soll die (einer distanzierteren Realitätsauffassung unerträglich erscheinende) Disparatheit der Subjektivität „weggeredet“ und aufgehoben werden. Ziel ist es, mit (S. 153) „der Geschwindigkeit des Lebens klar zu kommen“. Der Künstler darf folglich keine autoritären Setzungen vollziehen, denn er ist nicht im priesterlichen Besitz einer verschwiegenen Quelle der Erkenntnis. Die Konsequenz für Kippenberger lautet (S. 152): „Ich fühle mich mehr als Vertreter, also verkaufe dann auch was, vermittle auch Ideen. Du erzählst den Leuten dann was, bist Psychiater oder bist was anderes.“

Erkenntnisinteressen des Rezipienten finden in der hier beschriebenen Situation keine klar umgrenzten Gegenstände mehr vor. Losgelöst von der Vorstellung einer Einheit des Subjekts ist nicht einmal der Künstler eine Autorität, die zusammenhängend verstanden werden will. Realität kann oder soll als Ganzes gesehen nicht mehr verstanden werden. Die spontan subjektive Aufsplitterung fügt sich der paradigmatischen Qualität des Erlebens.[350]

Die 1960er Jahre: Gerhard Richter

„Ein ganzes Koordinatensystem von Werten bricht zusammen. Bewußt verrät die Motivwahl keine Vorlieben, nichts wird kritisiert, bloßgelegt oder verschönert, alles bleibt beliebig wie im Fernsehprogramm. Auch die Bildinhalte werden nivelliert. Alles scheint gleich verfügbar. Diese Bildwelt von Polke und Richter steht in einer merkwürdig ambivalenten Beziehung zu der der Massenkultur."[351]

„[...] ich hab sie sehr gemocht, diese Schwarzweiß-Malerei, bis ich gemerkt habe, daß es da... daß es einfach nicht reicht, was er [Gerhard Richter] da malt, nee, sondern langsam nur ein malerisches Problem ist."[352]

Schon Kippenbergers erste Bilderserie *Uno die voi, un tedesco a Firenze* dient als Vergleichsmöglichkeit in bezug auf die schwarzweißen Ölbilder der 60er

---

350 Vgl. ebd., S. 142: „Und man kennt ja nie genau die Wirkung der Kunst... Wenn man als Künstler selber arbeitet, denkt man, was man im Augenblick macht, und wie das aussieht an der Wand. [...] In zehn Jahren sieht die Kunst ganz anders aus! Wird die auch ganz anders gesehn!" S. 141: „Letzten Endes habe ich umgedacht, daß es uninteressant ist, ob die Kunst gut ist oder nicht gut ist, nur, was ich mit der Kunst mache, wie ich das in mein Leben integriere [...], das ist wichtig." Vgl. hiermit übereinstimmend: Heliod Spiekermann: *frech und ungewöhnlich...*, a.a.O., ohne Seitenzahlen: „Man muß Martin Kippenberger erfahren, nicht verstehen." Die gleichen Äußerungen finden sich bei den Dadaisten seit den 1910er Jahren. Richard Huelsenbeck: *Dada Almanach...*, a.a.O., S. 4: „Dada kann man nicht begreifen. Dada muß man erleben." Man Ray (in: *Objekts of my Affection*, Ausstellungskat. der Julien Levy Gallery, New York 1945, zitiert nach: Arturo Schwarz: *Man Ray*, a.a.O., S. 188): „Das Streben nach Vergnügen, mein Leitmotiv, ist keine Wissenschaft [...], der Wunsch, nicht die Notwendigkeit, ist der Antrieb."

351 Stephan Schmidt-Wulffen: *Spielregeln. Tendenzen der...*, a.a.O., S. 149; Schmidt-Wulffen behauptet, daß sich die Massenmedien der 60er Jahre für Richter und Polke zu einem unmittelbaren (S. 151) „Vorbild ästhetischer Praxis entwickelt" haben. Die Folge sei, daß „eine auf Überzeugung und Argumentation beruhende Kunstvorstellung gegen eine des Genusses und der Verführung vertauscht" erscheint. Die ambivalente Beziehung der Künstler zu den Phänomenen der Massenkultur zeige sich dadurch, daß die Angleichungen der künstlerischen Produktionsmethoden an die Prinzipien der medialen Massenkultur zwar einerseits kritisch betrachtet, aber andererseits auch affirmativ erlebt werden können.

352 Martin Kippenberger: *B Gespräche mit...*, a.a.O., S. 104

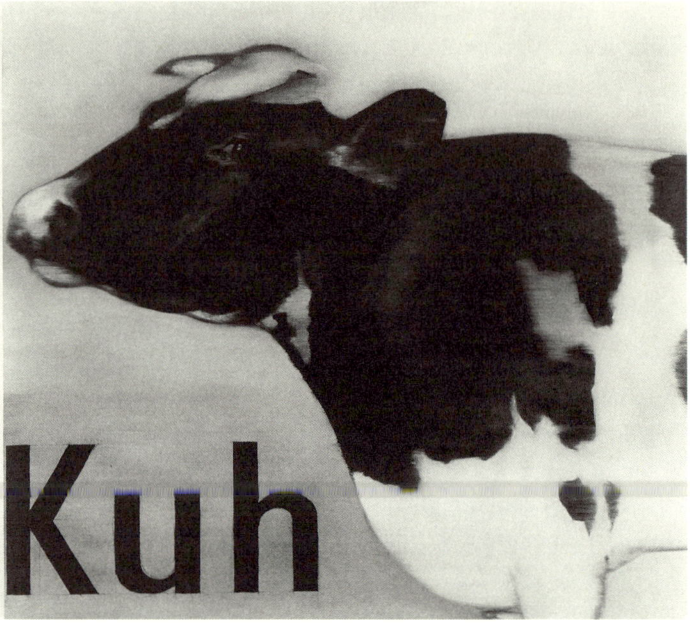

Abb. 37 Gerhard Richter: „Kuh", 1964, Öl auf Leinwand, 130 x 150 cm

und 70er Jahre, die Gerhard Richter ausschließlich nach Photovorlagen gemalt hat. Kippenberger antwortete Jutta Koether 1991 auf die Frage nach seinen Vorbildern in künstlerischer Hinsicht: „Richter halt nur rein von der Malerei gesehn, und ich hab das auch mißverstanden, aber ich fands gut, und es hat mich ein paar Schritte weitergebracht."[353] Gemeinsam ist den frühen Bildern Kippenbergers und den nach Photovorlagen gemalten Bildern Richters folgende Doppelstrategie. Erstens: Selbstthematisierung des Mediums. Zweitens: Scheinbarer Anspruch auf Realismus des Dargestellten als Dokumentation von Realität. Richter erreicht die hieraus hervorgehende Doppelkodierung mit seiner eigens entwickelten Verwischtechnik der noch feuchten Ölfarbe. Unter Zuhilfenahme eines Diaprojektors werden auf die Leinwand projizierte Photographien in gewisser Weise „unscharf" nachgemalt.[354] Kippenbergers

353 Ebd., S. 156

354 Es sei daran erinnert, daß Gerhard Richter in einem Brief an die Neue Deutsche Wochenschau vom 29. April 1963 im Auftrag der Künstlerkollegen Manfred Kuttner, Konrad Lueg und Sigmar Polke darauf hinwies, daß er und die genannten Künstler „erstmalig in Deutschland Bilder [zeigen], für die Begriffe wie [...] kapitalistischer Realismus, [...] German Pop und einige ähnliche kennzeichnend sind". (Vgl. Hans-Ulrich Obrist: *Gerhard Richter. Text*, Insel Verlag, Frankfurt am

Abb. 38 René Magritte: La trahison des images (Ceci n'est pas une pipe), 1928/29, Öl auf Leinwand, 62,5 x 81 cm

Selbstthematisierung des Bildmediums wird aus der Kombination seiner fast ausschließlich schwarzweißen Ölbilder einheitlichen Formats ersichtlich. Ihre stillose Unterschiedlichkeit, die beispielsweise das gestisch expressive Abmalen von Photonegativen gleichrangig neben das spontan wirkende Skizzieren comichafter Bildausschnitte stellt, verdeutlicht ebenso die Autonomie des Mediums der Malerei wie Richters artifizielle Gleichrangigkeit verwischter Abmalungen von Zeitungsabbildungen und dilettantischen „Schnappschüssen".

Gerhard Richters Ölbild *Kuh*, 1964, siehe Abb. 37, kommt folgender Doppelstrategie nach: Einerseits dokumentiert es ein triviales Bildmotiv alltäglicher Realität. Andererseits rückt die mediale Präsenz des hergestellten Bildes mit in den Vordergrund. „Richter malt in höchst gelungener Form den Eindruck eines mißlungenen, weil unscharfen Fotos oder einer schlechten Abbildung und verändert damit die Grundlagen unserer Bildwahrnehmung."[355]

Main und Leipzig 1993, S. 11–12); Den Künstlern ging es dabei anscheinend nicht darum, die vorgefundene Realität einer profanen Konsumkultur zu kritisieren. (Vgl. hierzu Hubertus Butin: *Grafik des Kapitalistischen Realismus*, Galerie Bernd Slutzky, Frankfurt am Main 1992, S. 7)

355 Peter Friese: *Von der Kunst des Zuspätkommens*, in: *Gerhard Richter und die Romantik*, Kunstverein Ruhr, Essen 1994, S. 40

Peter Frieses Äußerung kann man derart verstehen, daß das Bildmotiv seine triviale Bedeutung in dem Moment der Betrachtung verliert, in dem die absichtsvolle Gestaltung des Bildes und die von vornherein angelegte „Unschärfe = Verwischung“ vom fokussierenden Betrachter erkannt wird. Der Aspekt der Präsenz des Bildes als Bildrealität wird durch den weißen Rand auf der linken Bildseite noch verstärkt. Es entsteht der unbestimmte Eindruck, daß teilweise die Begrenzungen der Photo- oder Abbildungsvorlage mitgemalt sein könnten. Das Ölbild wird dadurch zur Darstellung einer fragmentarischen Abbildung, deren Herkunft unbekannt bleibt: Worauf könnte sich dieser Rand sonst noch beziehen? Nach welchen Kriterien wurde dieser Motivausschnitt festgelegt? Die Frage nach dem künstlerischen Anspruch des Ölbildes erscheint sofort mitthematisiert. Wozu dient die absichtsvolle Verwischtechnik? Einerseits wird der Pinselduktus der Betrachtung vorenthalten, andererseits wird dem Bildmotiv sein möglicher Detailreichtum entzogen. Ansprüche an die Bildkomposition sind durch den ungewöhnlichen Ausschnitt und durch die Abmalung des weißen Abbildungsrandes an die Grenze der Beliebigkeit getrieben.

Der Bildtitel *Kuh*, der in schwarzen Druckbuchstaben groß auf den unteren Bildrand gemalt wurde, erscheint als eine schriftliche Tautologisierung dessen, was man ohnehin schon auf dem Bild sieht. Damit handelt es sich um eine reaktionäre Umkehrung oder Mißachtung in bezug darauf, was René Magritte 1928/29 mit einem handgeschriebenen Satz auf mehreren Bildern verkündete: *Ceci n´est pas une pipe*, siehe Abb. 38. Während Magritte jedoch die mediale Bildrealität gegen den Realitätsgehalt des Dargestellten auszuspielen vermochte,[356] scheint dagegen Richters Bild zunächst von problematischen Fragen nach dem Realitätsgehalt der Darstellung verschont zu bleiben.

Bei näherer Beschäftigung, mit dem Wissen um Magrittes analytische Vorarbeit, zeugt Richters Bild von dialektischer Raffinesse. Mit dem Titel wird die Vorstellung einer Kuh in das Bewußtsein gerufen. Tatsache ist jedoch, daß das Bild die typografisch dargestellte Bezeichnung „Kuh“ neben die Darstellung einer Darstellung (beispielsweise den Ausschnitt einer photografischen Abbildung einer Kuh) stellt. Beides (Schrift und Bild im Bild) bezieht sich entfernt auf das Signifikat: Kuh. Das (malerisch bildlich) Dargestellte und die dargestellte Bezeichnung gehören derselben Realität an, und zwar der Bildrealität. Die Widersprüchlichkeit der Bezugsebenen von Schrift und Abbildung, die

---

356 Vgl. auch Michel Foucaults Betrachtungen zu den Bildern René Magrittes, in: ders.: *Ceci n'est pas une pipe* (1973); dt.: *Dies ist keine Pfeife*, Ullstein Kunstbuch Verlag, Frankfurt am Main 1974, S. 12: „Das Verwirrende ist, daß es einerseits unvermeidlich ist, den Text auf die Zeichnung zu beziehen [...], und daß es andererseits unmöglich ist, die Ebene zu definieren, auf der der Satz für wahr, falsch oder widersprüchlich erklärt werden könnte.“

Foucault in den Bildern von Magritte thematisiert sah, ergibt sich dagegen nur dann, wenn man dem dargestellten Bildmotiv und dem dargestellten Bildsatz (Bezeichnung etc.) unterschiedliche Bedeutungsebenen zubilligt, beispielsweise den Bildsatz der Abbildung überordnet. Warum sollte man das tun? Dafür gibt es zumindest bei Richters Bild keine aus dem Bild selbst oder aus einem anderen Kontext zu entnehmende Rechtfertigungsmöglichkeit: Schrift und Abbildung bzw. Bild im Bild haben zunächst den gleichen Realitätsanspruch: Bildrealität zu sein. Das heißt, keines von beiden kann dem anderen als Erklärung, Bezeichnung oder Kommentar übergeordnet werden, weil die Bildlogik nicht mit der außerbildnerischen Logik (Realitätsanspruch des Motivs) übereinstimmen muß. Anders gesagt: Würden die Bildsätze, Bezeichnungen etc. in eindeutig bezeichnenden Relationen zu den Bildmotiven stehen, dann wären die Bilder lediglich eine Bestätigung der normalen Alltagsrealität.

Kippenbergers Ölbild *Ohne Titel*, 1993, stellt scheinbar die Alltagsrealität in Frage, siehe Abb. 39. Die untere Fläche des Bildes wird von einem weißen Bildstreifen eingenommen. Dies ist mit dem weißen Rand auf Richters Bild *Kuh* vergleichbar. Im Zentrum des Bildmotives steht ein farbig gemalter Stuhl, dessen monochrom weißer Bildraum durch eine grüne Umrandung begrenzt ist. Außerhalb dieser Umgrenzung steht in schwarzen Druckbuchstaben auf der unteren weißen Bildfläche: *Tisch*. Diese Bezeichnung könnte man als Bilduntertitel auffassen. Das führt zu einem billigen Witz: Ein Stuhl soll ein Tisch sein? Die syntaktische Beziehung zwischen gemaltem Begriff und gemaltem Motiv ergibt die Bildlogik. Kippenbergers Bildlogik relativiert den naiven Glauben, daß die Bildlogik der Alltagsrealität entsprechen müsse. Die Erkenntnis, die man mit Richters Bild machen kann, daß ein gemalter Begriff sowieso nur auf eine gemalte Darstellung verweist und beide nur entfernt mit der Alltagsrealität vermittelt sind, wird in gewisser Weise von Kippenberger modifiziert und weitergeführt. Ebensowenig wie eine gemalte Pfeife mit der Realität einer Pfeife übereinstimmen kann, brauchen der gemalte Begriff Tisch und die gemalte Darstellung eines Tisches auf denselben Referenten zu verweisen. Die Realität eines Bildes ist ein Ort, an dem sich Beziehungen konstruieren lassen.[357] Das Bild dient niemandem, es kann das Verständnis der schon bekannten Realität nicht erleichtern.

357 Gerhard Richter hat 1962 einen Tisch gemalt und dem Bild den Titel *Tisch* gegeben. Dieses Bild steht am Anfang der Werkgruppe, die sich mit dem Abmalen von Photographien befaßt. Dabei wurde das aus der Zeitschrift *domus* abgemalte Photo eines Tisches durch eine expressive Malgeste übermalt, da Richter nach eigenen Aussagen die „unbefriedigende realistische Darstellung“ nicht akzeptieren wollte. Vgl. hierzu Ulrich Wilmes: *Gerhard Richter*, in: *Künstler Lexikon der Gegenwartskunst*, Lothar Romain (Hrsg.), München 1988, S. 3: „[...] eine realistische Struktur

Abb. 39 „Ohne Titel" (Tisch), 1993, Öl auf Leinwand, 180 x 150 cm

Abb. 40 „Modell Interconti", 1987, Bild von Gerhard Richter aus dem Jahr 1972, Holzrahmen, Möbelfüße, 32 x 79,5 x 59 cm

Es läßt sich zusammenfassend sagen: Das Interessante an dem Bild von Magritte ist, daß es das Bild selbst ist, welches dem Betrachter erklärt, daß das gemalte Motiv nicht mit der alltäglichen Realität (der Dinge) übereinstimmt. Das Bild von Richter imitiert optische Erscheinungen der Medienrealität (Photos) und übernimmt die alltäglich gewohnten Beziehungen der Begriffe zu den Dingen. Kippenberger verzichtet auf die gewohnte Syntax der Alltagsrealität. Er mutet der Bildlogik „Fehler" zu.

Martin Kippenberger zeigte 1987 zum ersten Mal einen mit Skulpturen vollgestellten Galerieraum.[358] Diedrich Diederichsen reflektierte in seinem programmatischen Katalogtext die zu diesem Zeitpunkt für ihn überraschende Skulpturenproduktion des Künstlers. Bis Mitte der 80er Jahre hatte sich Kippenberger überwiegend mit der Produktion von Bildern, Zeichnungen, Photographien und Künstlertexten beschäftigt. Mit den neuen Skulpturen konnte aber die reale Präsenz der Alltagsrealität noch unmittelbarer in die Arbeit einfließen. Diederichsen kommentiert: „Ein großer Teil der ausgestellten Arbeiten sind Berichtigungen durch doppelte Verneinungen, eine vorgefundene Fehlerhaftigkeit wird nachgebaut und ein Fehler beim Nachbau hebt die Fehlerhaftigkeit des ersten vorgefundenen, aber selbstverständlich erhaltenen Fehlers wieder auf."[359] Diederichsen belegte seine These jedoch nicht.

Modell Interconti, 1987, ist zunächst ein Beistelltisch, der beispielsweise in einem Hotelzimmer als mehr oder weniger praktisches Möbelstück Verwendung finden könnte, siehe Abb. 40. Die schlichte Konstruktion besteht aus handelsüblichen Möbelfüßen, einem Holzrahmen und einem grauen Strukturölbild von Gerhard Richter aus dem Jahre 1972. Die von Kippenberger im Sinne Diederichsens „vorgefundene Fehlerhaftigkeit" könnte sich auf Richters autonome Bildgestaltung bezogen haben. Der „Fehler" könnte darin bestanden haben, daß Kippenberger das Bild nicht zu interpretieren vermochte bzw. den Kriterien der abstrakt-monochromen Bildgestaltung nicht nachgegangen wäre. Das würde bedeuten, daß Kippenbergers Beschäftigung mit Richters Bild keine Bedeutung zukam. Kippenbergers anschließende „Berichtigung" diente vordergründig keinem ästhetischen und keinem künstlerischen Anlie-

---

wird durch eine abstrakte außer Kraft gesetzt." Zumindest wurde durch die teilweise Übermalung das Bildmotiv (Tisch) (S. 6:) „in seiner Repräsentanz-Funktion für die Wirklichkeit ausgelöscht und unmittelbar als die Realität des Bildes" eingesetzt. Für Wilmes besteht die entscheidende Erkenntnis anhand des Bildes darin, daß die teilweise Zerstörung des Bildmotivs nicht die Zerstörung des Bildes als Bild zur Folge hat.

358 Einzelausstellung: *Peter*, Galerie Max Hetzler, Köln 1987

359 Diedrich Diederichsen: Ohne Titel, in: Ausstellungskat. *Peter*, Galerie Max Hetzler, Köln 1987, S. 6

gen, sondern einer praktischen Verwendung. Das Bild wurde schließlich zur Tischplatte eines Beistelltisches. Der „Fehler beim Nachbau" läge demnach in der Unzulänglichkeit des Bildes begründet, denn die Struktur der Ölfarbe und die lose auf dem Keilrahmen durchhängende Leinwand sind für den täglichen Gebrauch als Tischplatte völlig ungeeignet. Das Bild ist nicht ausreichend geeignet für diese praktische Verwendung.

Modell Interconti kann also schwerlich als Möbelstück angesehen werden bzw. Verwendung finden. Eher müßte man es als bearbeitetes Ready-made oder noch exakter: als bearbeitetes „Reziprokes Ready-made" bezeichnen. Erinnert sei an Marcel Duchamps Notizen der *Grünen Schachtel* aus dem Jahr 1934. Dort findet sich beispielsweise folgender Vorschlag: „Reziprokes Readymade: einen Rembrandt als Bügelbrett benutzen."[360]

Modell Interconti läßt sich nicht einfach als bildlich inszenierte Zerstörung oder als zynische Aburteilung des Ölbildes von Gerhard Richter verstehen. Der „Tisch" wird nicht in der Alltagsrealität benutzt, er dient als darstellende Objektmontage und wird wieder in den Kunst-Kontext überführt. Es handelt sich um Kunst über Kunst.[361] Dieser Aspekt ist auch von John Caldwell hervorgehoben worden. Der Kurator des San Francisco Museum of Modern Art schrieb anläßlich der dort von ihm 1991 ausgerichteten Einzelausstellung *Put your eye in your mouth* im Vorwort des Kataloges: „Merely to imagine someone resting a drink or a coffee cup on the beautiful surface of Richter's painting is almost impossible, and that, in fact, is part of the point. [...] In the end, Kippenberger's sculpture is only in part a bizzare joke at Richter's expense; it is also a bitter, pained expression of his own anguish at the function art performs in the world."[362] Für Caldwell ist Kippenbergers „Skulptur" schmerzvoller Ausdruck einer fundamentalen Verletzung der Kunst, sie ist exemplarisches Beispiel für einen falschen Umgang mit Kunst. Kippenberger wäre demnach also kein zynischer Kommentator einer kontextverlorenen Kunst eines anderen Künstlers: Statt dessen zeigt er selbst, und zwar drastisch, was passiert, wenn die Rezipienten und Besitzer der Kunst sich ihre Werke gefügig machen!

---

360 Zitiert nach: Dieter Daniels: *Duchamp und die...*, a.a.O., S. 196

361 In diesem Sinn will auch Jutta Koether *Modell Interconti* verstanden wissen. In Kippenbergers Katalog der Einzelausstellung *Heimweh Highway 90* (a.a.O., S. 28) schreibt sie: „So kam es, daß zum Beispiel ein von Kippenberger ertauschtes kleines, monochromes graues Gerhard-Richter-Bild in der ‚Peter'-Ausstellung als Tischplatte Verwendung fand, was in dieser Ausstellung überhaupt nicht als spektakuläres Ereignis auffiel oder zu werten war [...], sondern [...] zusammengedrängt war in einem Raum mit vielen anderen Feststellungen darüber, was Kunst alles kann, was sie will, was die Motive sind [...]."

362 John Caldwell, in: Katalog der Einzelausstellung *Put your eye in your mouth*, San Francisco Museum of Modern Art, San Francisco 1991, S. 9

Die künstlerischen Strategien von Richter und Kippenberger sind nicht in allen Punkten grundsätzlich verschieden: Beide Künstler beziehen beispielsweise ihre Motive aus der Alltagsrealität. Des weiteren wenden sich beide Künstler gegen vereinnahmende Stilisierungen und einengende Absichten. „Ich verfolge keine Absichten, kein System, keine Richtung, ich habe kein Programm, keinen Stil, kein Anliegen."[363] „[...] weil ich keinen Stil habe. Ist nicht."[364] Beide Künstler sind der Überzeugung, daß Kunst in erster Linie nicht durch eine handwerkliche Fähigkeit, Begabung oder Arbeit bestimmt und erzeugt wird, sondern durch das sehende Beurteilen und Entscheiden. „Zum Beispiel dies: Kunst wird ja nicht mehr gemacht, sondern nur betrachtet. [Künstler] schauen sich Kunst an und arbeiten darüber und das ist die Kunst von heute."[365] Übereinstimmend hierzu äußerte Richter 1986: „Er [der künstlerische Produktionsakt] hat nur nichts mit dem Talent des ‚Handgemachten' zu tun, sondern nur mit der Fähigkeit zu sehen und zu entscheiden, *was* sichtbar werden soll."[366]

Sigmar Polke

Kippenbergers künstlerische Strategie wird immer wieder mit Sigmar Polkes Arbeiten in Verbindung gebracht. Dieser Aspekt durchzieht die Ausstellungskritiken bis in die 90er Jahre. Rückblickend auf sein Studium an der Hamburger Hochschule für Bildende Kunst bezeichnete Renate Puvogel Kippenberger „zwar nur als sporadischen aber explizitesten Schüler Polkes"[367]. In Hamburg, wo Polke 1970–71 als Gastprofessor lehrte, war Kippenberger seit 1972 bei Rudolf Hausner als Student eingeschrieben. Kippenberger brach das Studium schon nach wenigen Semestern erfolglos ab, verließ 1976 Hamburg und begab sich auf die Reise nach Florenz. Polke nahm seine Lehrtätigkeit erst 1977 in Hamburg wieder auf.

Kippenberger war in diesem Sinn also kein „Schüler" Polkes, „wenngleich das Vorbild Polkes alleweil präsent ist"[368].

363 Notiz von Gerhard Richter, 1966, in: Hans-Ulrich Obrist (Hrsg.): *Gerhard Richter. Text*, a.a.O., S. 53

364 Martin Kippenberger: *B Gespräche mit...*, a.a.O., S. 16

365 Ebd., S. 14

366 Gerhard Richter, Interview mit Benjamin H.D. Buchloh, 1986, in: *Gerhard Richter. Text*, a.a.O., S. 131

367 Renate Puvogel: *Martin Kippenberger*, anläßlich der Einzelausstellung *The Happy End of Franz Kafka's ‚Amerika'*, a.a.O., S. 386

Harald Fricke schrieb 1994: „Möglicherweise steckt hinter Kippenbergers Verweigerung aber auch wahrhaftiger Humor.“[369] Er unterstellte Kippenberger „sein großes Vorbild Sigmar Polke“ und belegte die Kunst beider „narzistischer Künstler“ mit der Funktion eines „ironischen Spiegels“, der dem real existierenden zynischen Kapitalismus vorgehalten werde. Auch die Kritiker und Kuratoren im Ausland sehen eine Verbindung zu Polke. Neben dem Aspekt der Alltagsikonographie wird immer wieder das (postmoderne) „Plündern“ der Kunstgeschichte angesprochen. Die zuletzt genannte, inzwischen allgemein anerkannte Strategie habe sich vor allem von Polke auf Kippenberger und Dokoupil übertragen. „Kippenberger's early work was clearly indebted to that of Sigmar Polke, who taught at the Hamburg Hochschule and whom Kippenberger knew well, though he was not directly his student.“[370] Der Kurator John Caldwell, der in seinem Text Kippenbergers Bilder als abscheulich („outrageous“) und den Künstler selbst als boshaft und hämisch („sardonic“) bezeichnete, organisierte 1991 nicht zufällig eine Einzelausstellung mit Kippenbergers Bildern, nachdem er zuvor 1990–91 eine Polke-Retrospektive veranstaltet hatte. Der oben schon angesprochene Aspekt des Plünderns der modernen Kunstgeschichte kommt für Caldwell durch die Art und Weise zum Tragen, wie „the conventions of modernist art used as occasions for rude comedy“[371]. Bedeutsam ist in diesem Zusammenhang, daß Polke in den 80er Jahren in Amerika zu einem Vorbild in bezug auf zeitgenössische künstlerische Aneignungsstrategien avancierte. Hervorgehoben wird immer wieder Polkes künstlerische Strategie der angeblich unterschiedslosen Aneignung und Vermischung, mit der er sich sowohl dem gewöhnlichen Alltagskitsch annähert als auch die bekannten Kunststile imitiert. Polkes Produktionsstrategie zeichnet sich tatsächlich dadurch aus, daß er Bildmotive und Effekte vereint, die eigentlich nichts miteinander zu tun haben. Er plünderte bereits zu einer Zeit die Kunstgeschichte, als diese „Frechheit noch nicht unter dem Namen ‚Besitzergreifung‘ Respektabilität erlangt hatte, und übte nicht unerheblichen Einfluß auf amerikanische Künstler wie David Salle aus.“[372]

Kippenberger ließ sich ebenso wie Polke bei der Sichtung des die Künstler umgebenden Kulturmülls ablichten, woraus einmal mehr ersichtlich wird, daß

368 Andreas Quappe: *Ans Kreuz genagelter...*, a.a.O., S. 26

369 Harald Fricke: *Schlüpferstürmer*, a.a.O., S. 44; die folgenden Zitate ebd.

370 John Caldwell: *Martin Kippenberger*, a.a.O., S. 9

371 Ebd.

372 Deborah Salomon: *„Die Kölner Herausforderung“* (dt.: Mitchel, Köln), vgl.: New York Times Magazine, New York 6. September 1992

Abb. 41 Sigmar Polke, Photographie von Benjamin Katz

beide Künstler nicht nur an den Ergebnissen der Hochkultur interessiert sind, siehe Abb. 4 und Abb. 41.[373, 374]

Kippenberger und vor ihm Polke betreiben ein hedonistisches Spiel mit der Rolle des Künstlers. Beide inszenieren angeblich eine Verbindung zwischen ihrer Gebote mißachtenden Lebensführung und der ästhetischen Krite-

373 Das Photo, welches Abb. 41 zugrunde liegt und Polke bei der Sichtung des Straßenabfalls zeigt, wurde von dem Photographen Benjamin Katz 1985 als Katalogabbildung veröffentlicht, in: Benjamin Katz: *Photographien*, Galerie Tanja Grunert, Köln 1985, S. 11. Das Photo der Abb. 4, das Kippenberger bei der Sichtung des Straßenabfalls zeigt, ist von Kippenberger 1989 als Bestandteil der achtzig Unikat-Büchlein umfassenden Edition für die Kunstzeitschrift Parkett verwendet worden. Das Photo wurde für eines der Büchlein auf der Buchvorderseite sowie auf den folgenden zweihundertsechzig Seiten unverändert als Offsetdruck reproduziert. Der Titel dieses Unikat-Büchleins lautet: *Sigmar Polke (Photo: Thomas Walter)*

374 Einen Unterschied in bezug auf den Sinngehalt der Abbildungen könnte man daraus entnehmen, daß sich Polke aus seiner aufrechten Haltung hinabneigen muß, um den Müll zu sondieren. Kippenberger – in seinem Rollenspiel *Sigmar Polke* – reicht der Müll dagegen bis an den Hals, obgleich er doch schon auf Zehenspitzen steht.

rienarmut ihrer Produktion.[375] Vor allem in den 60er Jahren verband Polke „den Akt des Malens mit einem die Gebote mißachtenden Lebensstil, der in Drogen, Alkohol, Hippie-Stil [...], Rockerbanden usw. bestand“[376]. Vergleichend kann daran gedacht werden, daß Kippenberger 1969, also noch bevor er mit der künstlerischen Ausbildung begann, seine kurz zuvor angefangene Dekorateurslehre beim Bekleidungshaus Boecker wegen unerlaubten Drogenkonsums abbrechen mußte. Ebenso sei noch einmal auf die gesellschafts-nonkonforme Lebensweise der Berliner Punk-Bewegung hingewiesen, mit der Kippenberger Ende der 70er Jahre in Kontakt stand. Trotzdem kann es sich weder bei Polkes Arbeiten der 60er Jahre noch bei Kippenbergers Produktion seit Ende der 70er Jahre um anachronistische Auflösungsversuche der Kunst handeln. Kunst soll nicht in Alltagsrealität überführt werden. Für beide Künstler gilt, was Mc Evilley 1991 rückblickend über Polkes Werk schrieb: „Vielmehr nahm es [Polkes Werk vor allem der 60er Jahre] eine Kritik an den ästhetischen Werten und Traditionen, die die Malerei so lange gestützt hatten, in den verstoßenden Akt auf und führte ihn dadurch noch weiter.“[377] Sowohl Polke als auch später Kippenberger bedienen sich der visuellen Direktheit der Pop Art, um die Abfälle und Folgewirkungen des alltäglichen Konsums einer fortschrittsorientierten und dabei zunehmend saturierten Gesellschaft aufzeigen zu können. Beispielhaft sind hierfür Polkes Kugelschreiberzeichnungen (seit 1963), die mit äußerster künstlerischer Ökonomie soziale Alltagsrealität parodieren.

Die Zeichnung *Sekt für alle*, 1965, zeigt eine Forderung der wachstumsorientierten Nachkriegsgesellschaft auf, siehe Abb. 42. Es handelt sich hierbei um eine gemäßigte Forderung der nach Freizeit und „relativem Luxus“ drängenden, anonymen Masse mit gleichgeschaltetem Bewußtsein. Der Luxus ist schon deshalb relativ, weil es schließlich nicht heißt: Champagner für alle! Der Motivhintergrund wird von zwei schematischen Clownsgesichtern und einem Hasengesicht eingenommen. Die Gesichter veranschaulichen keine charakterstarken Persönlichkeiten, sondern sind als Parodie zu verstehen. Einen vergleichbaren Sozialpathos der sich ständig neu formierenden Freizeitkultur findet man in vielen Arbeiten Kippenbergers.

---

375 Vgl. auch Martin Hentschels Dissertation: *Die Ordnung des...*, a.a.O. Hentschel verweist in einem Kapitel seiner Dissertation auf die Verbindungen vom Dadaismus über Happening und Fluxus bis hin zu Polke. Allen diesen Bewegungen gemeinsam sei die nur vorgebliche Durchdringung von Kunst und Alltagswelt und in der Folge eine Erweiterung und Umorientierung der ästhetischen Kriterien und Werte.

376 Thomas Mc Evilley: *Flower Power oder der Versuch, das Offensichtliche über Sigmar Polke zu sagen*, Parkett, Nr. 30, Zürich 1991, S. 46

377 Ebd.

Abb. 42 Sigmar Polke: „Sekt für alle", 1965, Tusche und Kugelschreiber auf Papier, 29,5 x 21 cm
Abb. 43 „For a Life Without a Dentist", 1984, Öl und Silikon auf Leinwand, 180 x 150 cm

Die imaginäre Bildwelt des Ölbildes *For a Life Without a Dentist*, 1984, scheint sich ebenfalls auf ein Publikum zu beziehen, welches sich lediglich mit sich selbst und den persönlichen Lebensproblemen auseinandersetzt, siehe Abb. 43.

Man könnte mutmaßen, daß Polkes Parodien in gewisser Weise auf den Genuß und den relativen Wohlstand der Massengesellschaft beschränkt bleiben. Die verbleibenden Schmerzen und Schädigungen des erlebnissüchtigen Publikums hat Polke dabei weniger im Blick. Kippenberger konzentriert sich 15–20 Jahre später auf eben diesen Aspekt.[378] Die Vorstellung von einer zivilisierten Welt ohne Zahnärzte kommt der Idee einer Utopie sehr nahe. Das

378 Vgl. unter anderem die Bilder Abb. 16 und Abb. 6. *Selbstjustiz durch Fehleinkäufe*, 1984, verdeutlicht geradezu wörtlich die Folgen eines zeitgemäßen Konsum-Schmerzes. Das Bild *Die Bourgeoisie kommt nicht weiter, und der Fußball bewegt sich im Mittelfeld*, 1985, thematisiert die ich-zentrierten Störungen einer onanierenden Bildfigur, was durch die hinzugefügten Aufkleber ergänzt wird: *I love Mi(l)ch*; *I love 50%*.

„kitschig“ gemalte Bild einer kindlichen Rückenansicht, angereichert mit Verzierungen und Schmuckornamenten auf der äußeren Bildfläche, illustriert die auf das Subjekt konzentrierten Interessen einer fortgeschrittenen Wohlstandsgesellschaft. Handelt es sich um die Darstellung einer Utopie von einer schmerzfreien Gesellschaft?[379] Ist dies die Konsequenz eines inzwischen vergangenen Zeitgeistes, der von den 60er Jahren an bis in die frühen 80er dominierte? Leidet man nun darunter, daß der Sekt zwar für kurze Zeit für alle floß (Polke), sich aber im übrigen nichts änderte?

An dieser Stelle bietet sich die nochmalige Abgrenzung der Begriffe Dilettantismus, Aneignung und Fehler an.

Martin Hentschel verwendete 1991 den Begriff „des Dilettantischen“ im Zusammenhang mit Polkes frühen Zeichnungen der 60er Jahre. Hentschel ist der Auffassung, daß unter Zuhilfenahme des Dilettantischen die Bildrealität gestärkt werde. Die dilettantische Hervorhebung der Bildrealität ersetze die vernachlässigte Genauigkeit der abbildenden Darstellung. Aber wodurch erhalten beispielsweise Polkes Kugelschreiberzeichnungen, deren Motive zum großen Teil der zeitgenössischen Werbung entnommen wurden, ihren *„dilettantischen* Zug“[380]?

Der Dilettantismus wird tatsächlich aus der Differenz zwischen der Art der Darstellung und dem inszenierten Anspruch deutlich.

Die schematischen Verkürzungen, die anatomischen Ungenauigkeiten bei der Motivausführung, die Größenverhältnisse der Motivteile und deren Verhältnis zur Blattgröße etc. veranlaßten Hentschel zu der übereinstimmenden Feststellung: „Im Moment des Dilettantischen verblaßt die Logik der Werbung.“[381] Hentschel führt aus, daß bestimmte Schemata, die in der Alltagsrealität immer wieder auszumachen seien, von Polke nur unvollständig nachgezeichnet (angeeignet) würden. Nach Hentschel werden dadurch die Beziehungen der Bildelemente zueinander gelockert und der Aufforderungscharakter der Werbeanzeigen zerstört.

Die Abstraktion bzw. Neuorganisation der Bildelemente können jedoch ein derartiges Ausmaß erreichen, daß von einer selbstverständlichen Sicherheit im Umgang mit Realität nicht mehr die Rede sein kann. Hentschels Hin-

---

379 Zehn Jahre nach der Entstehung des Bildes ist der angesprochene Utopiegehalt noch größer geworden. Gesellschaftspolitisch relevant ist das Bild geblieben, weil immer mehr Einwohner der Bundesrepublik Deutschland sich dazu entschlossen haben, auch bei geringfügigen Schmerzen einen Arzt aufzusuchen. Waren es 1992 noch 8% der Bevölkerung, so sind es 1994 schon 13% gewesen, die diese Ansicht teilten. Vgl. Emnid-Umfrage zum Thema *Zukunftserwartungen und Zukunftsverhalten der Deutschen*, abgedruckt in: Focus, Nr. 27, München 1995, S. 52–60
380 Martin Hentschel: *Die Ordnung des...*, a.a.O., S. 77

weis darauf, daß es sich in bezug auf Polkes Zeichnungen um ein der Theorie Roland Barthes' gemäßes *„demythisierendes Verfahren“* handeln könnte, reicht nicht aus, um beweiskräftig behaupten zu können, daß im dilettantischen „Rückgriff auf Werbung ein lebensweltlicher Kontext rekonstituiert“[382] werde. Die kunstvoll dilettantischen oder absichtsvoll linkischen Arten der Darstellung können zwar ein Bildmotiv der Alltagsrealität wiedergeben bzw. aneignen und auf die Übernahme der syntaktischen Beziehungen (Alltagslogik) verzichten. Verbindliche Aussagen über die außerbildliche Realität können dann aber weder aufrechterhalten werden noch erneut verbindlich zustande kommen. Da eine Zeichnung im Kunst-Kontext sowieso kein affirmativer Werbeträger mehr sein kann, bleibt die Frage offen: Welche (oder wessen) Realität könnte überhaupt „rekonstituiert“ (angeeignet?) werden? In Anbetracht der Offenheit dieser Frage und dem damit verbundenen Zweifel in bezug auf die Darstellungsleistung der Bilder – ein Zweifel, der ja gerade erst durch den Dilettantismus der Bildgestaltung hervorgerufen wird – rückt der Aspekt der Konstruktion der eigenständigen Bildrealität dann doch wieder in den Vordergrund.

Der Begriff „Aneignung“ kann unmittelbar als Übernahme einer kontextfernen Arbeit verstanden werden. Eine unmittelbare Aneignung ist zudem die Übernahme bzw. Nachahmung bekannter Malstile.

Der Begriff kann schließlich auch noch als Grundlage für eine weitergehende „Anverwandlung“[383] oder Veränderung dienen (beispielsweise Kippenbergers „Verwendung“ des Richter-Bildes als Tischplatte). In diesen Zusammenhang gehört auch Polkes Bild *Höhere Wesen befehlen: Rechte obere Ecke schwarz malen!* aus dem Jahr 1969. Die Bildfläche dieses Ölbildes ist lediglich in ein schwarzes Dreieck und ein weißes Fünfeck aufgeteilt. Auf der unteren Bildfläche steht der in Schreibmaschinenschrift nachgemalte Bildtitel/Bildsatz: *Höhere Wesen befehlen: Rechte obere Ecke schwarz malen!*

Bezieht sich das Bild auf Polkes Malerkollegen Palermo, der sich in den 60er Jahren hauptsächlich mit der Setzung einfacher geometrischer Formen auf monochromem Malgrund beschäftigte? Die Plazierung von Dreiecken auf unterschiedlichsten Malgründen war für Palermo ein ritueller Vorgang. Polke imitiert diesen Vorgang. Polke konstruiert damit einen Verweis, den nur diejenigen Rezipienten sehen und anerkennen können, die Palermos Produktions-

---

381 Ebd.

382 Ebd., S. 78

383 Hentschel verwendet beispielsweise den Begriff „Anverwandlung“ mit einem Seitenblick auf die romantische Ironie-Konzeption Friedrich Schlegels.

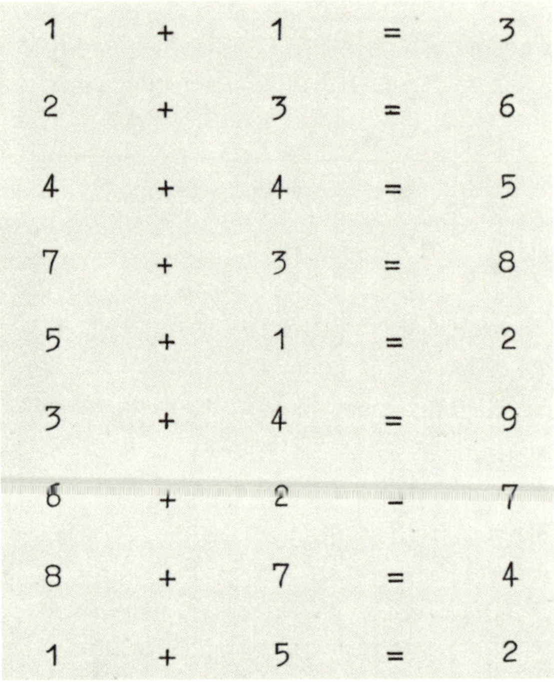

Abb. 44 Sigmar Polke: „Lösung V", 1967, Lackfarbe auf Sackleinen, 150 x 125 cm

strategie kennen. Der Bezug gleicht einer ironischen Anverwandlung. Der Titel könnte natürlich auch einer banaleren, pseudomystischen Bedeutung nachkommen. Die Ansprüche und die Verantwortung des Künstlers werden auf jeden Fall inszeniert zurückgewiesen und dadurch thematisiert. Deshalb muß sich eine Interpretation des Bildes auch die Frage stellen, inwieweit mit dem Anspruch des Bildsatzes und der Art der Darstellung eine Parodie auf den romantischen Genie-Begriff vorliegen könnte. Die entmythologisierende Herabsetzung der angeeigneten bzw. im Motiv zitierten Malerei kann auch als leere Projektionsfläche für beliebige Vorstellungen verstanden werden. Das könnte wiederum als Parodie gewertet werden, so als ob diese Malerei keinen eigenen Kriterien nachkommen würde und sich selbst darüber lustig machen könnte.

Der Begriff „Fehler" setzt voraus, daß es gleichzeitig möglich ist, etwas anderes als richtig, wahr oder echt anerkennen zu können. Kippenbergers Bild *Ohne Titel*, 1993, siehe Abb. 39, konfrontiert auf der Bildfläche einen gemalten Stuhl mit dem gemalten Begriff *Tisch*. In diesem Zusammenhang kann die weiter oben im Text schon einmal gestellte Frage nach dem Bezugsraum des Gemalten und der Gültigkeit der schriftlichen Aussage wieder aufgenommen werden. Diese Frage kam auf, weil der gemalte Begriff *Tisch* keinesfalls als eine bedeutende Aussage betrachtet werden konnte, die alltagslogisch auf das bildlich Dargestellte hätte bezogen werden können.

Polke inszenierte 1967 ebenfalls „Fehler", indem er einfache Rechnungen präsentierte. Das Lackbild *Lösung V*, siehe Abb. 44, wendet sich gegen die Alltagslogik. Es inszeniert falsche Additionen: „*1 + 1 = 3; 2 + 3 = 6*". Das Erkennen dieser Fehler sowie das Aufdecken der inszenierten Verlogenheit verändern keineswegs das Bild. Die Bildrealität mit ihren künstlerischen Freiheiten triumphiert über die Darstellungsleistung des Bildes. Hierin stimmen Polkes und Kippenbergers Bilder vollkommen überein.[384] Die Bilder sind keine Abbilder alltäglicher Logik. Sie können als Modellfälle denkbarer Alternativen oder als willkürliche Konstrukte auffälliger Kombinatorik der künstlerischen Phantasie angesehen werden.[385]

Affinität zum Surrealismus und zu inszenierten Fehlern

„Es fällt auf, daß der Surrealismus [...] in seiner grundsätzlichen Disposition zur Kombinatorik, in seinen ausufernden Assoziationsspielräumen doch einen ausschlaggebenden Bezugspunkt für die Kunst Polkes bildet."[386] Obwohl Polke sich im Gegensatz zu Kippenberger tatsächlich des öfteren mit phantastischen Erscheinungsweisen innerhalb seiner Bildmotive beschäftigt, alchimistische und okkultistische Praktiken thematisiert und zum Teil parodiert, ist trotzdem bei einem Vergleich mit dem historischen Surrealismus Vorsicht geboten. Das Zitieren und Aufnehmen bekannter Topoi des Surrealismus läßt nämlich weder Rückschlüsse auf die Intentionen des Künstlers zu noch erleichtert die Kenntnis ihrer Existenz eine Interpretation der Arbeiten.

---

384 Handelt es sich hierbei um eine surrealistische Erkenntnis, um die Unmittelbarkeit eines selbst auferlegten „Denk-Diktates", und zwar ohne die Kontrolle bzw. die Überprüfung in bezug auf die Alltagsrealität?

385 Einen Grenzfall der künstlerischen Phantasie bildet das Inszenieren und Erkennen eines „Fehlers". Fehler engen die künstlerische Freiheit ein, weil sie in ihrer Negation immer auf eine Repräsentationsabsicht bezogen bleiben. Es bedarf einer großen Sicherheit im Umgang mit Realität und einer starren Realitätsauffassung, um etwas Außergewöhnliches in Beziehung zu etwas anerkannt Richtigem oder Wahrem setzen zu können und gleichzeitig behaupten zu dürfen, daß das Außergewöhnliche nicht richtig sei.

386 Martin Hentschel: *Die Ordnung des...*, a.a.O., S. 325. In Polkes (S. 234) „frühzeitig ausgebildetem Hang zum Phantastischen" erkennt Hentschel einen weiteren Berührungspunkt Polkes mit dem Surrealismus. Man denke hierbei an Bilder wie *Höhere Wesen befehlen...*

Man kann davon ausgehen, daß Polke und Kippenberger surreale (Stil?-) Elemente verwenden, indem sie überraschende, unerwartete und zum Teil völlig disparate Bildmotive und Maltechniken miteinander kombinieren. Im Unterschied zum programmatischen Surrealismus, wie er beispielsweise aus den Manifesten André Bretons hervorgeht, begreifen Kippenberger und Polke Kunst nicht als unmittelbare Erkenntnisproduktion. Beide Künstler sind der Auffassung, daß künstlerische Praxis keinen unverstellten Zugang zu den Zentren des persönlichen Gefühls ermöglicht.

Kunst dient Polke und Kippenberger aber auch nicht ausschließlich der Vermittlung und exemplarischen Darstellung zuvor schon reflektierter Sichtweisen auf Individuum und Gesellschaft, sondern ebenso der ironischen Inszenierung semiotischer Freiräume.[387] Die zentralen Begriffe, die André Breton im *Ersten Manifest des Surrealismus* (1924) immer wieder hervorgehoben hat, nämlich Phantasie, Freiheit, Fanatismus, Wahnsinn, Halluzination, Illusion, Zufall und Traum, kommen der von Polke und Kippenberger reflektierten und kalkuliert kommentierenden Vermittlung der Alltagsrealität nicht nach. Die Phänomene, die sich hinter diesen Begriffen verbergen, bieten in der Tat aber einen besonderen Anreiz für ironische Inszenierungen semiotischer Freiräume.

Kunst ist entgegen Breton niemals ein „Denk-Diktat ohne jede Kontrolle durch die Vernunft“[388]. Bretons Forderung, daß der Surrealismus „jenseits

---

387 Polke verehrt beispielsweise Max Ernst und hat zudem mehrere Bildmotive von Ernst übernommen und verarbeitet. Polke übernimmt das surreale Spiel mit den Realitätsebenen, verzichtet jedoch wie Kippenberger bei der Verarbeitung nicht auf ironische Distanz, aus der heraus das surreale Anliegen Realität zutage zu fördern gebrochen wird.
Uwe M. Schneede schrieb 1991 über die Realitätsauffassung von Max Ernst in seinem Aufsatz: *Das blinde Sehen – Zur Ikonographie des Surrealismus* (in: Ausstellungskat. *Max Ernst. Retrospektive zum 100. Geburtstag*, Prestel Verlag, München 1991, S. 352): „Max Ernsts Vorstellung von der Erkundung des ‚noch wenig bestimmten Grenzgebiets von Innen- und Außenwelt‘ sollte einen faszinierenden Reichtum von Erfindungen aus der Wechselwirkung von Realität, inspirativen Bildtechniken und Imagination zur Folge haben.“ Die Vermischung der subjektiven „Innenwelt“ mit der „vorgefundenen“ (?) „Außenwelt“ konnte für Max Ernst und einige andere Surrealisten (ebd.) „umwälzend auf die Realität zurückwirken“. So behauptet Schneede unter Bezugnahme auf einen Text von Max Ernst (*Was ist Surrealismus?* [1934]), daß der Niederschlag des (ebd.) „imaginativen künstlerischen Aktes das rätselhafte, das alogische und dennoch evidente Bild [sei], das Bild, welches im üblichen Sinn nichts erzählt und dennoch unmittelbar Zeugnis ablegt“. Ein maßgebliches Thema war demnach für den Surrealismus, so wie er von Max Ernst praktiziert wurde, der die Imagination fördernde, nach innen gerichtete Blick, der ohne direkt darstellende Absichten, trotzdem Realität zutage fördern konnte. Schneede kommt zu dem Schluß (S. 356): „Das Ziel aber war die *Wahrnehmung* durch die *Vorstellung* zu ersetzen, so wie die Künstler das *sichtbare* Modell durch das *innere* ersetzt hatten – und dergestalt den Realitätsbegriff umzustülpen.“
388 André Breton: *Erstes Manifest des Surrealismus* (1924), in: ders.: *Die Manifeste des Surrealismus*, Rowohlt Verlag, Reinbek bei Hamburg 1968, unveränderte Neuausgabe 1990, S. 26; Breton be-

jeder ästhetischen oder ethischen Überlegung"[389] praktiziert und gelebt werden solle, ist streng genommen zu keiner Zeit möglich gewesen. Es bedarf immer wieder ästhetischer oder vernünftiger Kriterien, zumindest um den Surrealismus überhaupt als Kunst anerkennen zu können. Zudem stellt sich sofort die Frage nach einem sinnvoll agierenden Zentrum (Intention, Motivation, Funktion des Produzenten etc.).

Welcher Realität gehört demnach ein „Denk-Diktat" an, wer diktiert es, wovon handelt es und wer versteht es? Dem hiermit bezeichneten surrealistischen Anspruch auf Unmittelbarkeit (=Denk-Diktat)[390] werden Künstler der 1980er Jahre nicht gerecht. Trotzdem findet sich in Bretons späterer Schrift *Was der Surrealismus will* (1935) ein interessanter Aspekt, der auch dem Kunstverständnis Polkes und Kippenbergers dient. Übereinstimmend läßt sich eine Verlagerung des Interesses feststellen: Der Surrealismus von Breton sowie Polkes und Kippenbergers Arbeiten gründen jeweils auf keinem zusammenhängenden, logischen oder formal vorstrukturierten künstlerischen Sprachsystem. Der Schwerpunkt liegt in der Pragmatik jeder (Bild-)Aussage, Behauptung und Darstellung. Ein essentieller Wahrheitsbegriff wird negiert, da nicht von einer feststehenden „zu bezeichnenden Sache"[391] ausgegangen werden kann, die nur in „überlebensfähige Zeichen"[392] geformt oder übersetzt werden müßte. Der situationsabhängige Kontext und die Intensität des Bezeichnens wird dagegen zum Ausgangspunkt der Bedeutungskonstitution und Sinnfindung. Lapidar könnte man sagen, der Gegenstand wird sozusagen erst herbeigeredet: „Da am Beginn von allem die Benennung steht –, der Name sozusagen *keimen* muß, wenn er nicht falsch sein soll'."[393]

Es lassen sich des weiteren heute noch aktuelle Denkanstöße auch im *Ersten Manifest des Surrealismus* aufzeigen. Gemeint sind hiermit Aspekte, die keinesfalls auf ein automatisch unreflektiertes Produzieren schließen lassen. Die Bedeutungskonstitution und die situationsabhängige Konstruktion der Kunst-Realität werden ausdrücklich hervorgehoben. Breton stellt an einer Stelle des Manifestes heraus, daß es „in der Tat sehr schwierig [ist], die verschiedenen

---

stand darauf, (S. 14) „daß man schweigt, wenn man nicht mehr fühlt".

389 Ebd.

390 Vgl. beispielsweise auch Bretons Schrift: *Was der Surrealismus will* (1935), in: ders.: *Die Manifeste des...*, a.a.O., S. 128

391 Ebd.

392 Ebd.

393 Ebd. Wichtig für den obenstehenden Zusammenhang ist der pragmatische Aspekt des Verfahrens, ebd.: „Der Hauptbeitrag des Surrealismus in der Dichtung sowohl als auch in der Kunst besteht darin, daß er dieses Keimen genügend gepriesen hat, um sichtbar werden zu lassen, wie unzulänglich alles ist, was nicht daran teilhat."

vorhandenen Elemente in gerechter Weise zu beurteilen, ja man kann sagen, daß es unmöglich ist, sie beim ersten Lesen zu beurteilen“[394]. Unterstellt man dem „Vorhandensein verschiedener Elemente“ im Kontext eines (künstlerischen?) Produktes (Roman, Bild, Kunstwerk etc.) einen zumindest intersubjektiv kommunizierbaren Begriff von einer bedeutenden Zusammengehörigkeit (Erkenntnis des Vorhandenseins/Werkbegriff), so stellt sich sofort die Frage, wie die heterogenen oder disparaten Elemente überhaupt zu irgendeiner Einheit organisiert werden könnten.[395]

Breton argumentiert in bezug auf die Bedeutungskonstitution in drei Schritten. Erstens: Während und nach der Produktion distanziert sich der Produzent von den Bestandteilen seiner Arbeit, ihm werden „diese Elemente anscheinend *ebenso fremd wie jedem anderen*“[396]. Zweitens: Dieses Fremdwerden der Bestandteile[397] zeichnet sich für Breton durch einen „sehr hohen Grad von *unmittelbarer Absurdität* aus, wobei das Spezifische dieser Absurdität sich bei näherem Hinsehen als Platzmachen erweist für alles nur Zulässige, auf der Welt Gültige“[398]. Drittens: „Zulässig“ und „gültig“ ist dann all das, was vom Betrachter als solches konstituiert und angenommen wird: Die Produktion wird zu einem persönlichen Testfall der Konstitution von Realität.

Es geht Breton dabei nicht um irgendeine reduktionistische Erkenntnisform, die möglichst viele Aspekte auf eine statisch festgeschriebene, „höhere Wirklichkeit“[399] rückbeziehen möchte, sondern um „die Ausbreitung einer gewissen Zahl von Eigenschaften und Tatsachen – die schließlich genauso objektiv sind wie die anderen“[400].

Diedrich Diederichsen schrieb 1987 über Kippenbergers Einzelausstellung *Peter*: „Ein großer Teil der ausgestellten Arbeiten sind Berichtigungen durch doppelte Verneinungen, eine vorgefundene Fehlerhaftigkeit wird nachgebaut und ein Fehler beim Nachbau hebt die Fehlerhaftigkeit des ersten vorgefundenen, aber selbstverständlich erhaltenen Fehlers wieder auf.“[401]

---

394 André Breton: *Erstes Manifest des...*, a.a.O., S. 24

395 Vgl. hierzu: Peter Bürger: *Theorie der Avantgarde*, Suhrkamp Verlag, Frankfurt am Main 1974. Bürger, der surreale Kunstwerke zunächst konsequent als stillose Verbindung heterogener Elemente betrachtet, will die Bestandteile schließlich doch wieder als hermeneutisches Sinnganzes betrachten und gerät dadurch in unüberwindliche Widersprüche.

396 André Breton: *Erstes Manifest des...*, a.a.O., S. 25

397 Breton argumentiert hier in Übereinstimmung mit Marcel Duchamp. Im Zusammenhang mit dessen Ready-mades wurde weiter oben im Text darauf hingewiesen, daß der Künstler offensichtlich die Funktion des Produzenten gegen die Funktion des interpretierenden Betrachters eintauscht.

398 Ebd.

399 Ebd., S. 27

400 Ebd., S. 25

Zunächst ist festzustellen, daß die Begriffe „Fehler“ (Breton) und „Fehlerhaftigkeit“ (Diederichsen) unklar sind. Fehler können aus einer Situation hervorgehen, in der ein herangezogenes Wertesystem (bestimmte ästhetische Kriterien, die Abbildleistung etc.) durch eine künstlerische Produktion nicht erfüllt wird. Die Konsequenz ist dann, daß ein „Werk“/Produkt einem vorab definierten Anspruch nicht Genüge leistet. Fehler können des weiteren aus Schwierigkeiten im Umgang mit verschiedenen Kontexten entstehen. Häufig wird beispielsweise ein „Werk“/Produkt in einen zuvor definierten künstlerischen Kontext gebracht, ohne die prinzipielle Andersartigkeit zu realisieren. Das Fazit ist, daß der passende oder ein bedeutender Kontext noch nicht bestimmt war/ist. Somit liegt der „Fehler“ nicht in der Produktion, sondern in der falsch klassifizierenden Rezeption.

Warum sind aber Fehler für die Künstler so interessant?[402]

Fehler ermöglichen es, einem Objekt und einer Arbeit eine neue Bedeutung zu geben. Fehler schützen vor Indifferenz und fokussieren die Betrachtung bzw. die Aufmerksamkeit.[403] Übereinstimmend hiermit hob beispielsweise Breton die Art des Dichtens von Philippe Soupault anerkennend hervor. Soupault hatte sich geweigert, der „geringsten Überarbeitung, der geringsten Korrektur von Stellen“[404], die Breton bei der ersten Lektüre eines Textes von Soupault für nicht gelungen erachtet hatte oder die offensichtlich „Fehler aufwiesen“[405], nachzukommen. Dabei praktizierte Soupault nur einen konsequenten Automatismus. Breton änderte seine ablehnende Haltung gegenüber der versäumten

---

401 Diedrich Diederichsen im Vorwort von Kippenbergers Ausstellungskat.: *Peter*, Galerie Max Hetzler, Köln 1987, S. 6; Vgl. hierzu eine Äußerung Diederichsens aus dem Jahre 1992, die den gleichen Sachverhalt etwas kritischer aus der verpaßten Möglichkeitsform betrachtet, in: *Virtueller Maoismus: Das Wissen von 1984*, a.a.O., S. 36: „Die Umgebung zu schaffen, die es möglich macht, von Fehlern zu sprechen, um diese dann als richtig auszugeben, um die Möglichkeit neuer Fehler zweiter Ordnung zu schaffen, wäre tatsächlich eine Aufgabe der Zeit gewesen“.

402 Vgl. auch Kapitel: *Das Ästhetische als Differenz zwischen einem inszenierten Anspruch und der Art der Darstellung*

403Als zu vermeidende „Fehler“ bezeichnet Breton im Kapitel *Geheimnisse der surrealistischen magischen Kunst* im *Ersten Manifest des Surrealismus* eine „zu geringe Unaufmerksamkeit“ in bezug auf das schon Bekannte. Fehler zu vermeiden bedeutet dann, sich nicht auf das Festgestellte oder Feststellbare der gewöhnlichen Realität zu verlassen, sondern frei dem Denkbaren zu folgen. Künstler der 80er Jahre wollen dagegen Fehler oftmals bewußt inszenieren, um dadurch „wahre Fehler“ zu vermeiden. „Wahre Fehler“ würden sich im Gegensatz zu inszenierten Fehlern aus dem Versuch ergeben, keine machen zu wollen und sie notwendigerweise trotzdem machen zu müssen.

404 André Breton: *Erstes Manifest des...*, a.a.O., S. 25; die folgenden Zitate ebd.

405 „Fehler“ entstehen für Breton durch „Störungen von außen“ bzw. durch „von außen kommende Suggestionen“. Sie üben auf das „Gedanken-Diktat“ bzw. auf das „zweckfreie Spiel des Denkens“ einen „schwächenden“ oder verfälschenden Einfluß aus, weil sie die strategisch angestrebte Unaufmerksamkeit zumindest vorübergehend verhindern.

Nachbearbeitung Soupaults, nachdem Breton erkannt hatte, daß diese fehlerhaften Fremdkörper bzw. die eigenen „Konstruktionsfehler und Schwächen" der „Ausbreitung einer gewissen Zahl von Eigenschaften und Tatsachen" dienlich sein können, „die schließlich genauso objektiv sind [werden] wie die anderen", die zuvor schon als „gelungen" empfunden wurden oder anerkannt waren.

Diederichsen erkennt in Kippenbergers künstlerischem Verfahren (Skulpturen der Ausstellung *Peter*) eine Praxis, die dem Gedanken des selbstkonstruierten *„Supernaturalismus"* des Surrealismus von Breton sehr nahe steht, ohne den Bezug historisch oder systematisch hervorzuheben.[406] Kippenberger verzichtet jedoch auf bestimmte surrealistische Techniken (beispielsweise weitgehend auf den psychischen Automatismus), auf deren Grundlage sich Bretons bedeutungsstiftende Fehlerhaftigkeit erst einstellen konnte. Kippenberger setzt mit schon „vorgefundener Fehlerhaftigkeit" (Diederichsen) an, die von ihm dargestellt (simuliert oder angeeignet) wird. Man denke beispielsweise an die möglichen Fragen nach dem Kontext und den Untersuchungs- und Beurteilungskriterien in bezug auf die monochrome Malerei Gerhard Richters. Das sind Fragen, die von Kippenberger in den Bereich der Indifferenz (als Tischplatte oder als Konfrontation der Darstellung eines Stuhls mit dem Bildbegriff „Tisch") überführt werden. Diese Darstellungen gipfeln in der von Diederichsen angesprochenen „Berichtigung durch doppelte Verneinung" (als symbolische Wiederherstellung von Kunst).

Am Ende entsteht nur neue Kunst als eigene Realität (die Skulptur *Modell Interconti*, 1987, oder das Bild *Ohne Titel*, 1993), wodurch bestenfalls die hier durchexerzierten Abhängigkeiten nachvollziehbar werden. Realität und Fiktion, System und Umwelt sollen hier nur dem Anschein nach als austauschbar oder ununterscheidbar angesehen werden.

Konzeptuelle Aspekte

„Eines Tages lernte K. [Kippenberger] Herrn W. kennen, der beruflich mit dem Malen von Kinoschönheiten beschäftigt ist und beauftragte ihn mit der Herstellung von zwölf Ölbildern nach Fotos, also den Originalideen von K. [...] Also eine Mischung aus Concept-Art und Fotorealismus?"[407] „1989 trifft er in

406 Der weiter oben im Text ausführlich aufgezeigte strategische Dilettantismus einiger Künstler der 1980er Jahre entspricht ebenfalls dem Spiel mit der Inszenierung von „Fremdkörpern" und „Schwächen" mit Bezug zum Bekannten und Anerkannten der Alltagsrealität sowie der Kunstgeschichte.

England einen Fan, der aus seinen Katalogen und Einladungen Collagen erstellt. Kippenberger lädt ihn ein, dies doch in seinem Auftrag und auf Leinwand zu machen. Der neugewonnene Assistent überzieht daraufhin eine Folge von 51 Leinwänden mit Sprüchen, Pop-Ikonen, Markennamen und Bildfetzen."[408]

„Kippenberger sucht mit seiner ‚Konzept'-Kunst permanent nach neuen Gegenpositionen."[409] „Das Konzeptuelle in Kippenbergers Arbeiten wird zunehmend durchsichtiger, die Entscheidung, gerade ihn als gewichtigen Anwalt dieser neuen Denkstrukturen heranzuziehen, erscheint immer gewichtiger."[410] „Großer Bahnhof für den Konzeptkünstler Martin Kippenberger. [...] Provo-Konzept-Künstler [...]."[411] „[...] eilt der radikalste einer ‚kritischen Konzeptkunst' verletzend offen und beißend ungehobelt durch die Szene."[412]

Schon anhand Kippenbergers erster Bilderserie, den von ihm selbst gemalten, schwarzweißen, einheitlichen Bildformaten aus Florenz, konnte aufgezeigt werden, welchen erheblichen Einfluß die konzeptuellen Rahmenbedingungen auf die möglichen Interpretationen ausüben. Dieser Aspekt ist im Text weiter oben ausführlich dargelegt worden. Mit der 1981 von einem Berufsmaler für Kinoplakate ausgeführten Bilderserie *Lieber Maler, male mir...* wurde die Bedeutung der konzeptuellen Rahmenbedingungen noch deutlicher hervorgehoben, indem Kippenberger sich von der manuellen Produktion distanzierte. Nach der Meinung von Johann-Karl Schmidt hat Kippenberger 1981 „seinen wachsenden inneren Widerstand gegen den Expressionismus der Berliner Maler"[413] dadurch abzuhelfen gesucht, daß er „die manuelle Selbstbeteiligung am Vollzug des Werkes" ausschaltete. Das wiederum hatte eine ironische Distanz zu jeder „unbekümmerten schöpferischen Leistungsfähigkeit" zur Folge.

Die Ausstellung *Heavy Burschi*, die 1991 im Kölnischen Kunstverein ausgerichtet wurde, kann als ein weiterer Höhepunkt der Thematisierung der konzeptuellen Rahmenbedingungen der Produktion Kippenbergers angesehen werden. Wie weiter oben beschrieben, zeigten die dort ausgestellten originalgroßen Photographien Abbildungen der von Kippenberger zerstörten Acrylbilder seines Assistenten Merlin Carpenter. Das Konzept führte zu einer Mo-

---

407 Barbara Straka: „*Werner Kippenberger*", a.a.O., ohne Seitenzahlen

408 Jochen Becker: „*Ich war ja auf der ersten documenta*", in: taz, Berlin 18. November 1991, anläßlich Kippenbergers Einzelausstellung *Heavy Burschi* im Kölnischen Kunstverein, 1991

409 Ebd.

410 Renate Puvogel: *Martin Kippenberger. Die...*, a.a.O., S. 39

411 Harald Fricke: *Schlüpferstürmer*, a.a.O., S. 42

412 Heliod Spiekermann: *Einstellungsgesuch für Herrn K. in die Kunstgeschichte*, in: ders.: *frech und ungewöhnlich...*, a.a.O., ohne Seitenzahlen

413 Johann-Karl Schmidt: *Kippenberger – Kunst ist...*, a.a.O., S. 15; die folgenden Zitate ebd.

tivmischung aus Werbeschildern, Comics, Malerei über Malerei, angereichert mit nachgemalten Bildsätzen aus Presse, Werbung und Dichtung.

Die gemalten Bilder bzw. die Photographien von den Bildern inkorporieren zahlreiche Themen und Motive aus Kippenbergers eigenen Arbeiten der 80er Jahre. Die Ausstellung der Photographien vereinigte damit das undurchschaubare Zitieren und Vermischen von Motiven der Alltagsrealität mit der Selbstreferenz an die Produktionsgeschichte der Arbeiten Kippenbergers. Es fanden sich bei der Ausstellung keine Anzeichen, die es erforderlich gemacht hätten, die maßlos überfüllten Zeichen-Ensembles als kritischen Kommentar zur Mediengesellschaft lesen zu müssen. Trotzdem unterstellten einige Kritiker den Photobildern eine kritische Wirkung: „Natürlich kommt das Ganze betont bunt und grell daher und entrümpelt das zeichenüberflutete Bewußtsein des Gegenwartsmenschen."[414]

Tendenziell zuzustimmen ist dagegen der ambivalenten Darstellung Peter Weibels, der das inszenierte Chaos der Zeichen und der Semantik generell als Funktion einer Absicht betrachtet: „Dafür und dagegen, Komplize und Dissident des Systems gleichzeitig sein zu wollen, ist das Dilemma der postmodernen Kunst."[415]

Es bleibt anzumerken, daß auch die Pop Art Künstler der 60er Jahre auf keine bestimmte Intention oder Position festgelegt werden konnten. Dies hatte ambivalente Interpretationsweisen zur Folge.

Bazon Brock verkündete 1981 zur Eröffnung der Warhol-Ausstellung in der Kestner-Gesellschaft, Hannover: „Wir verstanden aber das, was sich mit der Popprogrammatik verband, nicht als platte Zustimmung und Verdoppelung des Erscheinungsbildes der industriellen Alltagswelt, sondern sie war eine Form des Widerspruchs, eine Form der Abarbeitung [...]." [416]

In dieser Weise können auch die überfüllten Zeichen-Ensemles der Bilderserien Kippenbergers verstanden werden. Die Loslösung von malerischen Problemstellungen sowie die Feststellung der für den Rezipienten nicht mehr nachvollziehbaren Position des Künstlers ermöglichen die Freistellung des Werkes zum pragmatischen Gebrauch. Das kann beispielsweise zur Folge haben, daß eine syntaktisch eindeutige „Bejahung eines Aussagenanspruchs", die innerhalb eines Bildes oder einer Bilderserie vorgefunden werden kann, somit außerhalb der Bildrealität in einen entgegengesetzten Aussage-Kontext

---

414 Ohne Autorenangabe (e. s.): *Witz im Abbild. Der Kölnische Kunstverein zeigt Farbfotos von Martin Kippenberger*, Kölner Stadt-Anzeiger, Köln 9./10. November 1991, S. 39

415 Peter Weibel: *Inszenierte Kunst Geschichte*, a.a.O., S. 87

416 Vgl. Bazon Brock: *Andy Warhol*, in: ders.: *Ästhetik gegen erzwungene Unmittelbarkeit*, Schriften 1978–1986, DuMont Verlag, Köln 1986, S. 519

überführt wird. Maßgebend wäre nur, daß damit eine pragmatische Strategie plausibel verfolgt werden kann. Brock bemühte hierzu eine Strategie der negativen Affirmation: „Der Begriff der negativen Affirmation soll besagen, daß es bei der ausdrücklichen Bejahung eines Aussagenanspruchs nicht darum gehen soll, ihn auch zu akzeptieren – gar als Feststellung der Wahrheit [...].“[417] Brock geht davon aus, daß eine vorbehaltlose Bejahung des Aussagenanspruchs die Konsequenzen in aller Radikalität herausstellen und diesen Aussagenanspruch aus sich selbst heraus auflösen kann. An den Bildern kann man dieses Prinzip jedoch nicht festmachen. Es verantwortet sich den Interessen bzw. der Pragmatik der Rezipienten.

Im Gegensatz zur Pop Art sind Kippenbergers Produkte kaum noch dem Kriterium der stilistischen oder prägnanten Wiedererkennbarkeit unterzuordnen, zu unterschiedlich sind die Techniken und zu uneinheitlich sehen die Arbeiten aus.

Kippenbergers Arbeiten lassen keinen formalen Stil erkennen und kein ästhetisches Kriterium zur Anwendung gelangen, welches spezifisch genug wäre, um die Produkte ihrem Produzenten zuordnen zu können. Deshalb werden die Aspekte der Produktionsstrategie und der künstlerischen Produktionslogik zur Klärung der Frage nach zusammenfassenden oder durchgängigen Gedanken in bezug auf die Kunst Kippenbergers noch unumgänglicher. „Wenn überhaupt kann die Kunst der nächsten Jahre nur aus dem Zeigen von Logiken bestehen [...]. Das ganze Geflecht ist wichtig! [...] Ich stelle fest, daß es immer wichtiger wird, sich permanent darüber klar zu werden, in welchem Kontext man hängt und lebt. Daran arbeite ich jetzt.“[418] Die pragmatische Festlegung der Produktionslogik, die sich mit jeder neuen Arbeit in einen anderen situativen Kontext einschreibt oder einen neuen Kontext erstellt, ermöglicht dem Künstler eine wechselhafte Bedienung aus der Stilvielfalt der Kunstgeschichte. „Ich bin ja nicht Giacometti, oder wenn doch, dann bitte nur für drei Monate [...].“[419]

Das bedeutet, daß eine temporalisierte und pragmatisch ausgerichtete Produktionsstrategie mit einer umfassenden Entontologisierung des Kunstwerkes einhergeht.

Peter Weibel stellt den Prozeß der (beliebigen) Semiotisierung der Kunst folgendermaßen dar: „Es ist die viel tiefere Problematik des ontologischen Status des Kunstwerkes, welches die Fragen nach dem Original, der Repro-

417 Bazon Brock: *Einleitung als Übersicht für Kurzleser*, in: *Ästhetik gegen erzwungene...*, a.a.O., S. 19
418 Martin Kippenberger: *B Gespräche mit...*, a.a.O., S. 18–20
419 Ebd., S. 19. In diesem Zusammenhang steht auch Kippenbergers Skulpturen-Ensemble *Familie Hunger*, 1985, welches an die Formensprache von Henry Moore angelehnt ist.

Abb. 45 Ausstellungscontainer der Ausstellung „Heavy Burschi", aufgenommen in San Francisco Museum of Modern Art San Francisco 1991
Abb. 46 Installationsansicht der Ausstellung „Inhalt auf Reisen", Galerie & Edition Artelier, Frankfurt am Main 1993

duktion, dem Readymade, der Maschine, dem Realen, der Simulation entbirgt.“[420] Weibel ist auch der Auffassung, daß die Semiotisierung und Konzeptualisierung der Kunst eine radikale Entontologisierung des Kunstwerkes mit sich gebracht hat. Kunst ist zu einer Erprobung des Möglichen geworden. Sie ist ein Testfall für die Realität, sie läßt nach Weibels emphatischen Äußerungen der 80er Jahre „die Kategorie des Möglichen vor die des Notwendigen setzen [...]. Mit dem Prinzip Möglichkeit wird das Gefängnis des Realen durchschossen.“[421] Diese befreiende Wirkung einer realitätserweiternden Pragmatik kann jedoch ebenso als Illusion entlarvt werden. Denn was sich hier als ein schales Spiel der Unkenntlichmachung von Realität qualifizieren läßt, kann – entgegen den Befürwortern der „Kategorie Möglichkeit“ – unschwer als die immer wieder gleiche Bestätigung des absoluten Relativismus und als Eingeständnis der engen subjektiven Grenzen der Erkenntnis(erweiterungen) und Erfahrungen innerhalb des jeweils situationsabhängigen Kontextes interpretiert werden.

Abb. 45 zeigt den Container, der 1991 Bestandteil der Ausstellung *Heavy Burschi* im Kölnischen Kunstverein war. Der „Inhalt“ dieses aus Sperrholz zusammengebauten Containers diente als Motivvorlage der Edition *Inhalt auf Reisen.* Die Originalserigraphien, die aus den unterschiedlichen Bildausschnitten des Gesamtmotives herausgeschnitten und von Kippenberger manuell bzw. mit Hilfe einer Flex und einer Bohrmaschine mit Löchern, Kratzspuren und Kerben versehen wurden, sind 1993 in Frankfurt ausgestellt und zum Verkauf angeboten worden, siehe Abb. 46.

„Die Edition *Inhalt auf Reisen* resultiert aus der Idee des Ausstellungscontainers, den Martin Kippenberger für seine Ausstellungen in San Francisco, Wien, Köln und New York 1991 entwickelt hat. Der Container wurde aus bedruckten Seitenteilen von Kippenberger zusammengesetzt und beherbergte eine Vielzahl zerstörter Acrylbilder des Künstlers. Kippenberger ließ ferner Fotografien der Acrylbilder vor der Zerstörung anfertigen, die in der Ausstellung des Kölnischen Kunstvereins großformatig präsentiert wurden. Abschließend fotografierte Kippenberger den Containerinhalt. Die Fotos der zerstörten Containerbilder dienten als Vorlage der Edition *Inhalt auf Reisen.*

Es wurde ein Gesamtmotiv 18 mal gedruckt, davon blieben sechs Exemplare (davon drei Künstlerexemplare) in der Größe von 180 x 150 cm erhalten. Ein Druck wurde zerstört. Die weiteren elf Drucke wurden derart unterschiedlich zerschnitten, daß jeweils fünf Exemplare (zuzüglich drei Künstler-

420 Peter Weibel: *Inszenierte Kunst Geschichte*, a.a.O., S. 19–20
421 Ebd.

exemplare) der Formate 120 x 100, 90 x 70 und 60 x 50 cm mit jeweils anderem Motiv entstanden. Diese auf Holz aufgezogenen Serigraphien wurden einem erneuten Zerstörungsprozeß unterzogen. Martin Kippenberger bearbeitete jedes Werk manuell unterschiedlich, so daß die Reproduktion zum Original zurückgeführt wurde.“[422]

In Hinsicht auf eine Beurteilung der Serigraphien sind mehrere Aspekte zu beachten:

Die aufwendige Aufteilung des achtzehnmal gedruckten Gesamtmotives in die unterschiedlichen Bildformate läßt die Frage nach der Bedeutung der einzelnen Bildmotive aufkommen. Jedes Bildmotiv weist einen anderen „Inhalt“ auf. Ergänzt sich dabei das Sinnangebot des einzeln Dargestellten zu einer Einheit? Oder ist die Struktur des Einzelbildes mit der Struktur des Gesamtmotives identisch? Die potenzierte Möglichkeit der einzelnen Bildfindungen erweitert kaum die Erkenntnis des Ganzen.

Das Zerschneiden und Wiederzusammenfügen der Einzelteile eines einheitlichen oder heterogenen Bildmotives ist kein neues Prinzip. Die Collagetechnik wird seit Anfang des 20. Jahrhunderts angewendet. Vom Kubismus bis zum Situationismus wurde das Zerteilen, Isolieren und erneute Zusammenfügen bildimmanenter Strukturen und Motive auf unterschiedliche Weise praktiziert. Gerhard Richter erstellte 1980 die mehrteilige Photoarbeit *128 details from a picture (Halifax 1978)*. Richter photographierte dafür einhundertachtundzwanzig Bilddetails seines abstrakten Ölbildes *Halifax*, und zwar unter Ausnutzung wechselnder Photoperspektiven. Er ließ die so entstandenen Photographien einzeln rahmen. Die Motivbestandteile seines Ölbildes konnten damit zu neuen Formationen zusammengefügt, als Bilddetails oder als neue Einzelbilder betrachtet werden. Richter ließ zudem die einzelnen Photographien im Offsetverfahren zu einem Buch zusammenfassen und verbreiten.[423] Der geschilderte Vorgang ist mit Kippenbergers Produktionsverfahren direkt vergleichbar. Übereinstimmend ist nicht nur die perspektivische Darstellung des Einzelnen, sondern vor allem die thematisierte Fragestellung nach dem Verhältnis zwischen Bilddetail und Bild- bzw. Sinnganzem.

Ein weiterer Aspekt der Edition *Inhalt auf Reisen* ist die inszenierte Aufwertung des Abfalls. Kippenbergers nachgebauter Müllcontainer, der die angeblich „zu gut gemalten“ Acrylbilder seines Assistenten Merlin Carpenter beher-

---

422 Aus dem Pressetext bzw. der Verkaufsinformation der Galerie & Edition Artelier, Graz und Frankfurt, die Kippenbergers Edition *Inhalt auf Reisen* 1992 produzierte und 1993 in Frankfurt vorstellte.

423 Vgl. Hubertus Butin, in: *Gerhard Richter. Editionen...*, a.a.O., S. 131

bergt, dient einerseits einem skulpturalen Selbstzweck, andererseits stellt er das Bildmotiv dar, und zwar als Bild-Anlaß erneuter Bildproduktionen! Gesammelter Abfall in eigens für den Kunst-Kontext hergestellten Behältnissen diente schon den Künstlern des Nouveau Réalisme als Bildanlaß. Dieter Roth konzipierte ebenfalls nicht erst seit Anfang der 90er Jahre bühnenbildgroße Müllverbindungen, die er mit Zeichnungen und Kunstprodukten verband.[424]

Kippenbergers Vorgehen erinnert keinesfalls an ein ökologisches Recycling-Verfahren, mit dessen Hilfe ausgedientes Kulturgut zu neuem Nutzen aufpoliert werden könnte. Das handwerkliche Material seiner Kunstproduktionen wird nicht weiterverwertet, sondern ausgestellt und eventuell verkauft. Die Transformationen beziehen sich nur auf die Bildmotive. Das der Semantik der Serigraphien zugrundeliegende Motiv-Potpourri der Photo-Bilderserie *Heavy Burschi* wird jedoch durch die Transformation fast unkenntlich gemacht. Das Phänomen des anscheinend „beliebigen Bildausschnittes" wird dadurch bedeutend und das „abstrakte" bzw. strukturelle Verfahren der Transformation zum Thema erhoben.

Ein weiterer Aspekt ergibt sich aus der pointierten Aufwertung des Originalitätsbegriffs. Nachdem Kippenberger für die Photo-Bilderserie *Heavy Burschi* die Produktionsschritte vollständig auf andere Personen (Assistenten, Photographen, Kaschierer) aufgeteilt hatte, legte er bei der Edition *Inhalt auf Reisen* selbst Hand an. Die unterschiedlichen Beschädigungen (=Bearbeitungen) der Serigraphien thematisieren die Qualitätskriterien Einzigartigkeit und Originalität. „Löcher und Kerben, vom Künstler handgeflext, zieren sämtliche Reproduktionen, die so – dem Kunstmarkt zuliebe – auf perverse Weise wieder zu Originalen werden, wirklich einmalig beschädigt und daher wertbeständig."[425] Rezipienten und Kritiker, die diesen Gedankengang nachvollziehen, konstruieren mit den Bildern eine polemische Bildaussage: Wodurch entsteht ein Original? Wozu ist eigentlich ein Original nötig, wofür ist es nutzbar zu machen, wem dient es?

Die handgefertigten Kratzspuren und Löcher der Bilder können schließlich auch als isolierte, eigenständige ästhetische Effekte betrachtet werden. Imi Knoebel hat in den 80er und 90er Jahren unzählige Hartfaserplatten bemalt, mit einer Flex bearbeitet und mit Löchern versehen. Knoebels Arbeiten werden jedoch im allgemeinen „formalästhetisch" beurteilt, obwohl Knoebel ebenfalls keine verbindlichen formalästhetischen Produktionsregeln verfolgt.

---

424 Vgl. Dieter Roths Installationen in der Lagerhalle Holderbank, 1992–1993

425 Thomas A. Wolff: *Die Vervielfältigung des Einfältigen. Kunstmüllkunst: eine Siebdruck-Serie Martin Kippenbergers im „Artelier"*, in: Frankfurter Rundschau, Frankfurt am Main 19. März 1993

Dem Rezipienten bleibt – neben seinem rein subjektiven Geschmacksurteil – der Nachvollzug der konzeptuellen Rahmenbedingungen, die dem Produktionsverlauf zugrunde liegen. Hieraus läßt sich dann eine Produktionsstrategie des Künstlers ableiten. Man kann sie folgendermaßen zusammenfassen: Die auf der semantischen Ebene gerade noch erkennbare Selbstreferenz der Bildmotive bzw. der Arbeiten soll innerhalb von Erzählfolgen angeboten werden. Die Wiederholung/Wiedererkennung stärkt die Bedeutung. Die den Bilderserien und Installationsfolgen konkret zugrundeliegenden, konzeptuellen Rahmenbedingungen können dabei eine Komplexität und ein Ausmaß erreichen, so daß nicht nur die Bildmotive, sondern auch die Produktionsschritte selbst als Erzählfolge bedeutsam werden. Die konzeptuellen Rahmenbedingungen lassen dabei Assoziationen mit der Alltagsrealität (allgemeine Produktionslogik etc.) zu. Die dargestellte Selbstreferenz und die Transformationsleistung der Bildmotive brauchen dabei in keinem logischen, notwendigen oder folgerichtigen Verhältnis zum Aufwand der einzelnen Produktionsschritte zu stehen, weil diese eigenständig zur Geschichtenbildung beitragen. Die Selbstreferenz der Arbeiten und die Erzählfolge der Produktionsschritte können dann entweder als wenig plausible Bildanlässe (miß-)verstanden und einer pseudologischen Konsequenz (= Grund zum Weiterarbeiten) unterstellt werden oder als Quelle neuer Geschichtsfindungen und Erzählfolgen angesehen werden.

Kippenberger zeigte im Rahmen der Ausstellung *Malen ist Wahlen*[426] großformatige Variationen seines Bildes *Krieg-böse*. Dieses 1983 von Kippenberger gemalte Bild diente somit 1992 als Vorlage für die nunmehr von Assistenten gemalten Motivvariationen. Ein grob skizzierter Weihnachtsmann mit einem langen Bart steht mit einer Rute bewaffnet an Deck eines dilettantisch gemalten Kriegsschiffes mit verbogenen Kanonen. Das Szenario spielt vor einem abstrakten, teilweise geometrischen Bildhintergrund. Helmut Draxler merkte hierzu an, daß Kippenberger diese durch die Darstellung einer „Friedenstaube" ergänzte Motivkonstellation zum Bildthema erhob, um Variationen „nun als Serie von seinen Assistenten vormalen zu lassen und sie im barocken Gestus zu übergehen."[427] Kippenberger verlagerte demnach das Interesse, und zwar vom Einzelbild zugunsten der Struktur der Serie. Draxler begründet dies mit dem „konzeptuellen Vorgehen"[428] des Künstlers. Die Frage nach der

---

426 Ausstellung im Münchener Kunstverein zusammen mit Werner Büttner und Albert Oehlen, München 1992

427 Helmut Draxler: *Materialien zur Historisierung der ‚Bande'*, in: Ausstellungskat. *Malen ist Wahlen*, Münchener Kunstverein, München 1992, S. 10

Bedeutung und dem Sinnangebot des zugrundeliegenden Bildmotivs (bzw. der Bildmotive) rückt innerhalb der Serie in den Hintergrund des Interesses oder wird zumindest durch die weiteren Produktionsschritte relativiert.

Die vielfältigen malerischen Versuche/Variationen eines Bildmotives drängen den ästhetischen Effekt tatsächlich in den Vordergrund der Betrachtung, zumal die grob skizzierten Motive nicht immer auf deutliche Erkennbarkeit hin angelegt scheinen. Spekulationen über den Sinngehalt der Motivkonstellation ließen (trotzdem) nicht auf sich warten. Ein Kritiker behauptete, es gehe darum, „Empfindungen in starke Bilder zu übersetzen. Bei ihm [Kippenberger] ist es der Krieg [...], den weder liebenswerte Weihnachtsmänner noch unschuldige Friedenstauben stoppen können. Kaum je ist es gelungen, Geschützrohre durch unbewaffneten Protest in harmloses Eisen umzubiegen."[429]

Tatsächlich scheinen einige „Geschützrohre" durch den grob dilettantischen Malgestus in alle möglichen Richtungen „umgebogen" zu sein.

Daniel Richter kam 1992, nachdem er die ästhetisch kriterienlose und abwechslungsreiche Malerei der Motive als „Zumalen" und „Totmalen der Motive" bezeichnet hatte,[430] zu folgendem Fazit: „Martin Kippenberger hat sich ein Reich geschaffen, in dem das Werk des Künstlers als Individuum und Autor immer undeutlicher zugunsten der Rolle eines sich in alle Bereiche entfaltenden und fördernden Potentaten verschwindet. Die dadurch entstehenden Abhängigkeiten sind Ergebnis delegierter Arbeit, durchbrechen also den Mythos vom schöpferischen, einsamen Genie – an den eh keiner glaubt – schöpfen ihren Wert aber aus Strukturen, die primär dem Ruhm des Auftraggebers dienen."[431]

Aus der Sicht des Künstlers ergeben sich kalkulierbare Produktionen von ästhetischen Effekten nicht nur aus dem eigenen Malprozeß, sondern ebenso als Resultat bzw. aus den Ergebnissen der konzeptionellen Absprachen mit den Assistenten, „Berufsmalern für Kinoschönheiten" (Bilderserie *Lieber Maler, male mir...*), „Tiroler Holzschnitzern" (Skulpturenedition *Was ist der Unterschied zwischen Casanova und Jesus: Der Gesichtsausdruck beim Nageln*) etc. Das Interesse an der Bedeutung und an dem Sinngehalt/-angebot der Bildmotive

---

428 Ebd.

429 Peter M. Bode: *Können Friedenstauben Geschützrohre umbiegen?*, in: Abendzeitung, München 15. Juli 1992

430 Hiermit soll ein ästhetischer Effekt beschrieben werden, der malerische Mittel anscheinend losgelöst von bedeutenden Darstellungsabsichten und unabhängig von einem ästhetischen Selbstzweck gewahr werden läßt.

431 Daniel Richter: *„Bitte nicht nach München schicken"*, anläßlich der Ausstellung *Malen ist Wahlen*, in: Texte zur Kunst, Nr. 7, Köln Oktober 1992, S. 150

wird damit zu einem Großteil auf die Frage nach den Produktionsabsichten und -bedingungen der Kunst verlagert. Wenn Kippenberger die großformatigen Assistenten-Variationen seines meistreproduzierten und vielleicht derzeit bekanntesten Bildes *Krieg böse* vor der Ausstellung selbst noch einmal grob übermalt bzw. „von Meisterhand vollendet“[432] und die Serie dann unter seinem Namen ausstellt, so kann dies als zynische oder ironische Grundhaltung in bezug auf die künstlerischen Produktionsabsichten und Originalitätsansprüche interpretiert werden.[433]

Kommentarbedürftigkeit (Arnold Gehlen)

Bevor im nächsten Abschnitt einige auch für Kippenbergers Produktion bedeutende Aspekte der historischen Konzeptkunst der 60er Jahre beleuchtet werden, soll in diesem Abschnitt auf Arnold Gehlens Konzeptionen des Kunst-Kommentars eingegangen werden.

Ende der 50er Jahre hat Arnold Gehlen die Kommentarbedürftigkeit der Kunst in einer soziologischen Untersuchung dargelegt.[434] Die Frage nach der Funktion des die Kunst begleitenden Kunst-Kommentars ist dabei so alt wie die Kunst (als Kunst) selbst. Gehlen verbindet jedoch mit der weltweiten Vorherrschaft der abstrakten Malerei[435] die Kommentarbedürftigkeit der Kunst als das zentrale Problem der Kunstproduktion und -rezeption. Für Gehlen gehört der Kommentar als „bildbenachbarte Rhetorik“ in stetig steigendem Maße mit zur Kunst. Diese Entwicklung zeige sich seit Beginn der Moderne, die er als schrittweises Verlassen der „gewohnten Bilderverständnisse“ ansieht: „Diese gesamte Literatur gehört also *zum Wesen der Sache selbst*, sie ist aus inneren Gründen substanzieller *Bestandteil* der Kunst [...].“[436] Mit der Ausdifferenzierung der abstrakten Malerei verliere die Kunst nicht nur ihren Gegenstand; auch die Sinngebungsversuche würden gleichzeitig immer unverbindlicher. Abstrakte Kunst wird nach Gehlen der „sachlich umgrenzbaren Worte“

432 Derart äußerte sich Diedrich Diederichsen in seinem Text des Ausstellungskat. *Peter* über das Verfahren, mit dem Kippenberger die von seinem damaligen Assistenten Michael Krebber hergestellten Skulpturen vor der Ausstellung weiterveränderte.

433 Vgl. Daniel Richter: *„Bitte nicht nach...“*, a.a.O., S. 15. Richter bezeichnet das (ebd.) „‚Totmalen‘ als einen Ausdruck höchster erkannter Wirkungslosigkeit“.

434 Vgl. Arnold Gehlen: *Zeit-Bilder* (1960), a.a.O.

435 Gehlen bezieht sich hierbei vor allem auf die *documenta 2*, Kassel 1959, für die Werner Haftmann im Vorwort des Kataloges den Begriff der „Abstraktion als Weltsprache“ prägte.

436 Arnold Gehlen: *Zeit-Bilder*, a.a.O., S. 163; die folgenden Zitate ebd.

verlustig, weil sie „keine unverwechselbaren, beschreibbaren Elemente“ besitzt. Verantwortlich hierfür ist nach Gehlen die Tatsache, daß die fortgeschrittene, ausdifferenzierte Abstraktion, die nach den großen geistgetriebenen Utopien (Gehlen denkt hierbei an den Kubismus, Klee, Kandinsky, Mondrian) der Moderne folgt, keinen „Daseinsgrund“ mehr in die Konzeption der „Werke“ mit hineinnehmen kann. Diese insgesamt etwas umständlichen Formulierungen beruhen auf dem Glauben, daß ein Bild eine These über seinen Daseinsgrund enthalten könne; eine These, die dem erkennenden Rezipienten „gedanklich über die Darstellungsmittel und Formprinzipien Rechenschaft“ geben könne.

Es gibt nach Gehlen zwei Arten der Kunstkommentare, die durch zwei unterschiedliche Kunst-Konzeptionen angeregt werden:

Das voranstehend Zitierte entspricht Gehlens erster Möglichkeit, es stellt sich bei kritischer Betrachtung als Tautologie dar: Der im Falle einer „glücklichen Rezeption“ mögliche, dem Bildlichen „völlig angemessene und deckende Kommentar“ verdankt seine Zielrichtung und Orientierung einer ebenfalls nur sprachlich vorstellbaren „These über Daseinsgrund, Darstellungsmittel und Formprinzipien“. Diese These soll aber, wie oben zitiert, innerhalb des Bildes gedacht werden, bzw. im Bild ihren gedanklichen Ursprung finden. Das heißt, es soll mit Hilfe eines Kommentares eine Relation zwischen der Darstellung des Bildes und dem ebenfalls innerbildlich gedachten Bildanlaß (These) logisch einsichtig gemacht werden.

Wie kann aber der kommentierende Rezipient eine These in Sprache gefügt vorfinden, ohne diese zuvor selbst konstruiert zu haben? Die These müßte innerhalb des Bildes sprachlich feststellbar (aber nicht bildsprachlich) geschrieben (!) stehen, sonst könnte das Bild die These nicht „erfüllen“. Oder ist das Bild selbst nur die These? Wer spricht dann im Bild, und wer erfüllt die These? Der Rezipient? Als letzte Antwort kommt in Betracht, daß die These doch außerhalb des Bildes zu finden sein muß, für den Rezipienten allerdings sichtbar, und zwar vorab „geschrieben“. Dann kommt der Kommentar letztendlich jedoch nur dem Nachproduzieren der Produktionsbedingungen nach!

Die zweite Möglichkeit des Kommentares versucht erst gar nicht einen logischen Bezug zwischen Bildanlaß und der Darstellung des Bildes zu konstruieren. Kommentatoren, die sich dieser zweiten Möglichkeit bedienen, fühlen sich von der „Betrachtung des Bildes angesprochen und in Schwingung versetzt“[437], sie versuchen, ihre „Kunstgestimmtheit frei rhapsodisch fortzusetzen“[438]. Gehlen vergleicht dies mit dem klassisch-lyrischen Sinn des Ansin-

437 Ebd., S. 163

gens. Der Kommentator agiert parallel zu seinem bildlichen Eindruck. So wird die mögliche Bedeutung der Darstellung durch die subjektive (Selbst-) Erkenntnis des erlebenden Rezipienten ersetzt.

Gehlen kommt zu folgendem Ergebnis: „Diesem Durcheinander läßt sich aber dennoch eine bestimmte Erkenntnis entnehmen: In ihm drückt sich nämlich die Suche nach dem außerkünstlerischen Bezugssystem der Kunst aus, und diese ist völlig legitim. Dieses Bezugssystem ist, wie wir wissen, die reflektierte Subjektivität, die Kunst will nicht lehren, vor Augen halten, präsentieren, nachahmen oder was sie je wollte, sondern Erlebnisse erregen, und zwar die heute allein möglichen: die sich selbst erlebenden."[439] Der von Gehlen beklagte Verlust der den Bildanlaß vermittelnden Bild-These, einhergehend mit der angeblich vollständigen Befreiung von vorgegebenen praktischen und moralischen Zwecken sowie von „weltanschaulichen Rahmenvorstellungen", lenkt tatsächlich das Interesse an Kunst und ihren Produkten auf den schon mehrfach besprochenen Erlebnischarakter. Das Erlebnispotential zeitgenössischer Kunst kann jedoch kaum einer differenzierteren soziologischen Untersuchung unterzogen werden. Dafür könnte eine den Bildern unterstellte „Bildthese" den Erlebnisanspruch mit aufnehmen. Die Rezipienten machen sich dann folgerichtig die Kunst nach ihren Bedürfnissen gefügig, und die Künstler betreiben ein ungebundenes Spiel mit den Produktionsmethoden.

Gehlens Ergebnissen kann eine nicht unbedeutende Aktualität für die Kunstproduktion der 80er Jahre beigemessen werden. Dies gilt vor allem, wenn seine Analysen nicht auf die abstrakte Malerei begrenzt betrachtet werden. Bildmotive der 80er Jahre mit ihren teilweise konkret erkennbaren, gegenständlichen Anspielungen, Zitaten und fragmentarischen oder dilettantischen Darstellungen können jedenfalls auch nicht auf einen Bildanlaß zurückgeführt werden. Es lassen sich weder eindeutige Bildthesen erkennen noch logisch konstruieren. Denkt man an die Produktionsbeschreibungen, die oben für die Druckserie *Inhalt auf Reisen* wiedergegeben wurden, so stellt sich das auf der einen Seite als scheinbar selbstgenügsame Darstellung, Erfüllung und Nachvollzug der konzeptuellen Rahmenbedingungen dar. Auf der anderen Seite wird gleichzeitig die noch gar nicht angesprochene „Intention" als Ergebnis oder zum Effekt aufgeschoben.[440] Das heißt: Sinn und Bedeutung

---

438 Ebd.

439 Ebd., S. 166–167

440 „Intention als Ergebnis" soll besagen, daß nicht nur für den Rezipienten, sondern ebenso für den Künstler eine Intention erst aus dem Produktionsverlauf abgeleitet werden kann. „Intention zum Effekt aufgeschoben" soll besagen, daß die ausführliche Darstellung der konzeptuellen Rahmenbedingungen der Suggestion einer logischen Abfolge und Sinnhaftigkeit der einzelnen Pro-

ergeben sich aus den Produktionsbedingungen und dem Produktionsverlauf. Sie sind nicht im voraus kalkulierbar.

Unter diesem Gesichtspunkt können auch Kippenbergers Aneinanderreihungen einzelner Produktionsschritte betrachtet werden. Die Selbstreferenz garantiert dem informierten Betrachter die Einhaltung des vorgeblichen Prinzips einer Umsetzung, weil etwas teilweise Gleichbleibendes, Wiedererkennbares anscheinend nur in ein anderes Medium transformiert wird. Dieses Prinzip läßt sich bei Kippenbergers Produktion immer wieder aufzeigen. Man denke beispielsweise an die oben besprochene Umsetzung seiner Designer-Lampen in Bronzeskulpturen, wobei die Übertragungsleitung auf die eigenwilligen handmodulierten Formen beschränkt bleibt.

Hierbei kann noch einmal auf Arnold Gehlen Bezug genommen werden, der zwar einen Paradigmenwechsel für die Produktion der abstrakten Kunst der 50er Jahre beschreibt, dessen Thesen aber auch für Kippenbergers Produktionsstrategie volle Gültigkeit erhalten:[441] „Es handelt sich immer weniger darum, für schon festliegende Zwecke die optimalen Verfahren der Herstellung, für vorgegebene Gegenstandsgebiete die wirksamsten Darstellungsmittel oder Erkenntnismethoden zu finden, sondern umgekehrt: das Denkmodell, die Methode, die Experimentalanordnung wird in sich selbst abgeklärt, wird nach Regeln abgewandelt und jedesmal wie der Suchstrahl eines Scheinwerfers über die verschiedenen Sachgebiete hinweggeführt: Irgendwo scheint dann etwas auf."[442] Mit dieser Äußerung wird hervorgehoben, daß nicht voraussehbar ist, was sich aus einer vorgegebenen Verfahrensart herausholen läßt, zumal „wenn man sie selbst noch ausbaut, indem man jeden Effekt rückwärts wieder in den Mitteln auffängt"[443]. So wird aus einem eventuell nur strategischen Selbstzweck des Machbaren, Produzier-

---

duktionsschritte nachkommt, ohne daß irgendwelche konkreten Zwecke benannt werden könnten.

441 Der in diesem Text für die 80er Jahre aufgezeigte Aufschub der Intention als Ergebnis oder zum Effekt korreliert mit dem von Gehlen beschriebenen Paradigmenwechsel. Denn ein Aufschub der Intention wird in gewisser Weise erst durch das Ausbleiben einer bestimmten „Bildthese" ermöglicht.

442 Arnold Gehlen: *Zeit-Bilder*, a.a.O., S. 189. Erinnert sei daran, daß sich dieses künstlerische Szenario für Gehlen im gegenwärtigen Zeitalter der Posthistoire abspielt. Die Posthistoire zeichnet sich nach Gehlen durch den Synkretismus des Durcheinanders aller Stile und Möglichkeiten aus. Mit der Ausdifferenzierung der abstrakten Kunst sah Gehlen spätestens seit dem Ende der 50er Jahre die Kunstentwicklung nicht mehr durch vorab definierbare Ziele bestimmt und statt dessen „den Geistanspruch der Kunst der alleinigen Sensibilität der Netzhäute" ausgesetzt. Er schloß daraus auf den allerdings nicht zu beweisenden Ausverkauf der Moderne. Ebd., S. 206: „Von jetzt an gibt es *keine kunstimmanente Entwicklung mehr!* Mit einer irgendwie sinnlogischen Kunstgeschichte ist es vorbei [...]."

443 Ebd.

baren immer wieder ein Sinneffekt[444] abgeleitet, bedeutend gemacht und gegebenenfalls durch ein Verändern der Produktionsmethode verstärkt.

Konzeptkunst

Die historische Konzeptkunst der späten 60er und 70er Jahre zeichnet sich vor allem dadurch aus, daß mit ihr weitgehend auf jeden ontologischen oder idealistischen Werkbegriff verzichtet werden sollte. Dafür forderten die Konzeptkünstler jener Zeit eine aktive Teilnahme der Rezipienten, deren Gedankengut dann doch wieder idealistisch geprägt sein konnte. Man kann bis heute (1995) noch davon ausgehen, daß die konstruktive Mitarbeit der Rezipienten die Konzeptkunst erst realisiert bzw. in den 60er Jahren realisierte.

Klaus Honnef, der mit seinem Buch *Concept Art* die erste umfassende Auseinandersetzung mit dieser Kunstrichtung in Deutschland vorlegte, folgert in dem Kapitel *Versuch einer Concept Art Theorie*: „Angeregt von den mentalen Aufforderungen konstituieren sich Bilder gedanklicher Struktur im Kopf des Rezipienten, die einer festumrissenen Gestalt entbehren und sich infolgedessen, anders als materiell erfahrbare Bilder, beständig verändern können."[445] Der Rezipient der Konzeptkunst wird demnach also nicht mit einem fertigen Werk konfrontiert, er sieht sich auch nicht der Aufgabe des Nachvollzuges eines abgeschlossenen geistigen Konstruktes ausgesetzt, sondern er kann das Konzept der jeweiligen Arbeit individuell geistig nachvollziehen und für sich bedeutsam machen. Für Honnef entpuppt sich dadurch die „Conceptual Art als ein Abstraktionsvorgang, dessen Radikalität in der Kunst ohnegleichen ist." Die „Augen fungieren nur als Aufnahmesonden", somit sei die Konzeptkunst „buchstäblich eine Angelegenheit des Begreifens".

Eine kritische Untersuchung der Wahrnehmungsfähigkeit, eine Unterscheidung der spezifischen Funktionen der Bildmedien und eine Beurteilung des Eigenwertes der ästhetischen Effekte finden in Honnefs Theorie keinen Platz. Die „künstlerischen Impulse" sollen direkt an den „sortierenden Verstand" weitergeleitet werden, in dem Glauben, daß sie „unverfälscht" dem Begriffsvermögen unterstellt werden könnten. Das alles beruht auf der Überzeugung, daß eine

444 Der Begriff Sinneffekt soll darauf hinweisen, daß der Rezipient in/aus einer konkreten Kontext-Situation bedeutungstragende Elemente zu einem ihn selbst zufriedenstellenden Sinngehalt zusammenfügen kann, ohne vorab festgelegte Intentionen und Bedeutungen nachverfolgen zu müssen/können.

445 Klaus Honnef: *Concept Art*, a.a.O., wie die folgenden Zitate S. 8

Präsentation wertfreien Tatsachenmaterials möglich sei, wodurch reines Material des Denkens bereitgestellt werden könne.[446] Diese Gedanken stehen natürlich der Auffassung von medialen Konstruktionen der Realität(en) entgegen.

Die Anfänge der Konzeptkunst führen weit in die Geschichte der modernen Kunst zurück. Der Konzeptkünstler Daniel Buren sieht erste Anzeichen in der Kunst Cézannes. Joseph Kosuth läßt dagegen die Konzeptkunst mit Duchamp beginnen. Die Entwicklung der Konzeptkunst läßt sich indes nicht einheitlich aufzeigen. Sie wird auch aus der Sicht der 80er und 90er Jahre kontrovers und vielschichtig diskutiert.

Joseph Kosuth, einer der Begründer der Konzeptkunst, verdeutlichte 1969 mit seinem Text *Art after Philosophy* einige grundsätzliche Voraussetzungen der Konzeptkunst. Seiner Meinung zufolge wollen die Konzeptkünstler eine Kunstrichtung als Kunst etablieren, die sich nicht aufgrund spezifischer visueller Erfahrungen und ästhetischer Erscheinungsweisen definieren lassen soll. Deshalb müsse zunächst der Gegenstandsbereich der visuellen Ästhetik von der (Konzept-)Kunst unterschieden und abgetrennt werden: „It is necessary to seperate aesthetics from art, because aesthetics deals with opinions on perception of the world in general."[447] Hiermit ist ein entscheidendes Problem der Konzeptkunst aufgezeigt: Wie kann sie sich selbst als Kunst (aber auch als Reflexionen über Kunst) kenntlich machen und wirksam werden, und zwar ohne der Gefahr ausgesetzt zu sein, doch noch einer ästhetischen Beurteilung unterzogen zu werden? Und sollte ihr das möglich sein, worin besteht dann noch der Unterschied zwischen Konzeptkunst und der ästhetischen oder außerkünstlerischen Reflexion? Kosuth und die anderen Konzeptkünstler haben viele Mühen auf sich genommen, um zu plausiblen Erklärungen dieser Kunstrichtung zu kommen. Ihre Kunst sollte einer visuellen Beurteilung (der Materialverarbeitung, nach Stilkriterien etc.) entzogen werden.

Unter dem Titel *Paragraphs on Conceptual Art* veröffentlichte Sol LeWitt 1967 fünfunddreißig Sätze über konzeptuelle Kunst. Diese Sätze stellen ein frühes produktionsästhetisches Gerüst dieser Kunstrichtung dar.[448] LeWitt

---

446 Man kann in diesem Zusammenhang auch auf den New Yorker Galeristen Seth Siegelaub verweisen, der die Konzeptkunst im Jahre 1970 folgendermaßen definierte (zitiert nach: Michael Schwarz: *Über den Realismus politischer Konzeptkunst*, Kunstforum International, Bd. 42, Köln 1980, S. 18): „Concept Art hat wenige oder gar keine visuellen Aspekte, statt dessen dokumentarische Fakten. Die Evidenz der Concept Art resultiert aus den präsentierten Fakten und nicht aus den Spekulationen darüber. Conceptkünstler bieten keine Interpretationen der Wirklichkeit, sondern reine Tatsachen."

447 Joseph Kosuth: *Art after Philosophy* (1969), in: ders.: *Art after Philosophy and after. Collected Writings 1966–1990*, The MIT Press, Massachusetts 1991, S. 16

448 LeWitt beendete übrigens seinen Text mit dem Nachsatz, daß das Voranstehende nicht als

behauptete, daß ein immaterielles Denken der Ideen für die Realisierung einer künstlerischen Konzeption ausreichen würde. Damit sei das physisch ausgeführte Kunstwerk für die Erfahrung der Kunst verzichtbar.

Es muß in diesem Zusammenhang daran erinnert werden, daß LeWitt Ende der 60er Jahre Objekte herstellen ließ, die von den meisten Rezipienten der Minimalkunst zugerechnet wurden.

Falls Konzeptkünstler materiell einsehbare Werke/Produkte/Objekte produzieren bzw. herstellen lassen, so sind zu jeder ausgeführten Arbeit viele unausgeführte Variationen vorstellbar bzw. möglich.[449] Damit wird die Gestalteinheit der Arbeiten als Bezugsgröße aufgegeben,[450] weil die einzelnen Ideen und die zugrundeliegende Kunstkonzeption allgemeiner gedacht werden müssen, als die konkreten Erfahrungsmöglichkeiten in bezug auf ein Werk/Produkt/Objekt. Mehrere materialisierte Arbeiten können nach LeWitt der Variation einer Idee nachkommen. Es bleibt dann zur weiteren Differenzierung doch nur eine Beschreibung des Sichtbaren. Die Beschreibung kann sich abhängig von der jeweiligen Kunstkonzeption auf allerlei Formen und Materialien beziehen: Da keine Form ihrer Natur nach einer anderen überlegen ist, kann der „Künstler jede gleichwertig benutzen, von (geschriebenen oder gesprochenen) Wörtern bis hin zu physisch Vorhandenem."[451] Die allen Hierarchien entgegenstehende und prinzipiell regelfreie Produktionsabsicht nimmt unmittelbar Bezug auf Duchamps Gebrauch der Wortsprache und auf seine Ready-mades. Die stillose Verwendung von alldem, was das Interesse des Künstlers erwecken könnte, wird von LeWitt – innerhalb der Sätze über Konzeptkunst – lediglich durch ein temporäres Folgeprinzip geregelt.

Eine Idee muß „zwangsläufig im Geist abgeschlossen sein, bevor die nächste geformt wird."[452] So kommt es immer zu vielen Folgeideen, die als Rückkoppelung aus einer Ungenauigkeit oder dem semantischen Überschuß herführen, weil jede anschauliche Exemplifizierung immer auch über eine konkrete Idee und das Konzept hinausweisen.[453]

In den 80er und frühen 90er Jahren haben sich die Interessen an der Konzeptkunst verschoben. Die sprachanalytischen und philosophischen Implika-

---

Kunst, sondern als Bemerkungen über die Kunst betrachtet werden solle!

449 Vgl. Sol LeWitt: *Satz 12*; hier zitiert nach: Werner Lippert: *1965. Fragmente einer...*, a.a.O., S. 51–53

450 Vgl. ebd., *Satz 30*, der ebenfalls indirekt vom Verzicht auf die Gestalteinheit handelt: „In einem Kunstwerk sind viele Elemente enthalten. Die wichtigsten sind die hervorstechendsten."

451 Ebd., *Satz 15*

452 Ebd., *Satz 11*

453 Vgl. ebd., *Satz 28*: „Es gibt viele Nebenwirkungen, die der Künstler sich nicht vorstellen kann. Diese können als Ideen für weitere Arbeiten dienen."

tionen der Kunsttheorien, die Neudefinitionen des Ästhetischen und die Trennungsversuche der visuell erfahrbaren Erscheinung von einem abstrakt sprachlichen Kunstgedanken haben dazu geführt, daß das Umfeld der Beteiligten neu überdacht werden mußte: Wo definiert sich Kunst für welchen Zeitraum? Wer definiert Kunst? Wer ist an ihrem Anerkennungsprozeß beteiligt und entscheidet über die Bedeutung?

„In diesem Klima entsteht eine neue Realität der Kunst und ihrer Vermittlung, die die konventionellen Rahmen von Kunstproduktion, Kunstkritik und Kunstgeschichtsschreibung sprengt. Künstler schaffen einen neuen, eigenen Kontext für ihre Produktion.“[454] Die Äußerungen und Konzeptbeschreibungen der Künstler sind tatsächlich unentbehrlich für jedes konkrete Verständnis konzeptabhängiger Kunst. Die Rezipienten müssen allerdings die Künstleräußerungen und konzeptuellen Handlungsanweisungen im Rahmen ihres persönlichen Verständnisses interpretieren und realisieren.

Es braucht kaum hinzugefügt zu werden, daß die ständige Befragung und Neukonstitution/Variation der Kontexte nicht auf die Konzeptkunst der 60er und 70er Jahre beschränkt blieb. Äußerungen in dieser Hinsicht lassen sich Ende der 80er Jahre in fast unbegrenzter Anzahl auffinden, zwei Meinungen seien im folgenden stellvertretend genannt.

„Aus der früher säuberlich geschiedenen Trennung von Künstler, Galerie und Publikum wird ein Zusammenhang, der nur noch ‚Beteiligte‘ kennt. Produktion, Distribution und Rezeption werden gleichsam kurzgeschlossen, und verbinden sich zu einem Erfahrungsraum, in dem alle Beteiligten sich für das, was sich als neuer Kunstbegriff herausbildet, verantwortlich fühlen.“[455] Die hiermit von Wolfgang Max Faust angesprochene Veränderung des Betriebssystems der Kunst bezieht sich auf die allmählich selbstverständlich erscheinende Situation, in der sich Künstler, Galeristen, Kritiker, Sammler etc. auf eine permanente „tabula rasa“ der Kunstdefinitionen, -werte und -kriterien einzustellen beginnen.

Gillo Dorfles äußerte 1990: „In einer vielleicht nicht allzu fernen Zukunft wird die Kunstgeschichte nicht nur einen deutlichen Unterschied machen zwischen der ‚gegenständlichen Kunst‘ und der ‚abstrakten Kunst‘, sondern auch zwischen einer ‚prä-konzeptuellen‘ und einer ‚post-konzeptuellen‘ [...].“[456] Anzumerken bleibt, daß Dorfles unter dem Begriff „post-konzeptueller“ Kunst nicht

---

454 Werner Lippert: *1965. Fragmente einer...*, a.a.O., S. 34

455 Wolfgang Max Faust: *Die Galerie als Erzählung. Erstes Kapitel: Von der Erscheinung zur Konzeption*, a.a.O., S. 23

456 Gillo Dorfles: *Entstehung und Niedergang der „konzeptuellen Kunst“*, in: F. Rötzer & S. Rogenhofer (Hrsg.): *Kunst Machen?*, Klaus Boer Verlag, München 1989, S. 151

etwa das Abrücken von konzeptuellen Standpunkten versteht, sondern eine Verbindung dieser Standpunkte mit den zunächst traditionell anmutenden Bildmedien Malerei, Objekt bzw. Skulptur und den Bilddrucktechniken: „Ich glaube vielmehr, daß heute [...] die Möglichkeit besteht, auch in Werken der bildenden Kunst, die nach traditionellen Methoden ausgeführt werden, konzeptuelle Maßstäbe anzubringen. Allerdings nur, wenn solche Maßstäbe heute weniger abhängig gemacht werden von intellektueller Ausarbeitung und philosophisch-mathematischem Kalkül als zur Blütezeit des Konzeptualismus [...].“[457]

Symptomatisch für diese Situation ist eine von Joseph Kosuth wiedergegebene Äußerung von Donald Judd, die die „*tabula rasa* of art“ beschreibt: „[...] if someone calls it art, as Don Judd has said, it is art.“[458]

Kosuth beschreibt die Funktion der Kunst so: „ [...] that a work of art is a kind of *proposition* presented within the context of art as a comment on art.“[459] Dieser Definitionsversuch läßt sich weiterhin auf Kunstproduktionen der 80er Jahre anwenden. Wenn die Kunstkonzepte weder zu konkreten Bild-Werken hinführen oder diese erklären müssen noch die Konzepte sich aus den Werken (rück-)erschließen lassen, so können die Konzepte autonom oder gegebenenfalls parallel zu den Bildern, Installationen etc. betrachtet werden. Aber nach welchen Kriterien (bzw. in bezug auf was) sollen sie dann beurteilt werden? Baumgärtel behauptet folgerichtig: „Da nach der allgemeinen Definition der visuelle Teil der Concept Art nur Hilfsmittel ist, wird man gezwungen, sich an die Konzepte, an die verbalen Äußerungen zu halten. Mit deren Stichhaltigkeit, deren Überzeugungskraft steht und fällt diese Kunst [...]. Das Konzept wird zum ‚Kunstwerk‘. Noch radikaler und enger: Der ‚Kommentar zur Kunst‘ ist das Kunstwerk.“[460]

Baumgärtel bezieht sich hier auf die in Kosuths frühen Schriften vehement vertretene These: Kunst ist die Definition von Kunst. Baumgärtel bemängelt an diesem Definitionsversuch das Ineinsfallen von Subjekt und Objekt und bezeichnet dies als typisch absurden Vorgang, der einen logischen Bezugspunkt vermissen läßt. Die Definitionsversuche der Konzeptkunst, die Kosuth selbst als Tautologien betrachtet, sind nach Baumgärtel überhaupt nicht tautologisch aufgebaut! Tautologisch wäre der Satz: Kunst ist Kunst.

Kosuths Definitionsversuche stellen jedenfalls keine kontradiktorischen Thesen auf. Kontradiktorisch wäre schließlich die Feststellung, daß etwas

---

457 Ebd., S. 158

458 Vgl. Joseph Kosuth: *Art after philosophy*, a.a.O., S. 17

459 Ebd., S. 19–20

460 Gerhard Baumgärtel: *Denk-Kunst und Bildnerisches Denken. Kritik der Concept Art*, in: Kunstforum International, Bd. 12, Köln 1974–75, S. 90

nicht zugleich es selbst und seine eigene Untersuchung als Definition und Legitimation sein kann.

Die Schwierigkeiten, auf die man bei den Definitionsversuchen der Konzeptkunst stößt, ähneln denjenigen Problemen mit der Kunst Kippenbergers, die jeder Rezipient erfährt, der sich nicht durch die detaillierte Materialfülle der Zitate, die ästhetischen Effekte und den vordergründigen Witz der Bilder befriedigen läßt.

Die von Harald Szeemann 1969 in Bern ausgerichtete Ausstellung *Wenn Attitüden Form werden (Werke – Konzepte – Vorgänge – Situationen – Information)* gilt als die erste umfassende Ausstellung im deutschen Sprachraum, die sich – unter anderem – mit dem Phänomen der Konzeptkunst auseinandergesetzt hat. Fast alle heute noch bekannten Konzeptkünstler der späten 60er und 70er Jahre waren dort vertreten. Konzeptkunst konnte zu dieser Zeit nur sehr ungenau von der Arte Povera, der Earth Art und der Prozeß Art unterschieden werden. Die sich vorsichtig annähernden Definitionsversuche und Übergänge zwischen den unterschiedlichen Produktionsstrategien sind aus heutiger Sicht erstaunlich gut geeignet, um weitere Parallelen zur Kunstproduktion Kippenbergers aufzuzeigen.

Szeemann fragte sich im Katalog der Ausstellung *Wenn Attitüden Form werden*: „Haben wir es hier mit einer Reaktion [...], mit einer subjektiven Kunst, mit einer Neuauflage des Taschismus zu tun?“[461] Szeemann näherte sich mit seiner Ausstellungskonzeption dieser erneuten „von der Verherrlichung des physischen und schöpferischen Ichs getragenen Aktion“. Er notierte das Fehlen eines künstlerischen Zentrums, hob die „Opposition gegen die Form“ hervor und sah darin einen hohen Grad „persönlichen und gefühlsgetragenen Engagements“ der Künstler. Die exemplarische Tätigkeit des Künstlers war für Szeemann Hauptthema und Inhalt der Ausstellung *Wenn Attitüden Form werden*. Er behauptete: „Noch nie wurde die innere Haltung des Künstlers so direkt zum Werk.“[462] Der Begriff Werk wird hierbei – nach Fluxus und Happening – erneut interpretiert und entontologisiert. Das Werk ist hierbei längst kein autonomes Kunstobjekt mehr, sondern materialisierte, verfestigte Haltung und ebenso veränderbare Situation.[463]

---

461 Harald Szeemann: *Zur Ausstellung*, in: Ausstellungskat. *Wenn Attitüden Form werden (Werke – Konzepte – Vorgänge – Situationen – Information)*, Kunsthalle Bern, Bern 1969, ohne Seitenzahlen; die folgenden Zitate ebd.

462 Die große Bedeutung, die in diesem Zusammenhang Duchamp und dem Dadaismus zukommen, wird von Szeemann nur am Rande erwähnt, ebenso der Einfluß des Happenings und die Konzeption des Action Paintings.

463 Vgl. Harald Szeemann: *Zur Ausstellung*..., a.a.O.: „[...] über das Objekt hinaus auch Situation zu sein.“

Bezeichnend ist Szeemanns anschließende Eingrenzung: „Natürlich war das immer so: Mondrian und Pollock haben die innere Haltung Form werden lassen – aber im Hinblick auf das fertige Resultat, das autonome Objekt." Entscheidend ist, daß Szeemann für die Künstler seiner Ausstellung behauptet, daß deren Produktionsstrategien, soweit sich das aus den „Werken, Konzepten, Vorgängen, Situationen und Informationen" ableiten läßt, auf keine vorgefaßten bildnerischen Meinungen oder Regelsysteme, sondern auf das Erlebnis des künstlerischen Vorgangs, des Produzierens selbst zurückzuführen sind. Wenn diese Art des Umgangs mit Kunst bzw. die damit einhergehende Produktion vom Künstler in irgendeiner Weise gesteuert werden will/soll, so muß aus dem Erlebnis des künstlerischen Vorgangs eine Reflexion über den Produktionsverlauf abgeleitet werden. Der Produktionsverlauf muß mit dem Konzept abgestimmt und überprüft werden.[464] So können gegebenenfalls auch der weitere Produktionsverlauf oder das Konzept korrigiert oder verändert werden.[465] Diese ständig neue Abstimmung bedarf keiner vorab zu definierenden Regeln oder Kriterien.[466] Diese (innerhalb der Produktionsstrategie des Künstlers einkalkulierten) Veränderungen zeigen sich für die ständig unabgeschlossene Wahl und weitere Verwendung des Materials und gegebenenfalls für die uneinheitliche Formensprache der künstlerischen Produkte verantwortlich. Die abschließende Behauptung von Szeemann, daß im Gegensatz zu einer festgelegten Intention „immer der Vorgang wesentlich bleibt, dieser ‚Handschrift und Stil' zugleich ist"[467], läßt sich ohne Probleme auf die Erfahrungen im Umgang mit der Kunst Kippenbergers übertragen. Kippenbergers eigener Umgang mit den Produktionsmethoden, der anhand der Konzepte und der Wechselwirkungen mit den konkreten (Ausstellungs-) Situationen bestimmt wird, kann jedesmal einen neuen Sinneffekt erzeugen.

---

464 In diesem Zusammenhang lassen sich die in den vorigen Kapiteln zahlreich angeführten Äußerungen Kippenbergers einfügen, die seine Produktionsstrategie aufzeigen helfen. Kippenberger: *B Gespräche mit...*, a.a.O., S. 19: „In Frankfurt zeige ich Bronzen, die Ableitungen sind von der Lampenskulptur, allerdings ohne Lampen [...]. Über die Erinnerung an die Lampen zurück zur Frage nach klassischer Skulptur. Das ist die Idee. Die Ausstellung ist ein Kommentar zu diesem Vorgang."

465 Vgl. ebd.: „Dann kommt wieder Photographie [...], die Bilder, die ‚zu gut' geworden sind. Das waren die Bilder, die nach Anweisung von dem Assistenten Merlin Carpenter ausgeführt wurden. Einfach zu gut, zu gekonnt, und daher zu sehr Kitsch, diese Malerei." Es kommt zu der oben schon beschriebenen Reflexion in bezug auf das Produktionsergebnis und zu einer Angleichung bzw. Veränderung der Produktionsmethode, durch die die ursprüngliche Konzeptidee weiter verfolgt werden soll: „Also habe ich beschlossen, Doppelkitsch aus diesen Bildern zu machen. Sie werden ganz flach und sehr farbig [...] photographiert und als Photos ausgestellt." Anschließend wird die Konzeptidee weiterentwickelt: „Und die Acryl-Bilder werden zerhackt und in einen eigens dafür angefertigten Müllcontainer gesteckt. Als Skulptur."

466 Vgl. auch Kapitel: *Kommentarbedürftigkeit (Arnold Gehlen)*

467 Harald Szeemann: *Zur Ausstellung...*, a.a.O.

Dabei sind die das Werk/Produkt/Objekt bedingenden Konzepte zumindest im nachhinein oftmals aus den Arbeiten heraus nicht mehr nachvollziehbar. Die Konzeptkunst hat trotzdem auf die Bilder, Skulpturen, Drucke etc. der Kunstproduktion der 80er Jahre eine weitreichende Wirkung, weil sie (zumindest aus der Sicht des Rezipienten) das Konzept und gegebenenfalls ein Werk/Produkt/Objekt nebeneinanderstellt. Der vermittelnde Kommentar in einem situativen Kontext konstituiert und erprobt die Kunst.

Kippenbergers Ausstellung: *The Happy End of Franz Kafka's ‚Amerika' (T. H. E. o. F. K. A.)*

Martin Kippenberger wählte diesen Titel für seine Einzelausstellung, die er im Rotterdamer Museum Boymans-van Beuningen 1994 ausrichtete.[468] Die Konzipierung der Ausstellung hatte eine Vielzahl von Veröffentlichungen zur Folge.

Im Cantz Verlag erschien das Buch *B Gespräche mit Martin Kippenberger (Tisch 17)*. Dieses Buch enthält in den Jahren 1990–91 mit Kippenberger geführte Gespräche, die zu einem Text zusammengefaßt wurden (ohne Angabe der Gesprächspartner). Das Museum Boymans-van Beuningen veröffentlichte den offiziellen Ausstellungskatalog *The Happy End of Franz Kafka's ‚Amerika' [Einstellungsgespräche]*, der dreihundertdreißig Abbildungen ohne Legende und Text enthält. Außerdem wurde von der Familie Grässlin *M. Kippenberger. T. H. E. o. F. K. A. zwecks Einstellungsgespräch Vorschläge zur Diskussion. Sammlung Grässlin (Tisch 3)* herausgegeben. Dieses Buch enthält zweihundertsiebenunddreißig Abbildungen von Titelseiten populärer Liebesromane, Krimis und populärwissenschaftlicher Abhandlungen etc. Am Ende des Buches sind die englischen Übersetzungen der Buchtitel (in geänderter Reihenfolge) und die neuen Postleitzahlen sowie Namen und Anschriften einer nicht näher bestimmten Adressenkartei angeführt. Des weiteren erschienen das Notenheft von Rüdiger Carl (Hrsg. Martin Kippenberger) *Einstellungsgespräch Tisch Nr. 54. Dialog für zwei Akkordeons zum Thema Das glückliche Ende von Franz Kafka's „Amerika"* und der Textband von Walter Grond *Der Schoppenhauer ein Schauspiel (Tisch 32)*.

468 Der unvollendet gebliebene Roman von Franz Kafka, der zuerst 1927 von Max Brod unter dem Titel *Amerika* aus dem Nachlaß veröffentlicht wurde, findet sich in der kritischen Textausgabe aus dem Jahr 1983 unter dem Titel *Der Verschollene* wieder. Die zuletzt genannte Titelgebung geht aus einem Brief Kafkas an Felice Bauer vom 11. November 1912 hervor.

Abb. 47 Teilansicht von einem der zwei Räume der Ausstellung „The Happy End of Franz Kafka's ‚Amerika' [Einstellungsgespräche]", Museum Boymans-van Beuningen, Rotterdam 1994; In diesem Raum war eine Auswahl der Bilder seit den frühen 80er Jahren ausgestellt, deren Bildmotive Stühle und/oder Tische aufweisen. Photo: Roland Schappert

Abb. 48 Teilansicht des anderen Raumes mit der Installation „Einstellungsgespräche". Photo: Roland Schappert

Abb. 48a Innerhalb der Installation waren zwei an die Serie „Familie Hunger" erinnernde Skulpturen integriert. Photo: Roland Schappert

Die Ausstellung war auf zwei Räume des Museums aufgeteilt. In einem länglichen Raum befanden sich zahlreiche Bilder aus Kippenbergers Produktion seit Anfang der 80er Jahre, deren Motive aus unterschiedlichen Darstellungen von Stühlen und/oder Tischen bestehen, siehe Abb. 47. Der andere Raum, ein sehr großer Saal des Museums, war mit einem Kunstrasen ausgelegt, der Markierungen eines Sportfeldes aufwies, siehe Abb. 48. Auf zwei gegenüberliegenden Seiten befanden sich Tribünen, auf denen die Besucher Platz nehmen konnten. Jeweils zwei erhöht angebrachte Monitore zeigten ein Videoband, bestehend aus einer „Fake-on-the-Road-Reportage über irgendwelche allamerikanischen Kippenberger-*cheer-leaders* irgendwo in New York"[469]. Die Besucher konnten – mit Plastiküberschuhen ausgestattet – das Spielfeld betreten und zwischen zahlreichen Skulpturen- und Möbelensembles umherwandern. Innerhalb der Installation waren zwei Skulpturen der Serie *Familie Hunger* integriert, siehe Abb. 48a. In logischem Bezug zum Titel der Installation *Einstellungsgespräche* befanden sich auf dem ganzen „Spielfeld" jeweils zwei Stühle (Stuhlskulpturen) um einen Tisch (bzw. eine Tischskulptur) gruppiert.

Aus den 1990–91 entstandenen Interviews, die 1994 für das Buch *B Gespräche mit Martin Kippenberger* zusammengefaßt wurden, geht hervor, daß Kippenberger schon lange den Gedanken hatte, Kafkas unvollendet gebliebenen Roman fertig schreiben zu wollen: „Das heißt, die Geschichte, das Buch ist nicht zu Ende geschrieben. Und das ist aber, woran ich arbeiten will, ein Happy End zu schreiben.“[470] Dazu kam es jedoch nicht, obwohl Kippenberger Anfang der 90er Jahre dieses Anliegen mehrfach mündlich und in veröffentlichten Interviews bekräftigt hatte. Statt dessen änderte er sein Konzept und nahm das Thema im Vorwort seines für die Rotterdamer Ausstellung veröffentlichten Buches *B Gespräche mit...* wieder auf. Dieser kurze Text soll hier vollständig wiedergegeben werden, weil er die expliziteste Äußerung darstellt, mit der Kippenberger die Öffentlichkeit über seine konzeptuellen Rahmenbedingungen informierte. Der kurze Text müßte somit den Anlaß für die aufgezeigte Fülle von Folge-Veröffentlichungen und Ausstellungsbeiträgen verständlich machen.

„Liebe Leser, Liebe Besucher!

Jenes von diversen Büchern zu dieser Ausstellung oder die Ausstellung mit diesen Büchern möchte einen kleinen Beitrag üben. Man las, ehrlich gesagt, das Buch Franz Kafkas ‚Amerika‘ nicht zu Ende, doch es gab im Bekanntenkreis einen, der dies wohl tat, und mir davon berichtete, daß sich zum ersten Mal, unvollendet in einem Oeuvre von Franz Kafka, ein Happy End anbahnte.

Es hieß folgendermaßen: Es sei ein Zirkus in der Stadt, der tatkräftige Kräfte, Helfer, Könner, selbstsichere Anpacker und, und, und gegen Entgelt suche. Vor dem Zirkuszelt, so denke ich mir, wurden Tische und Stühle zwecks Einstellungsgesprächen aufgebaut.

Diese Gespräche sollen als meine Bewerbung für eine Anstellung als Einstellungsinterviewer gelten.“[471]

„Einen kleinen Beitrag üben“, für wen und wozu? Nach eingehender Analyse steht fest: Kippenbergers Buch *B Gespräche mit...*, sein Ausstellungsbeitrag in Rotterdam sowie die begleitenden Publikationen zu dieser Ausstellung haben keinen direkten Bezug zu dem unvollendet gebliebenen Roman von Franz Kafka. Die Niederschrift der ersten sechs Kapitel des Romans, die Kafka im Januar 1913 abbrach, ist Fragment geblieben. Die im Oktober 1914 begonnene Fortführung einer ca. zwanzig seitigen Erzählpartie blieb ebenso unvollendet.

Kippenbergers vorgeblicher Ansatzpunkt basiert einzig auf der Kenntnis dieser Erzählpartie.[472] Auf dieses *Fragment (2)* bezieht sich die Äußerung aus

469 Tom Holert: *Aussitzer. Robert Irwin und Martin Kippenberger*, in: Texte zur Kunst, Nr. 14, Köln Juni 1994, S. 190

470 Martin Kippenbeger: *B Gespräche mit...*, a.a.O., S. 150

471 Ebd., S. 5

472 Die Fragment gebliebene Erzählpartie, die für die kritische Ausgabe (*Der Verschollene*, Fischer Verlag, Frankfurt am Main) von 1983 als *Fragment (2)* den ersten sechs Kapiteln nachgestellt

seinem „Bekanntenkreis", daß „sich zum ersten Mal ein Happy End anbahnte". Hätte Kippenberger Kafkas Text selbst gelesen, so wüßte er, daß die Einstellungsgespräche mit Karl Roßmann, dem Helden des Romans, tatsächlich erfolgreich verliefen, da er von dem Personalchef des „Teaters von Oklahama" als technischer Mitarbeiter angestellt wurde. Kippenberger hätte nach eingehender Lektüre des *Fragmentes (2)* auch wissen können, daß die Bewerbungsgespräche in einem komplizierten Verfahren von einer „Werbetruppe für das Teater von Oklahama" durchgeführt wurden. Diese streng organisierte Truppe, die alle möglichen Mitarbeiter anwerbend durch die Städte zog, bildete nach Kafkas Vorstellung berufsspezifische Kanzleien aus, die auf eigens hierzu angemietetem Gelände in „kleinen Buden" untergebracht werden mußten. Diese Lokalitäten sollten nach Kafkas Vorstellung unter anderem mit jeweils einem Tisch und mehreren Stühlen ausgestattet werden, dem Mobiliar zur Durchführung der Bewerbungsgespräche.[473]

Am Ende des fragmentarisch gebliebenen Textes verläßt der Held Karl nach erfolgreicher Aufnahme die Werbestätte der Stadt Clayton und fährt mit seinen neuen, ebenfalls in den Dienst gestellten Kollegen zwei Tage und Nächte im Zug nach Oklahama. Das Happy End der Jobsuche hatte damit schon stattgefunden, es hätte allenfalls noch im Zug oder in Oklahama revidiert werden können.

Kippenbergers angebliches Ausgangskonzept, ein Happy End zu dem nicht einmal von ihm selbst gelesenen Roman Kafkas schreiben zu wollen, beruht von Anfang an auf falschen Voraussetzungen. Kippenbergers Bereitschaft, mit der Installation *Einstellungsgespräche* fiktives und mehr oder minder funktionales Mobiliar für die Gespräche zur Verfügung zu stellen, betrifft den Helden Karl nicht mehr, der sich nach Kafkas Vorstellung bereits im Zug nach Oklahama befindet. Kippenbergers „Bewerbung für eine Anstellung als Einstellungsinterviewer" bezieht sich innerhalb des zweiten Fragmentes von Kafkas Roman daher auf eine Textstelle, die für Kafka längst abgeschlossen war. Kippenbergers Bewerbung als Einstellungsinterviewer, die er in seinem nachträglich verfaßten Vorwort ausdrücklich hervorhebt, zielt damit ins Leere. Er hätte eine für Kafka schon abgeschlossene Textstelle zwar weiter ausbreiten können, tatsächlich aber wird von Kippenberger Kafkas Erzählung weder weitergeführt noch in eine andere Richtung gelenkt.

Mehrere Konzeptänderungen liegen Kippenbergers Ausstellung und den Folgeveröffentlichungen zugrunde. Zunächst sollte ein „Happy End" ge-

---

wurde, war zuvor von Max Brod für die Erstveröffentlichung aus dem Jahr 1927 als eigenständiges Kapitel *Das Naturtheater von Oklahama* angeboten worden.

473 Vgl. Franz Kafka: *Der Verschollene*, Fischer Verlag, Frankfurt am Main 1994, S. 305.

schrieben werden. Die aus dem Vorwort von *B Gespräche mit...* ersichtliche Konzeptänderung verlagert das Interesse auf ein fiktives (schriftliches) Verfahren der Bewerbung als Einstellungsinterviewer. Schließlich wurde mit einer erneuten Konzeptänderung Kippenbergers eigene literarische Arbeit restlos aufgegeben. Es wurden „befreundete Autoren autorisiert, ihre Versionen der Fortsetzung [welche Fortsetzung?] zu schreiben, und Kippenberger fand Verlage, die bereit waren, die Ergebnisse in ihr Programm aufzunehmen. Die selbstgestellte literarische Aufgabe und ihre produktiv-distributive Abwicklung war somit erfolgreich an andere Instanzen abgeschoben worden."[474] Tom Holerts Äußerung in bezug auf die (die Rotterdamer Ausstellung begleitenden) Veröffentlichungen kann man zustimmen. Der auffälligen Reduktion bzw. der Verschiebung des Interesses folgt auch die Struktur der Installation *Einstellungsgespräche*. Man denke beispielsweise an mögliche Bedeutungen des ausgestellten „Kunstrasens" oder des „Cheer-leader-videos". Durch die Kombinationen der Mittel und Themen wird der Bezugsraum der Interpretationsmöglichkeiten erheblich erweitert bzw. einer plausiblen Begrenzung entzogen.

Renate Puvogel folgt dieser Entgrenzung auf assoziativer Ebene. Für sie verbirgt sich hinter der „unmöglichen ‚Möblierung' ein heterogenes Stil- und Kitschgemisch aus eigenen Kreationen, edlen Designerstücken und Restaurantausstattungen. Kindermöbel ducken sich zwischen hochragenden Anständen der Jäger [die sind für Kafkas Einstellungsgespräche allerdings auch nicht vorgesehen], personifizierte Sessel haben billige Pröllstühle oder schicke Lederfauteuils neben sich."[475] Puvogel kommt unvermittelt zu dem Schluß: „‚Einstellungsgespräche' nennt Kippenberger seine Installation – angesichts der Lage auf dem Arbeitsmarkt kein ganz abwegiges Thema."[476] Auch Holert betrachtet das Thema *„Einstellungsgespräche"* von dem vorgeblichen Referenten (Kafkas Roman) gelöst und – noch weniger konkret als Puvogel – erweitert zu einer „Modellsituation für alle möglichen Formen von gesellschaftlicher Zulassung und Zulassungsverweigerung, insofern ein geeigneter Auslöser für Reflexionen über die Frage der Eignung ganz allgemein"[477].

Denkt man in dieser Richtung weiter, so könnte Holerts Einsicht auch innerhalb des Romans von Kafka ausgelöst werden, denn der Protagonist Karl steht ja zu Beginn des zweiten Textfragmentes vor jenem Plakat mit der Aufschrift: „Das große Teater von Oklahama ruft Euch! Es ruft nur heute, nur

474 Tom Holert: *Aussitzer. Robert Irwin...*, a.a.O., S. 189
475 Renate Puvogel: *Martin Kippenberger. Museum Boymans-van Beuningen*, a.a.O., S. 386
476 Ebd.
477 Tom Holert: *Aussitzer. Robert Irwin...*, a.a.O., S. 190

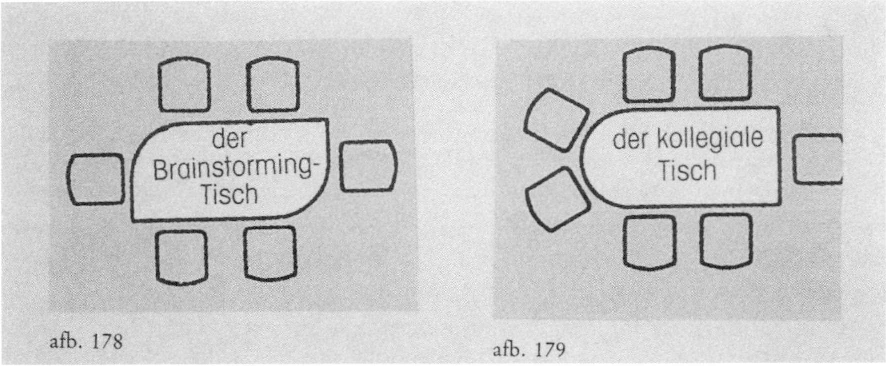

Abb. 49 afb. 178 und afb. 179, Detailansicht einer Seite des Ausstellungskat. „The Happy End of Franz Kafka's ‚Amerika' [Einstellungsgespräche]", Museum Boymans-van Beuningen, Rotterdam 1994, ohne Seitenzahlen

einmal! [...] Wir sind das Teater, das jeden brauchen kann, jeden an seinem Ort!"[478] Die geradezu utopische Verheißung der Möglichkeit eines spezifischen Jobs für jedermann und die undurchschaubare, äußerst willkürlich anmutende Einschränkung („nur heute, nur einmal") finden Entsprechungen in der situativen Verwendung der disparaten Elemente der Installation. Auch dort stellt sich nämlich die Frage nach dem Auswahlkriterium und der Anordnung der Installation. Jedes Element der Installation ist wie ein Modell oder Stellvertreter „an seinem Ort", jedes oder jeder wird genommen. Aber wird es/er dort gebraucht?

Die Fragen nach der spezifischen Struktur des Ausgestellten und des Ausgestelltseins werden vordergründig hinter Kippenbergers Phrase (=Einstellungsgespräch bedeutet zunächst zwei Stühle und ein Tisch) zurückgestellt. Die Gestaltung der ungewöhnlichen Möbelstücke bzw. Skulpturen und das gesamte Arrangement, einschließlich der beigefügten industriell gefertigten Möbelstücke, weisen eine weiterführende, subjektive Erzählstruktur auf. Die einzelnen Stuhl-Tisch-Gruppierungen suggerieren jeweils eine individuelle (wenn auch vage) Psychologie des Sitzens. Sie scheinen durch ihre extreme Unterschiedlichkeit auf den möglichen Ablauf der fiktiven Gespräche Einfluß nehmen zu wollen. Für den Betrachter bieten sie sogleich den Gesprächsstoff für mögliche Dialoge.

Unterstützt wird diese Denkrichtung durch einige Abbildungen des offiziellen Ausstellungskataloges; dieser enthält beispielsweise unter „afb. 178" die

---

478 Vgl. Franz Kafka: *Der Verschollene*, a.a.O., S. 295

Zeichnung einer Brainstorming-Tischform und unter „afb. 179" die Zeichnung eines „kollegial" betitelten Tisches, siehe Abb. 49.[479] Ein „erfolgsprogrammierter Tisch" („afb. 181") fügt sich in diesen Kontext ein, der dem Wissensbereich einer zeitgenössischen Management-Schulung entnommen zu sein scheint. Zahlreiche andere Abbildungen des die Installation begleitenden Ausstellungskataloges, unterschiedliche Zeichnungen und Photographien von Kneipenszenen etc. lassen jeweils eine andere, vage Psychologie des Sitzens und der Gesprächsführung assoziieren. Die Abbildungen fördern zudem persönliche Erinnerungen und fiktive Reisen in die Vergangenheit – beispielsweise im Kontext der Designgeschichte der Sitzmöbel.

Die Fülle der Katalogabbildungen läßt sich somit parallel zu Kippenbergers in der Masse fast enzyklopädisch anmutenden Möbel-Objekt-Skulpturensammlung der Installation beschreiben und als subjektive Erzählung interpretieren. Die Einzelheiten (Details und Herkunft der Exponate etc.) und Kippenbergers Auswahlkriterien sind jedoch keinesfalls sinngebend nachvollziehbar. Es bleiben ungezählte Referenzbezüge ungeklärt. Diese offene Situation kann letztendlich nur als freies Assoziationsangebot aufgefaßt werden.

Holert konzentrierte seine Wahrnehmung auf Exponate „von fundamentalontologischer Expressivität"[480]. Diese Begrifflichkeit findet in der Offenheit der formalen Gestaltung jedoch keinen plausiblen Bezugspunkt. Sie überschreitet die Grenzen nachvollziehbarer Formulierungen und ist symptomatisch für einen Rezipienten, der sich ohne ausgewiesene Kriterien trotzdem um eine fundierte Beschreibung und Beurteilung bemüht/bemühen muß.

Insgesamt läßt sich Kippenbergers Rotterdamer Ausstellungsprojekt keine verbindliche Bezugsebene entnehmen. Bestimmte Themen (Kafkas Roman, Einstellungsgespräche, Arbeitslosigkeit, Zuordnung und Auswahl, Sportarena mit Kunstrasen, ironische Selbstverherrlichung mit cheer-leader Gruppen etc.) bieten zwar konkrete Referenzbezüge, diese bleiben jedoch in ihrer Gesamtheit beziehungslos nebeneinander bestehen. Das kann zur Folge haben, daß die Referenzbezüge in ihrer Gesamtheit funktionalisiert erscheinen. Dies wiederum bedeutet, daß sie als unermüdlicher Anlaß zum Weitermachen aufgefaßt werden können: Die mehr oder weniger plausiblen Assoziationen der Betrachter vermischen sich mit der Simultaneität der fast grenzenlosen Infor-

479 Ein erläuterndes Abbildungsverzeichnis findet sich im Katalog nicht. Die Nummerierung als Möglichkeit ordnender Registrierung entbehrt damit jeder sachdienlichen Funktion.

480 Tom Holert: *Aussitzer. Robert Irwin...*, a.a.O., S. 190; Holert führt ebd. fort: „Die Überlagerungen und Kombinationen gelangen schmissig-konzertant [...]."

mationsfülle der Installationen und Bilderserien. Die Produktion dokumentiert demnach die Verabschiedung einer verbindlichen Systematik und den Verlust einer zielorientierten Erzählung.

Die Aufgabe einer zielorientierten Erzählung ist kein neues Paradigma. Jost Schillemeit hebt in seiner Nachbemerkung zu Kafkas Roman *Der Verschollene* hervor, daß auch die Geschichte von Karl Roßmann „ohne Gesamtplanung entstand, vielmehr aus dem jeweils erreichten Augenblick heraus, in eine noch offene Zukunft hinein, weitergeschrieben wurde und ‚ins Endlose angelegt' war"[481]. Kafkas Roman kommt demnach ebenfalls ohne klare Absicht und vorbestimmtes Ziel aus. Martin Prinzhorn behauptet, daß Kippenberger mit seinen Bildern und Installationen eine „Geschichte der verschwundenen Narration erzähle, ohne einen Moment lang daran zu glauben, da der Stoff, aus dem sie gemacht ist, ihr schon völlig widerspreche"[482]. Demnach könnte die Intention Kippenbergers die ironische Darstellung einer endlosen Erzählstruktur gewesen sein.[483] Dieses (für viele Rezipienten „lustvoll" empfundene) inszenierte Scheitern einer verbindlichen Erzählung und Erzählstruktur konnte man bei der Betrachtung der Installation „Einstellungsgespräche" erfahren.

Wie stellt sich soviel disparate Simultaneität aus dem Blickwinkel des Betrachters dar? Er steht zunächst ratlos vor der nicht zu beantwortenden Frage nach der verbindenden Struktur innerhalb von Kippenbergers Ausstellungen[484] – und kann dies als „Verweigerung" und gegebenenfalls als Erlebnis erfahren. Legt man der hier beschriebenen Installation der Ausstellung *The Happy End of Franz Kafka's ‚Amerika' (T. H. E. o. F. K. A.)* diesen Sinngehalt zugrunde, der auch für viele andere Installationen Kippenbergers naheliegend erscheint, so kann damit leichtfertig eine Abwertung des subjektiven Sinnangebotes der ausgestellten Exponate herbeigeführt werden: „Diese [Ausstellungen] folgen keiner bestimmten Konzeption oder Vorstellung. Sie ergeben sich

481 Jost Schillemeit, in: Franz Kafka: *Der Verschollene*, a.a.O., S. 327. Das Zitat im Zitat bezieht sich auf den Brief Kafkas an Felice Bauer vom 11. November 1912.

482 Vgl. Martin Prinzhorn: *Jenseits der Diskursanalyse...*, a.a.O., S. 43

483 Damit soll deutlich gemacht werden, daß Kippenberger das Erzählen als solches ad absurdum führt, und zwar durch endlosen Aufschub, Veränderung der Voraussetzungen, Delegieren an andere Autoren etc. Er stellt zudem künstlerische oder fiktive Erzählstrukturen und deren Logik in Frage, indem Geschichtsfragmente unabhängig von ihrer Herkunft und Erzählstruktur in seine Projekte inkorporiert werden. Die Versatzstücke werden nicht mehr gemäß ihrer Entstehungslogik vermittelt, sondern neu kombiniert. Dies gilt auch für die von Kippenberger selbst angefertigten Texte, Bilder und Skulpturen.

484 Vgl. auch Friedemann Malsch: *Martin Kippenberger – ‚Peter'*, in: Kunstforum International, Bd. 91, Köln Okt./Nov. 1987, S. 340: „Das chaotische ‚Durcheinander' der (so scheint es) wahllos in den Raum gestellten Arbeiten erlaubt nur den vom Zufall geleiteten Blick des Voyeurs: pickt man sich eine Arbeit heraus, gleitet der Blick gleich weiter zur nächsten Arbeit [...]."

aus eher zufälligen Einfällen, in denen der Künstler mit ein paar Handgriffen einen doch recht billigen Effekt erzeugt."[485]

Vorstehende Äußerung aus einer „nicht gerade schmeichelhaften Zeitungsrezension eines gewissen J. K. über die Kölner Ausstellung ‚*Petra*' von 1987"[486] hätte auch für die Rotterdamer Ausstellung von 1994 formuliert werden können. Die Rezension findet sich indes sechs Jahre zuvor „als fast schon autonomer ‚Ready-made-Print' im Katalog der Winterthurer Version ‚*Nochmal Petra*' wieder"[487].

Kippenberger spielt mit der Wiederaufnahme, zeitweisen Verdichtung und Verschachtelung einzelner Ideen und Konzepte. Kippenbergers größte „künstlerische Leistung" besteht darin, daß sein Spiel nicht endet, kein Stil im Kontext aufgeht, kein Thema restlos greift. Die Rezipienten und Kritiker können niemals im voraus wissen, was er als nächstes in seine Produktion inkorporiert. Auch die schlechteste Kritik – seine eigenen Arbeiten betreffend – kann in seine Produktion einfließen. Er provoziert damit ein Sinnangebot als Herausgeber. Auf diese Weise integriert er auch „fremde Kunst", gewöhnliche Möbelstücke etc., so daß die Rezipienten nicht beurteilen können, welchen Stellenwert und welche Wertigkeit die einzelnen Objekte für den „Künstler-Herausgeber" aufweisen.

Interessen

Die Fragen nach dem Stellenwert, nach der Bedeutung und nach dem Sinnangebot der einzelnen künstlerischen Arbeiten werden nicht nur von den Rezipienten ständig erneut aufgegriffen, ohne jeweils zu verbindlichen Antworten zu führen. Kippenberger selbst äußerte hierzu: „Äh, letzten Endes habe ich umgedacht. Daß es uninteressant ist, ob die Kunst gut ist oder nicht gut. Nur, [...] wie ich das in mein Leben integriere, daß ich darüber denke, das ist wichtig. Und wie ich 's dann nachher darstelle, als meine eigene Arbeit. [...] Man muß Behauptungen aufstellen, auch wenn alles nicht stimmt. Da bin ich ehrlich. [...] und irgendwas werden wir uns schon einfallen lassen, damit es angeblich 'nen

485 J. K.: *Die Ironie ist abgenutzt*, Ausstellungsbesprechung anläßlich der Einzelausstellung *Petra*, Galerie Gisela Capitain, 1987, in: Kölner Stadt-Anzeiger, Köln 30. Oktober 1987

486 Stefan Banz: *Martin Kippenberger. Kunsthalle Winterthur*, in: Noema Art Journal, Nr. 21, Salzburg Nov./Dez. 1988, S. 78

487 Ebd.

488 Martin Kippenberger: *B Gespräche mit...*, a.a.O., S. 141/158

Sinn macht."[488] Jeder Leser muß für sich entscheiden, wie er diese Äußerungen Kippenbergers verstehen will. Kann man aus ihnen (Rück-)Schlüsse ziehen?

Das Spiel mit den Referenzbezügen, dem Assoziationsreichtum und der Überfülle an Bildinformationen kommt zumindest einem persönlichen Interesse des Künstlers nach. Aus dem Aktionismus des Künstlers und seiner Gefolgschaft resultiert die Kennzeichnung des „Autors", der die Aufgaben und Interessen verteilt.[489] Alles dient der Kenntlichmachung seiner Person, und das als Darstellung seiner eigenen Arbeit! Das inszenierte Bedeutungstheater dient am Ende vielleicht (nur) dem Ruhm des Malers, Bildhauers und Photographen oder derselben Person als beobachtender Künstler.

Subjektive Interessen Kippenbergers kristallisieren sich dadurch heraus, daß er als autonomer Auftraggeber, der es sich leisten kann, andere für sich arbeiten zu lassen, Raum für eigene Beobachtungen schafft. „Das liegt daran, weil meine Eltern gesagt haben, ‚Mit Kunst kannst du kein Geld verdienen', und irgendwie dann hab ichs auf die Latte gekriegt, daß man damit Geld verdienen KANN. [...] Da hat man natürlich den Vorteil, daß andere Leute meine Bilder malen können, andere Leute meine Kunst machen, weil ich dadurch mehr Abstand habe zu der ganzen Sache."[490]

Man kann die voranstehenden Äußerungen Kippenbergers entweder als persönliche Strategie oder als Darstellungsabsicht auffassen. Aus der Perspektive des kritischen Lesers und Rezipienten denunziert Kippenberger mit seinen Äußerungen sich selbst und nimmt auf diese Weise eine mögliche Kritik der Rezipienten vorweg. Vorgeblich „falsche Behauptungen" und angeblichen Verzicht auf Werturteile („gute oder schlechte Kunst") gutzuheißen, werden aus fast jeder (vorgeblich) kritischen Perspektive (Haltung) als Zynismus interpretiert. Der Zynismus, der mitunter Kippenbergers persönliche Haltung auszuzeichnen scheint, kann ebenso als Kennzeichen eines Teiles der zeitgenössischen Gesellschaft angesehen werden. Kippenbergers Äußerungen sind somit (immer) auch exemplarisch (zu verstehen). In dieser Hinsicht kann man sich auf Peter Sloterdijk beziehen, der Anfang der 80er Jahre für die westdeutsche Gesellschaft feststellte: „Handeln wider besseres Wissen ist das globale Überbauverhältnis heute; es weiß sich illusionslos und doch von der ‚Macht der

489 So findet sich eine inmitten des Gesprächstextes eingestreute Äußerung Kippenbergers, die an dieser Stelle unvermittelt an den Referenzbezug „Happy End von Kafka" anknüpft und auf das Erlebnispotential von Künstler und Rezipient weiterverweist (ebd., S. 100): „[...] das ist das Happy End von Kafka, das wird vielen Menschen viel Freude bereiten... sobald es nicht nur um Einstellungsgespräche geht... Und es gibt keinen Existenzkampf mehr, es gibt nur noch dicke Freude, dicke Eierkuchen."

490Ebd., S. 34

Dinge‘ herabgezogen. So erscheint in der Realität als Sachlage, was in der Logik als Paradox [und] in der Literatur als Witz gilt.“[491]

Kippenbergers Entwicklung seiner eigenen künstlerischen Strategie begann Ende der 70er Jahre, also zu einem Zeitpunkt, zu dem die in den Kontext der Kunst gestellten Gedanken, Konzepte etc. längst nicht mehr an vorherrschenden formalen Prinzipien oder an einer historischen Folgerichtigkeit gemessen werden konnten. Kippenbergers Äußerungen und in unterschiedlichem Maße seine künstlerischen Arbeiten beziehen sich beispielsweise auf Marcel Duchamp, den Dadaismus, auf Protagonisten der Pop art, auf Gerhard Richter und Sigmar Polke. Andere Arbeiten beziehen sich wiederum auf seine jüngeren Kollegen. Diese Bezüge sind teilweise Aneignungen. Das klärt aber noch nicht das Organisationsprinzip seiner künstlerischen und persönlichen Entscheidungen. Kippenberger ändert des öfteren seine konzeptuellen Standpunkte, von denen aus er seine Produktionsstrategien entwickelt und anschließend seine malerischen, skulpturalen, photographischen, arrangierenden, delegierenden und beobachtenden Tätigkeiten ausführt. Die Produktionsergebnisse können jedoch auch in einen Widerspruch zum jeweils zugrundeliegenden Konzept geraten – oder das Konzept ist anschließend gar nicht mehr erkennbar oder zumindest dem Rezipienten nicht bekannt.

Bazon Brock bewertete 1972 die damals aktuelle Kunstproduktion in einer Weise, die auch noch in den 80er Jahren als Grundlage zur Bewertung von Kippenbergers Kunst herangezogen werden kann: „In ihrem Bereich versuchen Künstler, es mit der Fülle an Möglichkeiten, Entwürfen, Einstellungen, Plänen anderer gesellschaftlicher Praxisbereiche aufzunehmen.“[492] Es ist zudem davon auszugehen, daß ein künstlerisches Konzept (Ausgangsidee etc.) fortan nicht mehr sinnvoll an der Relation von Intention (mit einem entsprechenden „Entwurf“) und Ergebnis („Ausführung“) gemessen und beurteilt werden kann. „Was sich einstmals wenigstens als Differenz von Entwurf und Ausführung beschreiben ließ, schrumpft hier aufs platte Drauflosdenken zusammen.“[493] Die Konsequenz hieraus hat Kippenberger exemplarisch und in seinen Arbeiten jeweils sehr konkret gezogen. Seine Arbeiten sind Antworten auf das vom Künstler prinzipiell nicht mehr glaubwürdig zu lösende Problem der künstlichen Reduktion auf ein einziges Thema, auf eine Moral oder ein zusammenfassendes Anliegen.

---

491 Peter Sloterdijk: *Kritik der zynischen Vernunft*, Suhrkamp Verlag, Frankfurt am Main 1983, S. 38

492 Bazon Brock: *Die ästhetische Grenze als zentrales Problem gegenwärtiger Kunstpraxis* (1972), in: ders.: *Ästhetik als Vermittlung. Arbeitsbiographie eines Generalisten*, DuMont Buchverlag, Köln 1977, S. 312

493 Ebd.

Wie ging Kippenberger vor, als das Pariser Musée National D' Art Moderne ihm 1993 eine Ausstellungsmöglichkeit anbot, mit der zum ersten Mal der Gedanke an eine Retrospektive aufkam? Kippenberger nannte die Ausstellung „*Candidature à une retrospective*". Im Zentrum der Ausstellung stand eine Reihe von Vitrinen. Diese beinhalteten nicht allein Kippenbergers Publikationen, deren Vorlagen, Ausstellungskataloge, Editionen und selbst produzierte Schallplatten aus den 80er und frühen 90er Jahren. Die Vitrinen präsentierten zudem auch zeitgleich entstandene Veröffentlichungen von anderen Autoren aus den verschiedensten Bereichen: Künstlerkataloge, Literatur, Abhandlungen über Ästhetik, Bücher über Kulturkritik etc. Friedrich Petzel folgerte im Zusammenhang mit dem Ausstellungstitel: „Die Kandidatur kalkuliert das Wesen einer Retrospektive, in der der Künstler die Kontrolle über seine Rezeption aufgibt. [...] Kippenberger begegnet der Sache mit einer Welle von Daten und Dokumenten; ein Informationsterror, [...]."[494]

Die Ausstellung der Vitrinen wurde mit erotischen Zeichnungen der Sammlung *Sumak* (Susanne und Martin Kippenberger), Photos und Collagen von Kippenberger und anderen Künstlern ergänzt. Im vorderen Raum befand sich eine Auswahl der Künstlerplakate. Die Plakate leisteten „vordergründig" der gängigen Ausstellungspraxis Genüge, nämlich Informationen über Kunst und Künstler zu geben und gegebenenfalls weiteres Interesse zu wecken oder Irritationen zu erzeugen. Zudem konnten die Plakate zusätzlich „aufgewertet" werden, weil Kippenberger mit ihnen auf photographischen, zeichnerischen und anderen gestalterischen Wegen eine seinen Bildern entsprechende Imageproduktion betrieben hatte, die tatsächlich publikumswirksam verbreitet werden konnte. Unter diesem Gesichtspunkt wurden die Plakate folgerichtig im ersten Ausstellungsraum unmittelbar hinter dem Eingangsbereich plaziert.

Die Bestückung der Vitrinen im mittleren Ausstellungsraum beruhte auf einer Ausstellungsdramaturgie in Zusammenarbeit von Kippenberger und Roberto Ohrt. Sie führte die fast grenzenlose Auffächerung der Kontextbezüge unmittelbar vor Augen. Thematisiert wurde die diskursive Sättigung einer konstruierten Zeitgeistgeschichte. Das geschah beispielsweise unter Zuhilfenahme von Buchtiteln: *Dies alles gibt es also* (Wolfgang Max Faust), *Ästhetik des Verschwindens* (Paul Virilio), *Ein Happen für den Wissenden* (Lord Timothy Dexter), *Phantom Avantgarde* (Roberto Ohrt), *Sand in der Vaseline* (A. Oehlen, M. Kippenberger) etc., siehe Abb. 50. Man konnte hier scheinbar all das wiederfinden, was in den 80er und frühen 90er Jahren im sozialen Umfeld Kippenbergers aufgenommen und rezipiert wurde. Aber Vorsicht ist geboten! Es han-

494 Friedrich Petzel: *Kelly – Kippenberger*, in: Texte zur Kunst, Nr. 11, Köln September 1993, S. 200

Abb. 50 Detailansicht einer der Ausstellungsvitrinen der Ausstellung „Candidature à une retrospective", Centre Georges Pompidou, Paris 1993. Photo: Roland Schappert

delte sich um keinen Kanon bestimmter, bedeutender Publikationen, sondern lediglich um ein exemplarisches Potpourri aus konstruierter Zeitgeschichte. Die Fülle der Buchtitel, der Ausstellungskataloge von Kippenberger und anderen Künstlern sowie der Buchobjekte und Künstlerbücher konnte als Wechselspiel von Anekdote, zufälligem Nebeneinander und angeblichen Vorbildern gelesen werden. Das ergab die Gesamtaussage einer ziellos sinnbildenden Vernetzung und endlosen Weiterführung: Je nach Wissensstand, Assoziationsreichtum und Affiziertsein der Rezipienten konnte das Ganze als (un)zusammenhängender Text gelesen werden, der aus ungezählten Bestandteilen der persönlichen Zeitgeschichte des Künstlers, seiner Mitarbeiter und Rezipienten besteht.

In diesem Zusammenhang konnte man auch die ebenfalls im Zentralraum ausgestellte Bilderserie *Erfindung eines Witzes*, 1993, auffassen, siehe Abb. 51.[495] (Der Autor dieses Textes konnte bei der Betrachtung jedoch keinen

495 Die Bilder der Serie verbinden abstrakte und wenige, kaum noch identifizierbare gegenständliche Formen auf der sichtbaren weißen Grundierung zu einem malerischen Formgefüge, so daß kein Bezug zur außerbildlichen Realität aufkommen kann, der eine plausible Interpretations-

Abb. 51 Ein Bild der Serie „Erfindung eines Witzes", 1993, Öl auf Leinwand, 240 x 200 cm

Witz erkennen.) Kunstbetrachtung wird hier zu einer endlosen Unterscheidung, und zwar ohne vorgegebene Zielrichtung! Entscheidend ist nur, daß man sich damit beschäftigt.[496]

Kippenberger selbst lehnt jede Vorstellung von einem Sinnganzen der Kunst ab. Eine konkrete künstlerische Intention wird von ihm nicht geäußert. Damit beginnt das Spiel anscheinend endloser Zeichenverknüpfungen und Assoziationsketten. Die Leistung des „Spiels" besteht darin, daß das Spiel nicht endet und nicht einseitig funktionalisiert werden kann. „Und diese An-

---

möglichkeit zulassen würde.

496 Vgl. hierzu noch einmal die weiter oben im Text schon zitierten Äußerungen Kippenbergers (in: *B Gespräche mit...*, a.a.O., bes. S. 141/158). Nach Kippenbergers Selbstäußerungen ist es letztendlich nur wichtig, daß man sich überhaupt mit seiner Kunst beschäftigt.

sicht ‚Sich-über-die-Bilder-Ausdrücken', die gilt eigentlich nicht, das ist nicht möglich, denn immer steckt was dahinter und daneben."[497]

Kippenbergers künstlerische Arbeiten ermöglichen eine weitreichende Offenheit für die persönlichen Assoziationen der Betrachter. Organisationen eines Sinnganzen wären damit gescheitert oder gegebenenfalls vom Künstler und seinem Publikum als Organisationen des Scheiterns erwünscht. So wie die Unverbindlichkeit der Wertungen, Aussagen und „Werke" zu einer ablehnenden Haltung gegenüber Kippenbergers Arbeiten und Äußerungen führen kann, so kann das Wechselspiel von Sinnsuche und -verweigerung oder Sinnumleitung als lustige oder lustvolle Organisation des Scheiterns verstanden werden. Eine Bewertung obliegt jedoch den persönlichen Interessen der Rezipienten. In dieser Hinsicht sind Kippenbergers Arbeiten exemplarisch für diejenigen Kunstproduktionen seit Anfang der 80er Jahre, mit denen einseitige politische Stellungnahmen und Gesinnungen ferngehalten oder aufgelöst werden sollten. Was bleibt ist die Spur eines selbstreferentiell, konzeptuell und dann wieder spontan agierenden Künstlers, der mit der Darstellung seiner eigenen materialreichen Arbeit beschäftigt ist, der gleichzeitig auf Probleme sozialen Zusammenlebens sowie auf Strukturen künstlerischer Arbeitsweisen aufmerksam gemacht hat. Seit Ende der 80er Jahre verlagerte Kippenberger zunehmend sein Interesse von der Frage nach den dekonstruierenden und insgesamt relativierenden Bildanlässen auf die eigene konzeptuelle Erzählweise seiner Installationen. Dabei thematisierte er fast nebenbei Fragen von allgemeinem Interesse: Wie geht ein Künstler heute vor? Was ist die Wirkung, wodurch entsteht eine Erzählung, was ist „DER GROSSE REEEEEEEMIX"? Die Kölner Ausstellung *Heavy Burschi* (1991) mit der korrespondierenden Zeichnungsausstellung *Heavy Mädel* (1991) und der anschließenden Präsentation der Serigraphien *Inhalt auf Reisen* (1993) geben hierfür einen herausragenden Beleg ab. Die Ausstellung *The Happy End of Franz Kafka's ‚Amerika'* (1994) verdeutlichte ebenfalls die Darstellung einer höchst komplexen Verschränkung und Veränderung der konzeptuellen Erzählweise als Produktionsstrategie ohne eindeutig vorgefaßtes Ziel. Es lassen sich für die Vielzahl seiner Bilder, Skulpturen und Installationen der letzten fünfzehn Jahre zudem keine allgemeinverbindlichen formalen Kriterien aufzeigen, nach denen man sie als Gesamtheit kunsthistorisch einordnen könnte.

497 Ebd., S. 22

Literaturverzeichnis

Kataloge und Künstlerbücher von Kippenberger

Auswahl chronologisch

Al vostro servizio (Achim Duchow, Martin Kippenberger, Joachim Krüger; Künstlerbuch), Hamburg 1977
Lieber Maler, male mir..., Realismusstudio 14, Neue Gesellschaft für bildende Kunst, Berlin 1981
Wahrheit ist Arbeit (Werner Büttner, Martin Kippenberger, Albert Oehlen), Museum Folkwang, Essen 1984
1984. Wie es wirklich war am Beispiel Knokke (Künstlerbuch), Galerie Bärbel Grässlin, Frankfurt am Main 1985
Die I.N.P.-Bilder, Galerie Max Hetzler, Köln 1984
Schock aus heißt das Spiel, Galerie Peter Pakesch, Wien 1984
Miete Strom Gas, Hessisches Landesmuseum, Darmstadt 1986
241 Bildtitel zum Ausleihen für Künstler (Künstlerbuch), Verlag der Buchhandlung Walther König, Köln 1986
Peter, Galerie Max Hetzler, Köln 1987
Petra, Galerie Gisela Capitain, Köln 1987
Café Central. Skizze zum Entwurf einer Romanfigur (Künstlerbuch), Meterverlag, Hamburg 1987
Kippenberger. Psychobuildings (Künstlerbuch), Verlag der Buchhandlung Walther König, Köln 1988
Nochmal Petra, Kunsthalle Winterthur, Winterthur 1988
Gelenke I, Edition Patricia Schwarz, Stuttgart 1889
Das Ende der Avantgarde (Edition: 24 Exemplare), Galerie Gisela Capitain; Thea Wertreich, Köln und New York 1989
Kippenbergerweg-25-2-53 (Plakate), Verlag der Buchhandlung Walther König, Köln 1989
Martin Kippenberger, Villa Arson, Nizza, Köln 1990, ohne Seitenzahlen
Heimweh Highway 90, Fundació Caixa de Pensions, Barcelona 1990
T.K. (D.T.) Tiefes Kehlchen, Wiener Festwochen, Wien 1991
Heavy Mädel, Pace/Mac Gill Gallery; Galerie Gisela Capitain, New York und Köln 1991
Put your eye in your mouth, San Francisco Museum of Modern Art, San Francisco 1991
Heavy Burschi, Kölnischer Kunstverein, Köln 1991
Kippenberger, Muthesius, Angelika (Hrsg.), Benedikt Taschen Verlag, Köln 1991

Mensch geht mir ein Licht auf. Gut ausgeleuchtete vorweihnachtliche Ausstellung an Leopoldstrasse, Kunstraum Daxer, München 1991
Malen ist Wahlen (Werner Büttner, Martin Kippenberger, Albert Oehlen), Kunstverein München, München 1992
Martin Kippenberger, Galerie Max Hetzler, Köln 1992
The Happy End of Franz Kafka's ‚Amerika'. zwecks Einstellungsgespräch. Vorschläge zur Diskussion, Familie Grässlin (Hrsg.), ohne Ortsangabe 1993
Candidature à une retrospective (Faltblatt), Centre Georges Pompidou, Paris 1993
Pictures of an Exhibition, Forum for Contemporary Art, St. Louis (Missouri) 1993
Inhalt auf Reisen (Pressetext und Verkaufsinformation), Galerie & Edition Artelier, Graz und Frankfurt am Main 1993
B Gespräche mit Martin Kippenberger, Cantz Verlag, Ostfildern 1994
The Happy End of Franz Kafka's ‚Amerika' [Einstellungsgespräche], Museum Boymans-van Beuningen, Rotterdam 1994
Das 2. Sein. Werke aus der Sammlung Grässlin, Brandenburgischer Kunstverein, Potsdam 1994

Presse, Artikel in Kunstzeitschriften über Kippenberger

Auswahl chronologisch

Ohne Autorenangabe: *Ab heute Kippenberger beim Forum. Erster Eindruck: Wieviele Maler sind das eigentlich?*, in: Schwarzwälder Bote, 27. Feb. 1982
Ohne Autorenangabe: *Sein Stil richtet sich nach den Einfällen. Kippenberger-Ausstellung im Studio f mit dem Titel „Fiffen, Faufen und Ferfaufen"*, in: Schwäbische Zeitung, 4. Nov. 1982
TABOR, JAN: *Milde lösen Wilde ab*, in: Wiener unabhängige Zeitung, Wien 27. März 1983
Ohne Autorenangabe: *Bedeutungslosigkeit als letzte Bedeutung?*, in: Bonner General-Anzeiger, Bonn 21. Dez. 1983
Ohne Autorenangabe: *Leuchtende Frau mit viel Zeit*, Kölner Stadt-Anzeiger, Köln 9. Mai 1984
CATOIR, BARBARA: *Kölner Galerie-Premieren*, in: Frankfurter Allgemeine Zeitung, Frankfurt am Main 14. Mai 1984
Ohne Autorenangabe (VAN): *Kaputter Geist im kranken Haus*, Kölner Stadt-Anzeiger, Köln 2. Aug. 1985

TRESCHER, THOMAS: *Zweimal Kippenberger und zurück. Um Jahre verspätet fallen die neuen Wilden jetzt in Frankfurt ein*, in: Pflasterstrand, Nr. 222, Frankfurt am Main Okt. 1985
Ohne Autorenangabe (J. K.): *Kippenbergers Architektur*, Wolkenkratzer Art Journal, Nr. 9, Frankfurt am Main Nov./Dez. 1985
Ohne Autorenangabe: *Die Galerie als moralische Anstalt*, in: Frankfurter Allgemeine Zeitung, Frankfurt am Main 5. Nov. 1985
ROYEN, MICHAEL: *Arbeit bis alles geklärt ist*, in: Wolkenkratzer Art Journal, Nr. 4, Frankfurt am Main 1986
HONNEF, KLAUS: *Martin Kippenberger*, in: Kunstforum International, Bd. 84, Köln Juni/Juli 1986
MALSCH, FRIEDEMANN: *Martin Kippenberger – ‚Peter'*, in: Kunstforum International, Bd. 91, Köln Okt./Nov. 1987
KISTERS, JÜRGEN: *Die Ironie ist abgenutzt*, in: Kölner Stadt-Anzeiger, 30. Okt. 1987
HAASE, AMINE: *Ist Ruhe erste Künstlerpflicht? Eine Atmosphäre zwischen Verkaufsmesse und Modenschau: Die 43. Kunst-Biennale von Venedig*, in: Kölner Stadt-Anzeiger, Nr. 146, Köln 25./26. Juni 1988
SCHMID, KARLHEINZ: *Braune Masche*, in: Der Spiegel, Nr. 41, Hamburg 1988
Becker, Jochen: *„Ich war ja auf der ersten documenta"*, in: taz, Berlin 18. Nov. 1991
BANZ, STEFAN: *Martin Kippenberger. Kunsthalle Winterthur*, in: Noema Art Journal, Nr. 21, Salzburg Nov./Dez. 1988
SPECTOR, NANCY: *Martin Kippenberger. Metro Pictures*, in: Artscribe, No. 69, 1988
DIEDERICHSEN, DIEDRICH: *Das kaufe ich Ihnen ab*, in: Parkett, Nr. 19, Zürich 1989
CURIGER, BICE: *Betrifft: Martin Kippenberger, Martin Prinzhorn antwortet Bice Curiger*, in: Parkett, Nr. 19, Zürich 1989
FREY, PATRICK: *Wovon man nicht sprechen kann, darüber soll man nicht schweigen*, in: Parkett, Nr. 19, Zürich 1989
LOTTMANN, JOACHIM: *Der seltsame Herr Kippenberger*, in: Wiener, Wien April 1989
NESWEDA, PETER: *Harte Zeiten für Tiroler Frösche: Zweimal West und Kippenberger*, in: Der Standart, Wien 8. November 1990
SCHONZEIT, ROBERT: *Schwerter zu Zapfhähnen!*, in: Falter, Nr. 47, Wien 21. Nov. 1990
MCKENNA, KRISTINE: *Some Disappointing Pop Pranks*, in: Los Angeles Review, Los Angeles 20. Juni 1991

KOETHER, JUTTA: *Ein Interview mit Martin Kippenberger von Jutta Koether*, in: Texte zur Kunst, Nr. 3, Köln Sommer 1991
STOCKEBRAND, MARIANNE: *Martin Kippenberger: Heavy Burschi* (Presseerklärung), Kölnischer Kunstverein, Köln 8. Nov. 1991
METZGER, RAINER: *Pubertät als Lebensziel*, in: Applaus, Nr. 1, München 1992
PUVOGEL, RENATE: *Martin Kippenberger. Die Destruktion des Kunstwerks*, in: Noema Art Journal, Nr. 38, Salzburg April-Juni 1992
AVGIKOS, JAN: *New York: Martin Kippenberger. Metro Pictures*, in: Artforum, New York Mai 1992
DIEHL, RUTH: *Mit Witz gegen Aberwitziges*, in: Bonner General-Anzeiger, Bonn 18. Mai 1992
MEIXNER, CHRISTIANE: *Martin Kippenberger. Untiefen der Dinge sichtbar gemacht*, in: Bonner Rundschau, Bonn 21. Mai 1992
BODE, PETER M.: *Können Friedenstauben Geschützrohre umbiegen?*, in: Abendzeitung, München 15. Juli 1992
RICHTER, DANIEL: *„Bitte nicht nach München schicken“*, in: Texte zur Kunst, Nr. 7, Köln Okt. 1992
WOLFF, THOMAS A.: *Die Vervielfältigung des Einfältigen. Kunstmüllkunst: eine Siebdruck-Serie Martin Kippenbergers im „Artelier“*, in: Frankfurter Rundschau, Frankfurt 19. März 1993
PETZEL, FRIEDRICH: *Kelly – Kippenberger*, in: Texte zur Kunst, Nr. 11, Köln Sept. 1993
NOWOTNIK, SUSANNE: *Martin Kippenberger. Das 2. Sein* (Presseerklärung), Brandenburgischer Kunstverein Potsdam, Potsdam 4. Juni 1994
HOLERT, TOM: *Aussitzer. Robert Irwin und Martin Kippenberger*, in: Texte zur Kunst, Nr. 14, Köln Juni 1994
FRICKE, HARALD: *Nachdenken über Martin K.*, in: taz, Berlin 6. Juni 1994
HENZE, NIKOLA: *Martin Kippenberger. Bissige Bilder, respektlose Kunst*, in: Potsdamer Morgenpost, Potsdam 12. Juni 1994
HERBSTREUTH, PETER: *Der Unterschied beim Nageln. Unkorrekte Betriebsnudel: Martin Kippenberger*, in: Der Tagesspiegel, Berlin 12. Juni 1994
SABINE VOGEL: *Helmut Newton für Arme*, Die Woche, Nr. 26, 23. Hamburg Juni 1994
TIETENBERG, ANNETTE: *Seht wie er singt und lacht. Martin Kippenberger in Potsdam*, in: Frankfurter Allgemeine Zeitung, Frankfurt am Main 23. Juni 1994
QUAPPE, ANDREAS: *Ans Kreuz genagelter Frosch*, in: Neue Zeit, Berlin 30. Juni 1994
PUVOGEL, RENATE: *Martin Kippenberger. Museum Beumans-van Beuningen, Rotterdam 27.2–24.4.1994*, in: Kunstforum International, Bd. 127, Köln Juli/Sept. 1994

GOHLKE, GERRIT: *Retrospektive Ironie*, in: Texte zur Kunst, Nr. 15, Köln 1994
FRICKE, HARALD: *Schlüpferstürmer. Großer Bahnhof für den Konzeptkünstler Martin Kippenberger*, in: Konkret, Nr. 8, Hamburg August 1994
OHRT, ROBERTO: *Im Bordell waren immer nur die anderen. Keine Kippenberger-Debatte*, in: Die Beute. *Politik und Verbrechen – Winter 1994/95*, Nr. 4, Frankfurt am Main 1994

Literatur

Die Kataloge der Themenausstellungen sind nach den Titeln, die Künstlerkataloge und Künstlerbücher nach den Namen der Künstler und die Sekundärliteratur nach den Autoren alphabetisch geordnet.

ARNTZEN, HELMUT: *Deutsche Satire im 20. Jahrhundert*, in: ders.: *Literatur im Zeitalter der Information*, Frankfurt am Main 1971
ARS PRO DOMO. *Zeitgenössische Kunst aus Kölner Privatbesitz* (Ausstellungskat.), Dickhoff, Wilfried (Hrsg.), Gesellschaft für Moderne Kunst am Museum Ludwig, Köln 1992
BAUMGÄRTEL, GERHARD: *Denk-Kunst und Bildnerisches Denken. Kritik der Concept Art*, in: Kunstforum International, Bd. 12, Köln Winter 1974/75
BILDERSTREIT (Ausstellungskat.), Museum Ludwig in den Rheinhallen der Kölner Messen, DuMont Buchverlag, Köln 1989
BRETON, ANDRÉ: *Erstes Manifest des Surrealismus* (1924), in: ders.: *Manifeste des Surrealismus*, Rowohlt Verlag, Reinbek bei Hamburg 1968, unveränderte Neuausgabe 1990
BRETON, ANDRÉ: *Was der Surrealismus will* (1935), in: ders.: *Manifeste des Surrealismus*, Rowohlt Verlag, Reinbek bei Hamburg 1968, unveränderte Neuausgabe 1990
BROCK, BAZON: *Die ästhetische Grenze als zentrales Problem gegenwärtiger Kunstpraxis*, zuerst unveröffentlichtes Manuskript aus dem Jahr 1972, in: ders.: *Ästhetik als Vermittlung. Arbeitsbiographie eines Generalisten*, DuMont Buchverlag, Köln 1977
BROCK, BAZON: *Andy Warhol*, in: ders.: *Ästhetik gegen erzwungene Unmittelbarkeit. Schriften 1978-1986*, DuMont Buchverlag, Köln 1986
BROCK, BAZON: *Bildjournalismus als ästhetische Macht*, in: *Miete Strom Gas* (Ausstellungskat.), Hessisches Landesmuseum, Darmstadt 1986
BÜRGER, PETER: *Theorie der Avantgarde*, Suhrkamp Verlag, Frankfurt am Main 1974

Butin, Hubertus: *Gerhard Richter. Editionen 1965–1993* (Werkverzeichnis), Verlag Fred Jahn, München 1993
Butin, Hubertus: *Grafik des Kapitalistischen Realismus*, Galerie Bernd Slutzky, Frankfurt am Main 1992
Büttner, Werner: *Einige Bilder und Skulpturen* (Ausstellungskat.), Kunstverein München; Museum Folkwang, München und Essen 1987
Caldwell, John: *Kippenberger*, in: *Put your eye in your mouth* (Ausstellungskat.), San Francisco Museum of Modern Art, San Francisco 1991
Carl, Rüdiger: *Einstellungsgespräch Tisch Nr. 54. Dialog für zwei Akkordeons zum Thema Das glückliche Ende von Franz Kafka's „Amerika"*, Kippenberger, Martin (Hrsg.), St. Georgen/Schwarzwald 1994
Concept Art, Minimal Art, Arte Povera, Land Art, Sammlung Marzona (Ausstellungskat.), Kunsthalle Bielefeld, Bielefeld, Stuttgart 1990
Daimonides: *Zur Theorie des Dadaismus*, in: Huelsenbeck, Richard: *Dada Almanach*, Berlin 1920, Reprint: Edition Nautilus, Hamburg 1987
Daniels, Dieter: *Duchamp und die anderen* (Dissertation), DuMont Buchverlag, Köln 1992
Danto, Arthur: *Das Ende der Kunstgeschichte ist nicht das Ende der Kunst*, in: Kunstforum International, Bd. 123, Köln 1993
Danto, Arthur: *Die Verklärung des Gewöhnlichen. Eine Philosophie der Kunst* (1981), Suhrkamp Verlag, Stuttgart 1984, 2. Aufl. 1993
Das Ende der Avantgarde. *Kunst als Dienstleistung* (Sammlung Schürmann), Kunsthalle der Hypo-Kulturstiftung, Richter Verlag, Düsseldorf 1995
Derrida, Jacques: *Die Struktur, das Zeichen und das Spiel im Diskurs der Wissenschaften vom Menschen*, in: ders.: *Die Schrift und die Differenz* (1967), Suhrkamp Verlag, Frankfurt am Main 1972, 5. Aufl. 1992
Dickhoff, Wilfried; Prinzhorn, Martin: *A. Oehlen. Kunst Heute Nr.* 7, Kiepenheuer & Witsch Verlag, Köln 1991
Dickhoff, Wilfried: *„Matratzenlager"*, in: *Ars Pro Domo*, Gesellschaft für Moderne Kunst am Museum Ludwig, Köln 1992
Dickhoff, Wilfried: *Dokoupil. Kunst Heute Nr. 10*, Kiepenheuer & Witsch Verlag, Köln 1993
Diederichsen, Diedrich: *Kunst muß nähen*, in: *Miete Strom Gas* (Ausstellungskat.), Hessisches Landesmuseum, Darmstadt 1986
Diederichsen, Diedrich: *Gefühlte Paprika – Die politische Subjektivität der Boheme*, in: Texte zur Kunst, Nr. 11, Köln Sept. 1993
Diederichsen, Diedrich: *Virtueller Maoismus. Das Wissen von 1984*, in: *Malen ist Wahlen* (Ausstellungskat.), Kunstverein München, München 1992; zuletzt abgedruckt in: ders.: *Freiheit macht arm. Das Leben nach Rock'n'Roll 1990–93*, Kiepenheuer & Witsch Verlag, Köln 1993

DIEDERICHSEN, DIEDRICH: *Aus dem Zusammenhang reißen/ In den Zusammenhang schmeißen*, in: ders.: *Freiheit macht arm. Das Leben nach Rock'n'Roll 1990 – 93*, Kiepenheuer & Witsch Verlag, Köln 1993
Dokoupil, Jiri Georg: Kunst Heute Nr. 10, Dickhoff, Wilfried (Hrsg.), Kiepenheuer & Witsch Verlag, Köln 1993
DORFLES, GILLO: *Entstehung und Niedergang der „konzeptuellen Kunst"*, in: Rötzer, F.; Rogenhofer, S. (Hrsg.): *Kunst Machen?*, Klaus Boer Verlag, München 1989
DRAXLER, HELMUT: *Materialien zur Historisierung der ‚Bande'*, in: *Malen ist Wahlen*, Münchener Kunstverein, München 1992
ECO, UMBERTO: *Zeichen. Einführung in einen Begriff und seine Geschichte* (1973), Suhrkamp Verlag, Frankfurt am Main 1977
ENGELMANN, PETER (HRSG.): *Postmoderne und Dekonstruktion*, Reclam Verlag, Stuttgart 1990
ENZENSBERGER, HANS MAGNUS: *Von der Unhaltsamkeit des Kleinbürgertums. Eine soziologische Grille*, in: ders.: *Politische Brosamen*, Suhrkamp Verlag, Frankfurt am Main 1982
ERNST, MAX. *Retrospektive zum 100. Geburtstag* (Ausstellungskat.), Tate Gallery, London, Staatsgalerie Stuttgart, Kunstsammlung Nordrhein-Westfalen, Düsseldorf, Musée National d'Art Moderne, Paris, Prestel Verlag, München 1991
EVILLEY, THOMAS MC: *Flower Power oder der Versuch, das Offensichtliche über Sigmar Polke zu sagen*, in: Parkett, Nr. 30, Zürich 1991
FAUST, WOLFGANG MAX; VRIES, GERD DE: *Hunger nach Bildern. Deutsche Malerei der Gegenwart*, DuMont Buchverlag, Köln 1982
FAUST, WOLFGANG MAX: *Der Künstler als exemplarischer Alkoholiker*, Wolkenkratzer Art Journal, Nr. 3, Frankfurt am Main Mai/Juni 1989
FAUST, WOLFGANG MAX: *Die Galerie als Erzählung*, in: Vries, Gerd de (Hrsg.): *Paul Maenz. Köln 1970–1980–1990*, DuMont Buchverlag, Köln 1991
FLUSSER, VILÉM: *Abbild – Vorbild*, in: Hart Nibbrig, Christian L. (Hrsg.): *Was heißt ‚Darstellen'?*, Suhrkamp Verlag, Frankfurt am Main 1994
FOCUS (ohne Autorenangabe): *Zukunftserwartungen und Zukunftsverhalten der Deutschen*, Focus, Nr. 27, München 1995
FOUCAULT, MICHEL: *Ceci n'est pas une pipe* (1973), dt.: *Dies ist keine Pfeife*, Ullstein Kunstbuch Verlag, Frankfurt am Main 1974
FRIESE, PETER: *Von der Kunst des Zuspätkommens*, in: *Gerhard Richter und die Romantik* (Ausstellungskat.), Kunstverein Ruhr, Essen 1994
GEHLEN, ARNOLD: *Zeit-Bilder*, Vittorio Klostermann Verlag, Frankfurt am Main 1960, erw. 3. Aufl. 1986
GRAW, ISABELLE: *Reworking history: It is not enough to „relive" Germany's past*, in: Flash Art, no. 149, Milano/New York 1989

GRAW, ISABELLE: *Renée Green. Kontrollräume. Warum hat die es geschafft?*, in: Artis, Bern Feb./März 1995

GROND, WALTER: *Der Schoppenhauer. Ein Schauspiel. Tisch 32*, Impressum: „anlässlich der Ausstellung von Martin Kippenberger im Boymans-van Beuningen Museum, Rotterdam 1994 zum Thema das happy end von Franz Kafka's Amerika“

GROSZ, GEORGE; HEARTFIELD, JOHN: *Der Kunstlump*, Berlin 1920/1921, Auszüge in: Riha, Karl (Hrsg.): *Dada Berlin. Texte, Manifeste, Aktionen*, Reclam Verlag, Stuttgart 1977

HAUSMANN, RAOUL: *Der deutsche Spießer ärgert sich* (1919), in: Riha, Karl (Hrsg.): *Dada Berlin. Texte, Manifeste, Aktionen*, Reclam Verlag, Stuttgart 1977

HAUSMANN, RAOUL: *Massenpsychologie Dadas*, in: ders.: *Am Anfang war Dada*, Anabas Verlag, Gießen, 3. Aufl. 1992

HEGEL, GEORG WILHELM FRIEDRICH: *Grundlinien der Philosophie des Rechts* (1832–1845), Suhrkamp Verlag, Frankfurt am Main 1986, 2. Aufl. 1989

HEGEL, GEORG WILHELM FRIEDRICH: *Vorlesungen über die Ästhetik* (1835 ediert) in: ders.: *Ästhetik I/II*, Reclam Verlag, Stuttgart 1971, Gedruckt: 1989

HENTSCHEL, MARTIN: *Die Ordnung des Heterogenen. Sigmar Polkes Werk bis 1986*, Verlag der Buchhandlung Walther König, Köln 1991

HOFFMANN, JUSTIN: *Komische Bilder: Zur Funktion des Witzes in der Kunst der Gegenwart*, in: Artis, Bern Nov. 1991

HONNEF, KLAUS: *Concept Art*, Phaidon Verlag, Köln 1971

HUELSENBECK, RICHARD: *Dada Almanach*, Berlin 1920, Reprint: Edition Nautilus, Hamburg 1987

HUELSENBECK, RICHARD: *Dadaistisches Manifest* (April 1918), in: ders.: *Dada Almanach*, Berlin 1920, Reprint: Edition Nautilus, Hamburg 1987

KAFKA, FRANZ: *Der Verschollene* (zuerst erschienen 1927 unter dem Titel *Amerika*), Fischer Verlag, Frankfurt am Main 1983, Taschenbuchausgabe mit einem Nachwort von: Jost Schillemeit, 1994

KATZ, BENJAMIN: *Photographien* (Ausstellungskat.), Galerie Tanja Grunert, Köln 1985

KIRCHNER, ERNST LUDWIG (Ausstellungskat.), Nationalgalerie Berlin, Berlin 1979

Klotz, Heinrich: *Die neuen Wilden in Berlin*, Klett-Cotta Verlag, Stuttgart 1984

KÖLN SAMMELT. *Zeitgenössische Kunst aus Kölner Privatbesitz* (Ausstellungskat.), Museum Ludwig, Köln 1988, S. 137

KOSUTH, JOSEPH: *Art after Philosophie* (1969), in: ders.: *Art after Philosophy and after. Collected Writings 1966–1990*, The MIT Press, Massachusetts 1991

Lippert, Werner: 1965. *Fragmente einer Reise durch die Kunst. 1975*, in: *Concept Art, Minimal Art, Arte Povera, Land Art, Sammlung Marzona* (Ausstellungskat.), Kunsthalle Bielefeld, Bielefeld 1990
Luhmann, Niklas: *Erkenntnis als Konstruktion*, Benteli Verlag, Bern 1988
Luhmann, Niklas: *Die Kunst der Gesellschaft*, Suhrkamp Verlag, Frankfurt am Main 1995
Lüpertz, Markus. *Belebte Formen und kalte Malerei*, Zweite, Armin (Hrsg.), Prestel-Verlag, München 1986
Marcus, Greil: *Lipstick Traces. Von Dada bis Punk* (1989), dt.: Distribution: Zweitausendeins, Frankfurt am Main 1993
Merleau-Ponty, Maurice: *Der Zweifel Cézannes*, in: Boehm, Gottfried (Hrsg.): *Was ist ein Bild?*, Wilhelm Fink Verlag, München 1994
Moore, Henry. *Plastiken*, Michinson, David (Hrsg.), Klett-Cotta Verlag, Stuttgart 1981
Morris, Charles: *Foundations of the theory of signs*, Chicago 1938; dt.: *Grundlagen der Zeichentheorie*, München 1972
Neue Figuration in der deutschen Malerei 1960–1988 (Ausstellungskat.), Düsseldorf/Frankfurt am Main 1989
Neugebauer, Rosamunde: *George Grosz. Die Macht und Ohnmacht satirischer Kunst*, Gebrüder Mann Verlag, Berlin 1993
Nietzsche, Friedrich: *Jenseits von Gut und Böse* (1886), in: Schlechta, Karl (Hrsg.): *Friedrich Nietzsche. Werke in drei Bänden. Bd. II*, Hanser Verlag, München 1981
Palermo. Maas, Erich; Greenidge, Delano (Hrsg.), Delano Greenidge Editions, New York 1989, Distribution: Anabas Verlag, Gießen 1989
Penck, A. R. in: *Martin Kippenberger* (Ausstellungskat.), Villa Arson, Nizza, Köln 1990, ohne Seitenzahlen
Prinzhorn, Martin: *Die Illusion der intentionalen Selbstwahrnehmung. Zu den neuen Selbstportraits Martin Kippenbergers*, in: *Martin Kippenberger* (Ausstellungskat.), Galerie Max Hetzler, Köln 1992
Ray, Man (1977), Schwarz, Arturo (Hrsg.), dt.: Rogner & Bernhard Verlag, München 1980
Richter, Gerhard. *Text*, Obrist, Hans-Ulrich (Hrsg.), Insel Verlag, Frankfurt am Main und Leipzig 1993
Riemschneider, Burckhard: *Was schon immer mal gesagt werden sollte*, in: *Kippenberger*, Muthesius, Angelika (Hrsg.), Benedikt Taschen Verlag, Köln 1991
Riha, Karl (Hrsg.): *Dada Berlin. Texte, Manifeste, Aktionen*, Reclam Verlag, Stuttgart 1977
Rubin, William S.: *Dada* (1968), dt.: Verlag Gert Hatje, Stuttgart 1978

SALOMON, DEBORAH: Titel im Original unbekannt, New York Times, New York 6. Sept. 1992; dt.: *Die Kölner Herausforderung* (Mitchel, Köln)
SCHANDT, CLAUDIA: *Falsch gespielt*, in: Müller, Wolfgang (Hrsg.): *Geniale Dilletanten*, Merve Verlag, Berlin 1982
SCHMIDT, JOHANN-KARL: *Kippenberger – Kunst ist kein Motiv*, in: *Miete Strom Gas* (Ausstellungskat.), Hessisches Landesmuseum, Darmstadt 1986
SCHMIDT-WULFFEN, STEPHAN: *Alles in allem – Panorama ‚wilder' Malerei*, in: Verein der Freunde und Förderer des Hessischen Landesmuseums in Darmstadt (Hrsg.): *Tiefe Blicke. Kunst der achtziger Jahre*, DuMont Buchverlag, Köln 1985
SCHMIDT-WULFFEN, STEPHAN: *Spielregeln. Tendenzen der Gegenwartskunst*, DuMont Buchverlag, Köln 1987
SCHNEEDE, UWE M.: *Das blinde Sehen – Zur Ikonographie des Surrealismus*, in: MAX ERNST. *Retrospektive zum 100. Geburtstag* (Ausstellungskat.), Tate Gallery, London, Staatsgalerie Stuttgart, Kunstsammlung Nordrhein-Westfalen, Düsseldorf, Musée National d'Art Moderne, Paris, Prestel Verlag, München 1991
SCHULZE, GERHARD: *Die Erlebnisgesellschaft. Kultursoziologie der Gegenwart*, Campus Verlag, Frankfurt am Main und New York, 2. Auflage 1992
SCHWARZ, MICHAEL: *Über den Realismus politischer Konzeptkunst*, in: Kunstforum International, Bd. 42, Köln 1980
SLOTERDIJK, PETER: *Kritik der zynischen Vernunft*, Suhrkamp Verlag, Frankfurt am Main 1983
SPIEKERMANN, HELIOD: *frech und ungewöhnlich am Beispiel Kippenberger*, Distribution: Buchhandlung Walther König, Köln 1994
STRAKA, BARBARA: „*Werner Kippenberger*", in: *Lieber Maler, male mir...* (Ausstellungskat.), Realismusstudio 14, Neue Gesellschaft für bildende Kunst, Berlin 1981
SZEEMANN, HARALD: *Zur Ausstellung*, in: ders.: *Wenn Attitüden Form werden (Werke – Konzepte – Vorgänge – Situationen – Informationen)*, Kunsthalle Bern, Bern 1969
Tiefe Blicke. Kunst der achtziger Jahre, Verein der Freunde und Förderer des Hessischen Landesmuseums in Darmstadt (Hrsg.), DuMont Buchverlag, Köln 1985
TZARA, TRISTAN: *Vortrag auf dem Dada Kongreß* (23./25. Sept. 1922 in Weimar/Jena gehalten), in: ders.: *Sieben Dada Manifeste*, Edition Nautilus, Hamburg 1984
VRIES, GERD DE (HRSG.): *Paul Maenz. Köln 1970–1980–1990*, DuMont Buchverlag, Köln 1991

Weber, Dietrich: *Die Satire*, in: Knörrich, Otto (Hrsg.): *Formen der Literatur*, Kröner Verlag, Stuttgart 1981
Weibel, Peter: *Inszenierte Kunst Geschichte* (Ausstellungskat.), Österreichisches Museum für angewandte Kunst, Wien 1988
Wellershoff, Dieter: *Infantilismus als Revolte oder das ausgeschlachtete Erbe – Zur Theorie des Blödelns*, in: Preisendanz, Wolfgang; Warning, Rainer (Hrsg.): *Das Komische*, Poetik und Hermeneutik Bd. VII, Wilhelm Fink Verlag, München 1976
Welsch, Wolfgang: *Ästhetisches Denken*, Reclam Verlag, Stuttgart, 1990
Welsch, Wolfgang: *Unsere postmoderne Moderne*, VCA Verlagsgesellschaft, Weinheim 1987, 2. Aufl. 1988
Wilmes, Ulrich: *Gerhard Richter*, in: *Künstler Lexikon der Gegenwartskunst*, Romain, Lothar; Bluemler, Detlef (Hrsg.), München 1988
Wittgenstein, Ludwig: *Philosophische Untersuchungen* (Erstdruck 1953), in: Werkausgabe Bd. I, Suhrkamp Verlag, Frankfurt am Main 1984
Zweite, Armin (Hrsg.): *Markus Lüpertz. Belebte Formen und kalte Malerei*, Prestel-Verlag, München 1986

RAINER METZGER

Kunst in der Postmoderne
Dan Graham

Köln 1996. 280 Seiten,
27 teils ganzseitige Abbildungen,
ausführliches kommentiertes Werkverzeichnis,
Bibliographie, Broschur. DM 58,–
ISBN 3-88375-211-8

Kunstwissenschaftliche Bibliothek Band 1

Kunst ist seit den sechziger Jahren kategorial anders, sie ist postmodern. Postmodern gegenüber der modernistischen Avantgarde, die das Jahrhundert geprägt hatte.

Graham wird als exemplarischer Künstler verstanden, der nicht mehr singulär, einzigartig sein will und kann wie seine Vorgänger. Metzger läßt anhand von Grahams Werk zentrale Fragestellungen der Kunst der letzten 30 Jahre Revue passieren und weist so wiederum die exemplarische Stellung Dan Grahams nach.

Metzgers Buch ist, und dies liegt im Werk Dan Grahams begründet, nicht nur ein wesentlicher Beitrag zum Verständnis der Kunst nach 1960, sondern gleichzeitig eine kritische Aufarbeitung ästhetischer Theorie in der zweiten Hälfte des Jahrhunderts. Es zeigt sich, daß eine differenzierte Haltung, wie etwa bei Graham, auch nur durch sehr differenzierte Strategien des Herangehens und Erkennens erreichbar ist.

Rainer Metzger, geboren 1961 in Geisenhausen/Niederbayern, Studium der Kunstgeschichte, Neueren Geschichte und Germanistik. Zahlreiche Veröffentlichungen als freier Autor zur zeitgenössischen Kunst. Lehraufträge in Salzburg und Linz. Kulturredakteur der Wiener Tageszeitung „Der Standard“.

DOROTHEA ZWIRNER

Marcel Broodthaers

Köln 1997. 280 Seiten,
mehr als 100 s/w-Abbildungen,
ausführliches Ausstellungs- und
Literaturverzeichnis, Broschur. DM 58,–
ISBN 3-88375-246-0

Kunstwissenschaftliche Bibliothek Band 3

Marcel Broodthaers gehört zu den wichtigsten Künstlern des Jahrhunderts. Seine Kunst spielt mit den verschiedenen Realitätsebenen von Kunstwerk, Alltagserfahrung, Sprache, Betrachter und Kunstvermittlung. Der Mensch als Erfinder seiner eigenen Wiklichkeit ist skeptisch und konstruktiv zugleich thematisiert. So ist der erkenntnistheoretische Ansatz der sytematischen Untersuchung Dorothea Zwirners von hohem Erklärungswert. Gleichzeitig überträgt sich die Faszination der einzelnen Kunstwerke bei der chronologischen Interpretation des Gesamtwerks.

Dorothea Zwirner, geboren 1965 in Braunschweig, Studium der Kunstgeschichte und Geschichte in Köln. Mitarbeit an veschiedenen Ausstellungen und Katalogen. Vorbereitung der Ausstellung „Deutschlandbilder – Kunst aus einem geteilten Land“ 1997/98 in Berlin.

HEINZ KNOBELOCH

Subjektivität und Kunstgeschichte

Köln 1996.
280 Seiten, Broschur. DM 78,–
ISBN 3-88375-251-7

Kunstwissenschaftliche Bibliothek Band 4

Die Kunstgeschichte gehört zu den Wissenschaften, die das Bild des modernen Subjekts entscheidend geprägt haben. In ihren Texten wird der Künstler zur prototypischen Verkörperung menschlicher Möglichkeiten, Ziele und Bedürfnisse, während die Kunsterfahrung zugleich als Inbegriff der Selbstgegenwart erscheint. Umgekehrt hat die Vorstellung von einer spezifisch künstlerischen Subjektivität die Kunstgeschichte in die Lage versetzt, ihren Gegenstand als etwas erklärbares, gesetzmäßig geordnetes darzustellen und sich selbst als wissenschaftliche Disziplin zu behaupten.

Das vorliegende Buch rekonstruiert die Fabrikation des Subjekts, wie sie in den verschiedenen Paradigmen der Kunstgeschichte stattfindet, geht aber auch auf die Vorgeschichte dieses Formationsprozesses ein. Dabei führt der Weg vom Téchne-Begriff der Antike über den selbstbewußten Künstler der Renaissance, die neuen Wissens-Subjekte der Aufklärung bis hin zu den verschiedenen Subjektivitätsmodellen der wissenschaftlichen Kunstforschung. Der Lebenslauf des Subjekts, der auf diese Weise entsteht, zeigt, in welchem Maße diese Instanz die metaphysischen Sehnsüchte der säkularisierten Moderne auf sich gezogen hat. Am Ende steht deshalb auch die Frage nach einer neuen Kunstgeschichte, die dem veränderten Erfahrungshorizont unseres postmodernen Zeitalters entspricht.

Heinz Knobeloch, geboren 1956 in Schlüchtern/Hessen, Studium der Anglistik und Kunstpädagogik. 1988 Promotion über „Sprache und Kunst", seit 1990 Lehrbeauftragter für Philosophie an der Kunstakademie Düsseldorf. Zahlreiche Veröffentlichungen im Bereich Ästhetik, Sprachphilosophie und neuere Kunstgeschichte.

PAUL JANNSSEN und RUDOLF WANSING
(Hrsg.)

ErSchöpfungen
Philosophie und Kunst

Köln 1997.
224 Seiten, Broschur. DM 48,–
ISBN 3-88375-284-3

Kunstwissenschaftliche Bibliothek Band 5

Im Schlepptau von Kunstproduktion und Kunstbetrieb erobert sich die Interpretation als zusätzliche Bedeutungslieferantin für die Kunst ihre kleine Welt. Auch sie fordert durch Exploration und immanente differentielle Selbstbezüge ihre Eigenrealität auszubilden. Philosophische Jeremiaden zur Einklagung der Kunst in die Realität und der Realität in die Kunst im Dienste der Verklärung und Emphatisierung sind Scheinerzeugungen, die an der Realität nichts ändern und durch Verbalaktion bestenfalls elitäre Erhebungen bewirken.

Es mag die Erfahrung von Kunstwerken ihrer Interpretation vorausgehen müssen. Aber auch sie, die Interpretation, muß sich selber fortpflanzen und ihr Eigenleben führen; denn darin dokumentiert sich die Art von Realität, der die Produkte lebendiger Sprachwesen nicht entgehen können. Distanzierung und Reflektion erheben kein Geistwesen über die Unersättlichkeit des interpretativen Hervorbildungstriebes, sie verraten nur eine selber fragwürdige höherstufige Vermöglichkeit lebendiger Sprachwesen, die sich, um Wirkung erziehlen zu können, auf dem Kampfplatz der Interpretationen engagieren muß. Philosophische Zuwendungen zur Kunst mögen für sich keine Exemtion von dieser überlebendigen, aber gleichwohl ordinären Lebensverhaftung in Anspruch nehmen.

Was an der Zeit zu sein scheint, wird von den Autoren zu sagen versucht in der Auseinandersetzung mit Danto, Foucault, Heidegger, Luhmann, Lyotard, Merleau-Ponty, Rorty.

EKKEHARD MAI und JOACHIM REES
(Hrsg.)

Kunstform Capriccio

Von der Groteske zur Spieltheorie der Moderne.
Köln 1997. 248 Seiten, 93, teils ganzseitige Abbildungen,
Broschur. DM 68,–
ISBN 3-88375-291-6

Kunstwissenschaftliche Bibliothek Band 6

Capriccio, das steht im positiven Sinn für Laune, Einfall und Erfindung. Die ‚Caprice' betrachten wir als geistvoll – kapriziös ist, wer mit Raffinesse zu überraschen weiß. Aber das Wort steht auch für kühne und unkontrollierte Phantaasie, für Unberechenbarkeit, ja für Narretei. Es zeigt damit die Ambivalenz des Schöpferischen, das mit neuen Wegen zwar Staunen macht, zugleich aber in der Überwindung, oft sogar absichtlichen Verletzung hergebrachter Regeln und Normen zu verunsichern weiß. Solcherart erscheint es wie das ewige Gesetz der Moderne.

Und doch haben Begriff und Inhalt eine lange Vorgeschichte. Als Terminus ist er in der Kunsttheorie seit Vasari in vielen Facetten vertreten. Subjektivität, Laune, Willkür, schöpferische Invention sin dabei durchgängige Bestimmungen. Die Kunstgeschichte, die es selbst mit dem Regelbaren hält, hat diese ‚Lücke im Gesetz' nur unzureichend gefüllt. Nach Ausstellung und Katalog ‚Das Capriccio als Kunstprinzip' will der vorliegende Band zu deren Schließung beitragen. In zwölf Beiträgen, u. a. von namhaften Autoren wie Werner Busch, Werner Hofmann, Hans Holländer, Thomas Da Costa Kaufmann und Wieland Schmied, ist der Band dem Capriccio von der Renaissance-Groteske bis zu Bruce Nauman auf der Spur.

LARS MORELL

Per Kirkeby – Gespräche

Köln 1998. 220 Seiten,
110 (50 farbige) Abbildungen,
Broschur. DM 78,–
ISBN 3-88375-318-1

Kunstwissenschaftliche Bibliothek Band 8

Der erste Band der Abteilung „Künstlertexte" in der Kunstwissenschaftlichen Bibliothek ist ein Glücksfall. Im Gespräch mit Lars Morell erläutert Kirkeby chronologisch die Kunst der letzten vierzig Jahre aus einer Sicht. Ausgehend von den eigenen, jeweils abgebildeten Werken reflektiert Kirkeby systematisch in langen Statements seine künstlerische Haltung. Diese ist geprägt von einer radikalen Auseinandersetzung mit den Möglichkeiten von Kunst, insbesondere der Malerei, aber auch Skulptur, Architektur und Literatur. Die ganz eigene Sprache und die immer wieder während der Unterhaltung entstehenden, der Veranschaulichung des Gesagten dienenden Zeichnungen und Skizzen erläutern Kirkebys Vorstellungswelt und deren künstlerische Umsetzung. So ist ein Quellenwerk entstanden, dessen kunsttheoretische, philosophische und praktische Einsichten geradezu idealtypisch einem tiefen und eigentümlich ehrlichen Einblick in das Werk Kirkebys bieten.